本书获得教育部人文社会科学研究项目（批准号：09XJC790014）和
西北民族大学重点学术著作出版基金资助

经济管理学术文库·经济类

经济增长与减贫的非均衡性
——基于西部民族地区的理论与实证研究

Imbalance between Economic Growth and Poverty
Reduction: Based on the Theory and Empirical Study of the
Western Minority Regions of China

张 平 李秀芬／著

图书在版编目(CIP)数据

经济增长与减贫的非均衡性:基于西部民族地区的理论与实证研究/张平,李秀芬著.——北京:经济管理出版社,2012.11
ISBN 978-7-5096-2188-2

Ⅰ.①经…　Ⅱ.①张…　②李…　Ⅲ.①民族地区经济—区域经济发展—研究—中国　Ⅳ.①F127.8

中国版本图书馆 GIP 数据核字(2012)第 264796 号

组稿编辑:王光艳
责任编辑:王光艳　杨雅琳
责任印制:杨国强
责任校对:陈　颖

出版发行:经济管理出版社
　　　　（北京市海淀区北蜂窝 8 号中雅大厦 11 层 A 座　100038）
网　　址:www.E-mp.com.cn
电　　话:(010)51915602
印　　刷:北京银祥印刷厂
经　　销:新华书店
开　　本:720mm×1000mm/16
印　　张:12.25
字　　数:233 千字
版　　次:2013 年 3 月第 1 版　2013 年 3 月第 1 次印刷
书　　号:ISBN 978-7-5096-2188-2
定　　价:38.00 元

·版权所有　翻印必究·
凡购本社图书,如有印装错误,由本社读者服务部负责调换。
联系地址:北京阜外月坛北小街 2 号
电话:(010)68022974　邮编:100836

前 言

中国改革开放以来，社会经济发展取得了巨大的进步，这应该归功于非均衡战略的实施。在这一发展进程中，以城市为核心，以市场为导向，聚集生产要素，强化实用科技应用，增强产业支持能力；改善基础设施条件和综合服务能力，从而提高城市竞争力；扩大城市规模和数量，大力推进城镇化发展，从而提高城镇居民的生活水平和生活质量。而在广大农村地区，面对众多的人口、广阔的土地、较低的生产力和劳动力发展水平以及相对匮乏的自然资源等情况，发展的愿望与实际的发展程度仍存在着较大的差距。尤其值得关注的是，在西部民族地区，众多的贫困人口生存环境仍然极其恶劣，缺地、缺水和生产生活极其艰难的状况仍然存在。由于以"农本经济"或"粮食经济"为主，同时农业产业化程度低，农村第二、第三产业比重低，传统产业、传统产品不能适应市场需求而缺乏竞争力，因而农村贫困地区经济效益差，增收途径少、难度大。多数贫困地区资源匮乏，人口自然增长率居高不下，人地矛盾越来越突出，人口的科技文化水平低，就业机会少，剩余劳动力多，劳动生产率难以提高。区域生态环境、人文环境、经济环境、市场环境等诸多不利因素严重制约着贫困地区社会生产力的发展。贫困除受到经济因素影响外，更受到民族、文化、地理、历史原因等方面因素的深刻影响。

自西部民族地区有组织地开展扶贫工作以来，农村贫困人口快速减少，所取得的成就是有目共睹的。但是，随着脱贫人口数量的逐年减少和扶贫投入的不断加大，扶贫成本也越来越高，尤其近年还一度出现绝对贫困人口总量不降反升的现象，西部民族地区的农村反贫困成效受到质疑。回顾反贫困历程，一个十分显著的特点就是将扶贫目标定位于区域性反贫困。这一举措，在大面积"普贫"的背景下，确实能够提高扶贫效率、减少扶贫成本，但随着扶贫工作的深入，贫困人口逐渐呈现出"点"状分布的特点，贫困地区的经济增长与减贫的非均衡性问题日益凸显。

关于发展与公平、增长与贫困的关系问题始终充满争议，其实质在于对库兹涅茨倒"U"形假说成立条件的满足程度：其一，经济体的自发调整是否具有较高的自由度？其二，政府是否能有效地对经济进行调控？其三，经济增长是否在一个长周期中衡量？任何国家和地区的贫困变动总是基于上述三个条件的满足程度。经济增长无疑对减贫具有积极的推动作用，也是贫困减少的必要条件。但是，经济增长并非是贫困减少的充分条件。在这一过程中，经济增长的性质和结构、初始条件、市场效率以及政策取向等经济因素和非经济因素都会对这一过程产生重要影响。由于西部少数民族贫困人口所处的具体环境和条件不同,其经济增长和贫困群体都具有异质性特征,对贫困问题应该结合具体情形进行个案研究。这种个案研究不仅对国别研究是适应的,而且对一国内部不同区域的分析也是适应的。只有将问题置于具体环境之中,才能得出合理正确的结论。所以针对不同的贫困态势,需要提出有针对性的减贫措施。

本书的主导思想是,在前期成果的基础上,进一步验证西部民族地区经济增长与减贫的均衡性,并结合影响非均衡性的关键因素展开专题研究。具体的章节安排如下:第一章重点对国内外近期相关研究文献进行综述,并概括说明本书的思路、内容、重点和方法等。第二章概述西部民族地区的贫困分布和总体情况,回顾反贫困的历程与重大事件。第三章和第四章以西部少数民族国家扶贫工作重点县(以下简称为"国扶贫困县")为研究对象,重点考察经济增长、产业结构变动对贫困人口数量和收入的影响,研究分三个层次:第一,经济增长与减贫率的趋势比较,对西部少数民族地区的经济增长和贫困发生率进行时间序列分析;第二,减贫率与宏观、微观经济增长变量的回归和分解分析,以县级行政区(国扶贫困县)为基本单位,利用已有文献中识别出的宏观、微观经济增长变量指标,建立面板数据的回归模型,并检验其稳健性;第三,减贫率与三次产业的相关分析,从三个方面就减贫率与三次产业进行相关分析,即对减贫率与三次产业变动率、三次产业结构、三次产业就业状况的相关性进行研究。第五章和第六章分析贫困成因对非均衡性的影响,从理论角度将贫困成因划分为传统原因与新情况两类,并就扶贫重点、人口资源和生态移民问题进行实证研究。第七章和第八章分析公共服务均等化对非均衡性的影响,其一是综合分析公共服务投入的边际产出归属情况,其二是利用超边际分析方法构建了农业女性化现象的家庭决策模型。第九章、第十章和第十一章重点考察由西部少数民族贫困人口的特殊行为模式影响下的牧区劳动力转移、企业创新和农村金融创新三个专题。第十二章在前述章节研究结论的基础上,系统性地提出推进西部民族地区扶贫工作的政策取向。

本书为教育部人文社会科学研究项目"西部民族地区经济增长与减贫的非均衡性问题研究"(项目批准号:09XJC790014)的最终成果,并得到了西北民族大学重点学术著作出版基金的资助,在此深表感谢。

本书在编写过程中参考了大量的相关文献,已于参考文献中注明。在此,对文献的作者表示感谢。如有遗漏之处,请提出,再版时加以更正。

鉴于笔者的水平有限,书中如有错误和不当之处,请读者不吝赐教。

张平　李秀芬

2012 年 10 月于西北民族大学

目录

第一章 绪论 ... 1
第一节 文献综述 ... 1
第二节 研究背景 ... 7

第二章 西部民族地区贫困状况概述 ... 10
第一节 民族地区贫困县分布 ... 10
第二节 民族地区贫困总体情况 ... 13
第三节 民族地区扶贫开发的主要历程 ... 23

第三章 西部民族地区经济增长与减贫的非均衡性判断 ... 32
第一节 问题的提出 ... 32
第二节 西部民族贫困地区经济增长的因素分析 ... 34
第三节 西部民族地区经济增长与减贫率的趋势分析 ... 38

第四章 西部民族地区宏观经济政策对减贫的影响 ... 47
第一节 西部民族地区贫困状况的 SST 指数分析 ... 47
第二节 减贫率与宏观、微观影响因素的回归分析 ... 52
第三节 产业和就业结构对收入影响的回归分析 ... 55
第四节 小结 ... 57

第五章 西部民族地区贫困成因对非均衡性的影响分析 ... 59
第一节 民族地区贫困形成的传统原因 ... 59
第二节 西部民族地区贫困形成的新情况 ... 62
第三节 扶贫重点的动态聚类分析 ... 64
第四节 基于人口资源视角的西部民族地区贫困状况分析 ... 66

第六章 西部民族地区生态移民绩效评价 ... 72
第一节 迁出地概况 ... 73
第二节 移民人口数量与家庭结构 ... 77
第三节 少数民族生态移民绩效评价 ... 79
第四节 结论及政策启示 ... 89

第七章　西部民族地区公共服务均等化估算与效率 …… 90
   第一节　引言 …… 90
   第二节　公共服务均等化水平评价指标体系 …… 91
   第三节　西部民族地区公共服务投入省际差异分析 …… 92
   第四节　西部民族地区公共服务产出省际差异测度 …… 95
   第五节　西部民族地区公共服务均等化效率的 DEA 评价 …… 97
   第六节　研究结论与对策 …… 103

第八章　西部民族地区农业女性化减贫效应分析 …… 105
   第一节　问题的提出 …… 105
   第二节　家庭决策的模型分析 …… 107
   第三节　实证分析 …… 112
   第四节　结论与启示 …… 116

第九章　西部民族地区牧区劳动力转移问题分析 …… 118
   第一节　农村剩余劳动力测算 …… 118
   第二节　劳动力就业分析 …… 125
   第三节　促进劳动力多渠道就业的对策 …… 131

第十章　西部民族地区企业创新能力调查与评价 …… 137
   第一节　西部民族地区企业技术创新的基本情况 …… 138
   第二节　西部民族地区企业技术创新的影响因素分析 …… 142
   第三节　统计结果分析 …… 149
   第四节　结论与对策 …… 152

第十一章　西部民族地区农村金融结构与经济增长 …… 157
   第一节　相关研究文献回顾 …… 158
   第二节　模型设定与数据说明 …… 160
   第三节　模型的识别与估计结果 …… 161
   第四节　模型的稳健性检验 …… 163
   第五节　研究结论 …… 165

第十二章　西部民族地区扶贫政策取向分析 …… 166
   第一节　扶贫政策取向重点 …… 166
   第二节　扶贫工作方式 …… 168
   第三节　西部民族地区扶贫对策与建议 …… 172

参考文献 …… 183

第一章 绪 论

中国的扶贫事业是在人们强烈的发展愿望推动下和发展受到资源、环境约束的条件下而产生的一种必然选择,它力图在一个发展中大国同时实现后工业化和共同富裕的双重跨越,走一条与西方发达国家现有的社会经济发展模式不同的道路。这将经历一个相对较长的探索时期,并应充分考虑其复杂性和艰巨性。

中国目前的扶贫模式多为自上而下,即政府主导在先,贫困人口参与在后。所以在实践过程中扶贫目标定位于区域性反贫困,并以县(区)作为反贫困的基本单位。这种扶贫定位,在大面积"普贫"的背景下,确实能够提高扶贫效率。但是随着农村贫困人口逐渐呈现出"点"状分布特点,贫困人口可能无法直接分享到总体经济繁荣的好处。例如,大多数后进地区的经济增长战略都偏向于"工业强省",这也的确推动了地区整体增长。但是由于贫困人口受教育程度低,本身的主要收入来源是农业,加之所处地区封闭,市场化程度低,存在较明显的市场失灵特征,所以总体宏观经济政策带来的减贫成效并不显著。特别在少数民族地区,贫困人口还受到民族文化、习俗、传统等的深刻影响,总体经济政策的减贫成效更是存在巨大差异。随着贫困认定标准的提高(2011年新定标准为2300元)和贫困人口基数的不断加大(2011年统计约为1.28亿人),扶贫成本和难度也将日益增加。在扶贫新形式下,需要对扶贫的模式和方式进行更有针对性的探讨。

第一节 文献综述

近期,学者普遍认为,经济增长对减贫是否有效取决于多种因素的综合影响(Dollar 和 Krarry,2002;Ferreira,2003)。问题的关键在于:是否需要有额外的因素加入?是否需要在减贫过程中尽可能做更多的工作?随着每一项额外因素的影响被确定,其因素间的相互影响如何?什么是最关键的组合?此外,最近的研究还强调了增长差异的两个主要来源:经济增长的部门构成,以及财富分配、基础教育水平、城乡差异、城市化水平和非收入因素等的初始状况。

一、经济增长的部门构成对贫困的影响

Ravallion 和 Datt(2002)利用印度跨时期的地区数据,按照不同的经济增长与初始条件的部门组合,考察了经济增长对减少贫困的影响。研究认为贫困对农业产出的弹性在各地区之间没有显著差异,但是对非农业产出有显著差异,其差异对于整体贫困率的下降尤其重要。在较高的人口素质、较多的农业产出、较好的农村生活水平、较低的无土地和婴儿死亡率地区,非农业增长进程的减贫效果更为显著。

Suryahadi 等人(2009)利用印度尼西亚的数据研究发现,农村服务业的增长降低了所有部门和场所的贫困。然而,城市服务业的增长在大多数行业对减贫影响最大。农业增长大大地降低了农村地区贫困。在农村地区农业增长在减少贫困中仍然发挥着重要作用。服务领域的增长,无论在城市和农村中会加速消除贫困。

Ferreira 等人(2010)考察了巴西 1985～2004 年经济增长和减贫的情况,研究发现减贫效果存在跨部门、跨区域和跨时期的显著性差异。服务部门增长的减贫效果大于农业或工业。工业增长的地区间差异来自人口发展和工人权利初始状况的不同。由此,经济增长在巴西减贫中扮演着很小的角色。而恶性通货膨胀的治理(1994)、社会保障和援助的扩大、1988 年宪法的大部分授权是贫困全面减少的主要原因。

Montalvo 和 Ravallion(2010)使用一种新的省级面板数据集,研究了 1980 年以来中国经济增长的减贫效果。认为这一过程在各部门和地区间是很不平衡的。初级产业(主要是农业经济)是减少贫困人口数量的主要推动力。这一点与印度有许多相似之处。

此外,大量的跨国分析也认为减贫效应取决于经济增长的部门构成(Loayza 和 Raddatz,2006;Christiaensen 和 Demery,2007)。

二、农业增长对贫困的影响

Datt 和 Ravallion(1998)对一组 1957～1991 年的国家面板数据进行分析,发现农业技术发展、农业基础设施和人力资源状况是影响减少农村贫困的主要因素。Dercon(2006)分析了 1982～1995 年间埃塞俄比亚实施经济改革后影响村庄贫困变化的决定性因素。认为贫困显著下降,但在不同的村庄经验是有所差异的。最主要的因素是相对价格的变化,还包括土地、劳动力、人力资本和地理位置。这种观点被理论研究(Loayza 和 Raddatz,2006)以及实证研究结果(Thorbecke 和 Hong,

1996)所支持。

Quizon 和 Binswanger(1986)的研究则得出了相反的结论。他们利用局部均衡市场模型对印度进行的研究表明,农业增长带来的"绿色革命"对减少农村贫困没有好处。进而,他们认为减贫的主要方式是提高非农收入。

也有研究认为农业和非农产业的减贫效应是相同的。Foster 和 Rosenzweig (2005)使用一组印度1982~1999年农村家庭面板数据,用于实证评估农业生产力改进和乡村工厂扩张对农村收入增长、减少贫困和农村收入不平等的影响。他们发现农业技术变革和工厂就业增长增加了农村收入和工资,并因此减少贫困。Warr(2006)认为,增长的服务和农业部门对东南亚四国减少贫困的影响最大,前者的影响更大。

三、影响因素的初始状况对贫困的影响

影响因素的初始状况主要集中于财富分配的初始状况、基础教育水平、城乡差异、城市化水平和非收入因素等方面。

1. 财富分配的初始状况

在给定的平均消费水平下,消费构成决定了贫困状况。但是是否初次分配也关系到随后的减贫率?大量争论的焦点是为什么不平等可以阻碍增长(Aghion 等,1999)。一种有争议的解释是:信贷市场失灵,意味着穷人无法捕捉投资机会。贫困人口的比例越高,增加了信贷的紧张,从而经济增长率越低。除了对增长率的影响,高的初始不平等也用于解释为什么同样的经济增长率在一个地区的减贫效果不如另一个地区。通常,任何对于由平均分配引起的贫困弹性的测量,都取决于其他要素的分布情况。这些影响在一般情况下很难去定义。然而,可以预计在经济平等情况下,贫困人口往往会获得较高份额的增长收益。跨国数据分析也支持较高的初始收入不平等导致较低减贫效果(Timmer,1997;World Bank,2000)。财富分配可能影响到穷人分享经济增长的程度。事实上,信贷市场失灵的论点可以用于解释由初次分配问题关联的穷人资产的增长前景。初始财富的数量越小,意味着经济增长的减贫效应越小。

2. 基础教育水平

低的基础教育水平经常被认定为是收入不平等的一个来源。教育也会影响到穷人参与非农收益增长分配的多少。近年来,认为人力资源开发与以经济增长为导向的政策改革的协同效应一直是一个突出的研究主题,典型的例子包括 Dre'ze 和 Sen(1995)对印度、Thorbecke 和 Hong-Sang(1996)对印度尼西亚的研究。世界银行在减贫中的做法也强调了结合人力资源开发与政策促进经济增长的重要性(World Bank,1990、2000)。

3. 城乡差异

在发展中国家,另一个潜在的重要因素是城市和农村部门收入之间差距的程度(Bourguignon 和 Morrison,1998)。Ravallion 和 Datt(1999)构造了一个简化的二元经济模型来说明这一问题。在这一模型中,贫困的减少采取了将贫困农业部门人口吸收到非贫困的非农业部门。该模型假定任何农业工人愿意参与非农业部门将产生一个成本。这个成本决定了农业部门和非农业部门的均衡收入差别。显而易见的是,这一成本降低了总产出。但是这一成本也降低了劳动力吸收到非农业部门效率,从而意味着更高的贫困率。此外,部门间的工资差距也使得减贫效果较差。较高的初始工资差距(反过来意味着较高的初始贫困率),在给定非农业经济增长率下,减贫的比率更低。可以说,二元经济限制了减贫的前景。

有一种观点认为,农村不发达制约产业化前景。要素市场扭曲也需要通过非农经济增长来减少城乡不平等对减贫的阻碍。例如,在 Harris 和 Todaro(1970)的经典模型中,非农业部门的工资固定于市场出清水平,虽然城市和农村部门之间存在着流动性,但是转向城市的农业工人不是都能找到新工作的,于是他们将面临失业或转向相对较低收入的城市非正规部门。劳动市场二元程度越高(通过跨部门的工资差异衡量),意味着更低的增长和穷人的受益更少。

最初在城市和农村部门之间的人口分布同样关系到经济增长的减贫效应。通常,在二元经济条件下,城市人口生活份额的变化将使洛伦兹曲线发生变动。这一影响在理论上含糊不清。例如,在库兹涅茨假设条件下,在或低或高的城市化水平下,不平等都会很低(Anand 和 Kanbur,1993)。

4. 城市化水平

利用市场扩张,城市化经常被视为是一种促进农村非农经济增长的积极因素。企业很可能被吸引到这些地方,因为这些地方具有较大的地方产品市场、熟练的劳动力和更广泛品种的生产投入、技术溢出的可能性以及更好的基础设施条件(Lanjouw 和 Lanjouw,1997)。可以认为,在平均产出增长条件下,这些因素也会影响贫困问题。合理的解释是,穷人在市场准入和基础设施方面,比富人有更多的限制,穷人更倾向于宽松的条件。假设城市化水平反映了这些地区在市场准入和基础设施方面的差异,可以预见,穷人生活在一个更加城市化的地区能够在非农业增长时受益更多。而另一种争议是,更高的初级城市化水平可能导致已经富裕的城市中心非农业增长的进一步集中,因此可能抑制减贫成效(在相反的情况下,经济增长的分布更加均匀)。初步城市化的整体影响,对于减贫对平均产出的弹性,可以是正的或负的。

5. 非收入因素

减少收入层面贫困并不能保证减少非收入层面的贫困,如教育或健康等。因为贫困是个多方面现象,只使用单一指标实施扶贫是不正确的(Kakwani 和 Pernia, 2000)。Grosse 等人(2008)利用 1989~1998 年玻利维亚的数据,以增长发生率曲线、Ravallion-chen 减贫率和财富均衡增长率作为研究工具,研究了个人和综合性的非收入成就,如教育、死亡率、疫苗接种、发育迟缓和多层面的福利措施等非收入指标的改善是否有绝对或相对减贫的意义,以及它们是否更有利于贫困人口。

四、经济增长与减贫的非均衡性

在不同国家,甚至在同一国家的不同时期,单位增长对贫困人口的影响是非均衡的。是什么因素让一些增长进程更有利于减贫?减贫的增长弹性是完全取决于历史条件,还是被近期的政策所影响?

1. 全球背景下的收益分享

Machiko 和 Erik(2006)研究了全球化进程对穷人的影响。重点考察了"成长"渠道,即开放、增长的不平等与贫困的因果链。对于全球化与贫困之间的关系,从区分生产要素流动、技术变革和扩散、全球化对波动性和脆弱性的影响、世界范围内的信息流动、全球性通货紧缩以及政府机构等角度进行了研究,认为全球化将带来一个因果链,即"开放—增长—非均衡—贫困"。

Edward(2006)分析了 1993~2001 年全球消费分布情况,认为增长的一半在全球消费发达国家人口中受益,其他的主要受益国是中国。在其他地区,贫困人口人均消费的增长低于全球平均水平的增长。经济增长有助于穷人,但它对富人更有利。分析表明,依托经济增长速度来消除贫困是相当低效率的,而更直接的国家介入似乎更有效。

2. 贫困增长弹性的测度

虽然穷人通常能够从增长中受益,但是其收益与平均收益仍然有所差别。贫困变化差异分析准确率取决于测度选择时的样本情况和分解方法。研究表明,发展中国家的贫困人口能够从总体富裕中获益,从总体收缩中损失。但是有多少贫困人口能够分享经济增长在不同国家间有很大的不同,对贫困人口的影响也有所差异。由于跨国间数据的问题,需要更进一步的微观实证研究(Ravallion, 2001)。

Ravallion 和 Chen(1997)通过对 67 个国家的考察发现,1981~1994 年减贫效应非平衡的变化与增长率无关,意味着贫困下降与平均收入高度相关。他们估计了贫困发生率(按每天 1 美元计算)对于平均家庭收益的弹性是 -3。Ravallion(2001)进一步在纠正误差后,重新计算出的弹性为 -2.1。

Richard 和 Adams(2004)利用来自 60 个发展中国家的 126 个时期的数据分析了贫困的增长弹性,即在给定比例的经济增长中,究竟有多少百分比的贫困下降。减贫的比率取决于如何对经济增长进行定义。当控制了收入不平等因素后,经济增长以平均收入(或消费)来衡量,贫困的增长弹性是2.79(包括东欧和中亚),即10%的平均收入增长将减少27.9%的贫困人口(按人均每天1美元计算)。但是当经济增长按人均GDP测算的话,贫困的增长弹性是2.27,低于之前的预测。

Dollar和Kraay(2002)通过对4年92个国家构成的样本分析,发现20%的最贫困人口的平均收入增长率高于总体平均水平。利用较大范围的样本,世界银行(World Bank,2005)发现52%的差异可以归结于增长。利用对于穷困测量差别和范围的分析,Kraay(2006)发现总体上46%~70%的人口能够分享到增长收益,在长期里将处于71%~97%。

五、简评与对本书的启示

关于发展与公平、增长与贫困的关系问题始终充满争议。其实质在于对库兹涅茨倒"U"形假说成立条件的满足:其一,经济体的自发调整是否具有较高的自由度?其二,政府是否有能力对经济进行有效调控?其三,经济增长是否在一个长周期中衡量?任何国家和地区的贫困变动总是基于上述三个条件的满足程度。

经济增长无疑对减贫具有积极推动作用,也是贫困减少的必要条件。但是,经济增长并非是贫困减少的充分条件。在这一过程中,增长性质、结构、初始条件、市场效率以及政策取向等经济、非经济因素都会对这一过程产生重要影响。结合上述理论观点,对本书可以产生一些有益的启示:

第一,西部少数民族贫困人口多居住在偏远地区,生态环境极其恶劣,缺地、缺水和生产生活极其艰难。大多数地方以"农本经济"或"粮食经济"为主,农业产业化程度低。农村第二、第三产业比重低,传统产业、传统产品不适应市场需求,缺乏竞争力,经济效益差,增收途径少、难度大。多数贫困地区资源匮乏,人口自然增长率居高不下,人地矛盾越来越突出,人口的科技文化水平低、就业机会少、剩余劳动力多,劳动生产率难以提高。此外,由宗教、民族等原因形成的封闭意识尚未完全解放。区域生态环境、人文环境、经济环境、市场环境等诸多不利因素严重制约着贫困地区社会生产力的发展。贫困除受到经济因素影响外,更受到民族、文化、地理、历史等方面因素的深刻影响。

第二,自西部少数民族地区有组织地开展扶贫工作以来,贫困人口快速减少,所取得的成就是有目共睹的。但是,随着脱贫人口数量的逐年减少和扶贫投入的不断加大,扶贫成本也越来越高,尤其是近年还一度出现绝对贫困人口总量不降反升的现象。回顾反贫困历程,一个十分显著的特点就是将扶贫目标定位于区域性反贫困。这一举措,在大面积"普贫"的背景下,确实能够提高扶贫效率、减少扶贫成本,但随着扶贫工作的深入,贫困人口逐渐呈现出"点"状分布的特点,贫困地区的经济增长与减贫的非均衡性问题日益凸显。

第三,由于西部少数民族贫困人口所处的具体环境和条件不同,其经济增长和贫困群体都具有异质性特征,对贫困问题应该结合具体情形进行个案研究。这种个案研究不仅对国别研究是适应的,而且对一国内部不同区域分析也是适应的。只有将问题置于具体环境之中,才能得出合理正确的结论。所以针对不同的贫困态势,需要提出有针对性的减贫措施。

第二节 研究背景

本书拟在前期成果基础上,进一步验证西部民族地区经济增长与减贫的均衡性,并结合影响非均衡性的关键因素展开专题研究。

一、主要内容

本书的内容包括以下四个部分:

第一部分,文献综述(包含在绪论部分)。

第二部分,西部少数民族地区经济增长与减贫的非均衡性判断。

(1)经济增长与减贫率的趋势比较。对西部少数民族地区的经济增长和减贫率进行时间序列分析,如二者的发展趋势不同,即表明可能存在非均衡性。

(2)减贫率与宏观、微观经济增长变量的回归和分解分析。以县级行政区(国扶贫困县)为基本单位,利用已有文献中识别出的宏、微观经济增长变量指标,建立面板数据的回归模型,并检验其稳健性。

(3)减贫率与三次产业的相关分析。从三个方面就减贫率与三次产业进行相关分析,即对减贫率与三次产业变动率、三次产业结构、三次产业就业状况的相关性进行研究。

第三部分,西部少数民族地区经济增长与减贫的非均衡性因素分析。

(1)基于SST方法的贫困状况测算。SST为度量贫困提供了一种有用的工具,是对以往贫困指数的完善。S指数与SST的差异在于S指数是穷人贫困差距率的基尼系数,而SST是总人口贫困的差距率的基尼系数。SST可以看成是贫困发生率、贫困差距率、总人口贫困差距率的基尼系数加1这三个指数的乘积,即SST=贫困发生率×贫困差距×(1+总人口贫困差距率的基尼系数),这三个指数分别表示贫困的范围、贫困的深度和贫困的分布状况。在其他任意两个指标不变的情况下,每一个指标值的提高都表明社会福利水平的降低。

(2)贫困成因对非均衡性的影响。贫困成因不同,受经济增长效应的影响也不同。如产业类扶贫政策对于人员、技术类贫困的减贫效果较好,而对于资源类贫困可能产生挤出效应,使绝对贫困家庭实际收入下降。

(3)公共资源对非均衡性的影响。分析经济增长效应通过公共资源型项目(如教育、医疗等)对家庭、个人或地区的边际归属情况。

(4)行为模式对非均衡性的影响。分析不同行为模式(如职业、教育、需求预期、生活习惯、民族习俗等)对非均衡性形成的影响,评估可能引起行为反应的经济外生变化对减贫效应的冲击,如就业状况、劳务输出或价格水平变化等。

第四部分,通过分析后,提出解决问题的对策建议。

二、重点和难点

1. 本书的重点

本书的重点有以下两点:

(1)西部少数民族地区减贫率与宏观、微观经济增长变量的回归和分解分析。在前期实证研究中,已经发现西部少数民族地区经济增长与减贫存在非均衡性,本书希望能够进一步考察已识别出的宏观、微观经济增长因素对减贫率的影响,进而对减贫影响因素进行分解,并考察其收敛效应。

(2)西部少数民族地区经济增长与减贫的非均衡性因素分析。本书以四个专题形式,分别从 SST、贫困成因、公共资源、行为模式方面,研究各因素对非均衡性的影响。

2. 本书的难点

本书的难点有以下三点:

(1)面板数据回归模型建立比较难。要想对西部少数民族地区减贫率与宏观、微观经济增长变量的回归和分解进行分析,必须要建立适合的面板数据回归模型。已有的研究成果中,如夏普里(shaley)分解法、贫困指数增长曲线、Son 四要素贫困分解法、Kakwaniu—益贫式增长测度方法、非参数 DEA 分析方法,曾解决过类似问题,这些将为本书难点的突破提供借鉴。

(2)公共资源对非均衡性的影响的总体回归模型建立难度大。本书将重点考察经济增长带来的公共资源的增加对贫困家庭、个人的边际影响,但其总体回归模型的建立却有难度。本书将大量借鉴已有研究成果,以已识别出的影响变量为基础,解决上述总体回归模型的建立问题。

(3)行为模式对非均衡性的影响难以定量测算。本书的范围限定于西部少数民族地区,该地区贫困人口的生活习惯、民族习俗将对非均衡性产生主要影响,而此类影响却难以用定量的方法测算。本书在此问题上,将以定性分析和定量分析方法相结合,变换角度对上述因素进行研究。如将"不外出务工的习俗"(定性分析)与"劳务输出数量"(定量分析)相结合,研究人力资本的投入和流转情况。

三、研究思路

本书按照理论研究手法的规范要求,依照"已有研究成果的总结—数据调查研究—统计分析—提出解决方案"这一思路来研究经济增长与西部少数民族地区贫困的非均衡性问题。

本书首先对研究文献进行综述,学习已有的研究观点和经验;其次利用多元统计和建模的分析方法对西部少数民族地区经济增长与贫困的非均衡性进行判断(包括经济增长率与减贫率变化的比较,减贫率与宏观、微观经济增长因素的关系,减贫率与三次产业的关系);再次分析引起非均衡性的各种因素的作用机理(包括SST总体贫困状况测算,贫困成因、公共资源、行为模式对非均衡性的影响);最后总结上述分析结论,提出对策建议。

四、研究方法

1. 文献整理和理论研究

公开发表的以西部少数民族地区贫困研究为主题的论文的数量、质量与类型分布是综合评价研究现状的最可靠的依据。通过文献检索法对中国期刊网和Elsevier(SDOS)数据库中的文献进行分析,参考相关专著、资料,借鉴和学习先进的研究方法和观念,为进一步深入研究西部少数民族经济增长与地区减贫的非均衡性问题做理论铺垫。

2. 模型分析和统计研究

研究中将综合采用多元统计、空间统计、空间计量经济分析等分析方法,并尝试建立唯一的总量回归模型,利用SPSS、STATA、MATLAB、ARCGIS等软件工具突出定量分析特点。

3. 多学科知识综合运用

研究综合运用了多学科知识,包括发展经济学、民族经济学、产业经济学、组织行为学等相关领域理论和研究成果。

第二章　西部民族地区贫困状况概述

按照国家民族事务委员会(以下简称"国家民委")的划分,少数民族地区包括西部少数民族8省、区①和其余少数民族自治地方,共涉及20个省、区、市。其余涉及12个省、市分布有民族自治州、县,共计有8个自治州52个自治县。本章就2002年以来西部民族地区贫困状况和扶贫情况做一概述。

第一节　民族地区贫困县分布

按照国家民委的划分,少数民族地区通常包括西部少数民族8省、区和其余少数民族自治地方,共涉及20个省、区、市。其中,17个省、自治区内有341个县(旗、市)为国家扶贫工作重点县(以下简称"国扶贫困县"),如表2-1所示。

表2-1　民族地区国扶贫困县一览

地区	省、自治区	数量(个)	县(旗、市)名称
中、东部地区	河北	5	丰宁满族自治县、宽城满族自治县、围场满族蒙古族自治县、青龙满族自治县、孟村回族自治县
	吉林	4	龙井市、和龙市、汪清县、安图县
	黑龙江	1	杜尔伯特蒙古族自治县
	湖北	9	长阳土家族自治县、恩施市、利川市、建始县、巴东县、宣恩县、咸丰县、来凤县、鹤峰县

---

① 民族8省、区是指少数民族人口相对集中的内蒙古、广西、贵州、云南、西藏、青海、宁夏和新疆8个省、自治区。

续表

地区	省、自治区	数量(个)	县(旗、市)名称
中、东部地区	湖南	11	桑植县、江华瑶族自治县、城步苗族自治县、通道侗族自治县、泸溪县、凤凰县、花垣县、保靖县、古丈县、永顺县、龙山县
	海南	5	五指山市、白沙黎族自治县、琼中黎族苗族自治县、陵水黎族自治县、保亭黎族苗族自治县
西部地区	内蒙古	31	托克托县、武川县、和林格尔县、清水河县、固阳县、达尔罕茂名安联合旗、宁城县、林西县、巴林左旗、巴林右旗、克什克腾旗、翁牛特旗、喀喇沁旗、敖汉旗、库伦旗、奈曼旗、科尔沁右翼中旗、扎赉特旗、多伦县、太仆寺旗、化德县、商都县、察哈尔右翼前旗、察哈尔右翼中旗、察哈尔右翼后旗、四子王旗、准格尔旗、鄂托克前旗、杭锦旗、乌审旗、伊金霍洛旗
	广西	28	龙胜各族自治县、隆安县、马山县、天等县、龙州县、田东县、平果县、德保县、靖西县、那坡县、凌云县、乐业县、西林县、田林县、隆林各族自治县、南丹县、天峨县、凤山县、东兰县、巴马瑶族自治县、都安瑶族自治县、大化瑶族自治县、罗城仫佬族自治县、环江毛南族自治县、忻城县、三江侗族自治县、融水苗族自治县、金秀瑶族自治县
	重庆	5	黔江区、石柱土家族自治县、彭水苗族土家族自治县、酉阳土家族苗族自治县、秀山土家族苗族自治县
	四川	20	马边彝族自治县、小金县、黑水县、壤塘县、雅江县、新龙县、石渠县、色达县、理塘县、盐源县、普格县、布拖县、金阳县、昭觉县、喜德县、越西县、甘洛县、美姑县、雷波县、木里藏族自治县
	贵州	36	道真仡佬族苗族自治县、务川仡佬族苗族自治县、关岭布依族苗族自治县、镇宁布依族苗族自治县、紫云苗族布依族自治县、威宁彝族回族苗族自治县、印江土家族苗族自治县、沿河土家族自治县、松桃苗族自治县、黄平县、施秉县、三穗县、岑巩县、天柱县、锦屏县、剑河县、台江县、黎平县、榕江县、从江县、雷山县、麻江县、丹寨县、荔波县、独山县、平塘县、罗甸县、长顺县、三都水族自治县、兴仁县、普安县、晴隆县、贞丰县、望谟县、册亨县、安龙县
	云南	51	禄劝彝族苗族自治县、寻甸回族彝族自治县、宁蒗彝族自治县、普洱哈尼族彝族自治县、墨江哈尼族自治县、景东彝族自治县、镇沅彝族哈尼族拉祜族自治县、江城哈尼族彝族自治县、孟连傣族拉祜族佤族自治县、澜沧拉祜族自治县、西盟佤族自治县、双江拉祜族佤族布朗族傣族自治县、沧源佤族自治县、梁河县、泸水县、福贡县、贡山独龙族怒族自治县、兰坪白族普米族自治县、香格里拉县、德钦县、维西傈僳族自治县、弥渡县、永平县、云龙县、洱源县、剑川县、鹤庆县、漾濞彝族自治县、南涧彝族自治县、巍山彝族回族自治县、双柏县、南华县、姚安县、大姚县、永仁县、武定县、绿春县、泸西县、元阳县、红河县、金平苗族瑶族傣族自治县、屏边苗族自治县、文山县、砚山县、西畴县、麻栗坡县、马关县、丘北县、广南县、富宁县、勐腊县

续表

地区	省、自治区	数量(个)	县(旗、市)名称
西部地区	甘肃	14	张家川回族自治县、天祝藏族自治县、临夏县、康乐县、永靖县、广河县、和政县、东乡族自治县、积石山保安族东乡族撒拉族自治县、合作市、临潭市、卓尼县、舟曲县、夏河县
	青海	12	大通回族土族自治县、民和回族土家自治县、化隆回族自治县、循化撒拉族自治县、尖扎县、泽库县、甘德县、达日县、玉树县、杂多县、治多县、囊谦县
	宁夏	8	盐池县、同心县、固原县、海原县、西吉县、隆德县、泾源县、彭阳县
	新疆	27	疏附县、疏勒县、英吉沙县、莎车县、叶城县、岳普湖县、伽师县、塔什库尔干塔吉克自治县、乌什县、柯坪县、和田县、墨玉县、皮山县、洛浦县、策勒县、于田县、民丰县、巴里坤哈萨克自治县、阿图什市、阿克陶县、阿合奇县、乌恰县、尼勒克县、察布查尔锡伯自治县、托里县、青河县、吉木乃县
	西藏	74	拉萨市城关区、林周县、当雄县、尼木县、曲水县、堆龙德庆县、达孜县、墨竹工卡县、那曲县、嘉黎县、比如县、聂荣县、安多县、申扎县、索县、班戈县、巴青县、尼玛县、昌都县、江达县、贡觉县、类乌齐县、丁青县、察雅县、八宿县、左贡县、芒康县、洛隆县、边坝县、林芝县、工布江达县、米林县、墨脱县、波密县、察隅县、朗县、乃东县、扎囊县、贡嘎县、桑日县、琼结县、曲松县、措美县、洛扎县、加查县、隆子县、错那县、浪卡子县、日喀则市、南木林县、江孜县、定日县、萨迦县、拉孜县、昂仁县、谢通门县、白朗县、仁布县、康马县、定结县、仲巴县、亚东县、吉隆县、聂拉木县、萨嘎县、岗巴县、樟木口岸办事处、噶尔县、普兰县、札达县、日土县、革吉县、改则县、措勤县

资料来源:中央政府门户网站,http://www.gov.cn,2006年7月14日。

从地域分布情况看,中、东部地区共涉及河北、吉林、黑龙江、湖北、湖南和海南6个省份,共有 35 个国扶贫困县,占国扶贫困县总数的 10%;西部地区共涉及内蒙古、广西、重庆、四川、贵州、云南、甘肃、青海、宁夏、新疆和西藏 11 个省、自治区,共有 306 个国扶贫困县,占国扶贫困县总数的 90%。由此可见,我国少数民族贫困地区主要分布于西部①(如图 2-1 所示)。

---

① 由于少数民族国扶贫困县和贫困人口主要分布于西部地区,研究中有时以全部少数民族贫困数据替代西部民族贫困地区数据。

第二章 西部民族地区贫困状况概述

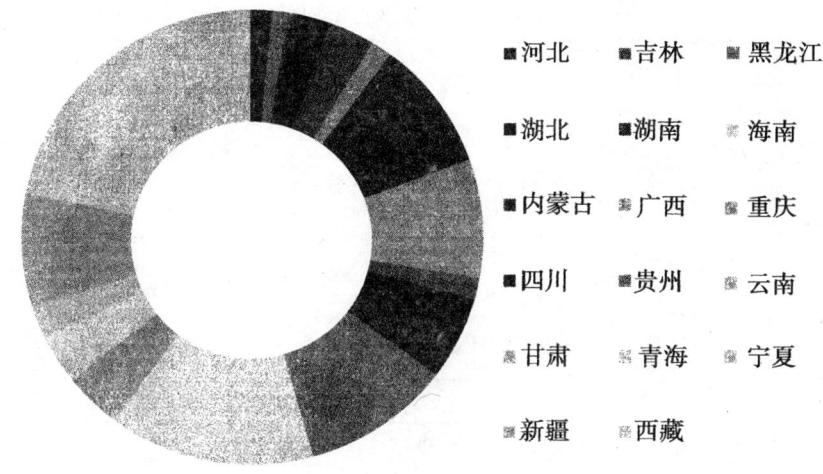

图 2-1 少数民族国扶贫困县分布情况

第二节 民族地区贫困总体情况

自"十五"以来,国家加大了对民族地区扶贫开发的投资力度,在各项政策的有力推动下,民族贫困地区经济社会各项事业取得了发展,贫困县、区面貌有了较大的变化。少数民族贫困人口的生产生活条件得到了改善,农牧民收入增加了,生活质量得到了进一步提高。

一、2000~2009 年民族地区贫困变化

在测算农村贫困人口时,2007 年及以前各个年份国家统计局同时使用绝对贫困人口标准和低收入人口标准。根据国家扶贫政策调整,2008 年以后不再区分贫困人口与低收入人口,把原来的低收入标准作为新的农村贫困标准。

1. 2000~2007 年民族地区贫困人口和低收入人口规模

按照 2007 年及以前各个年份统计标准,少数民族地区农村绝对贫困人口从 2000 年的 1687 万人减少到 2007 年底的 774 万人,减少了 913 万人;贫困发生率由 10.8% 下降为 6.4%,减少了 4.4 个百分点(如表 2-2 所示)。

经济增长与减贫的非均衡性

表2-2 2000~2007年民族地区农村贫困人口和低收入人口规模分年度情况

指标	2000年	2001年	2002年	2003年	2004年	2005年	2006年	2007年
贫困人口规模(万人)	1687	1865	1322	1304	1246	1170	948	774
比上年增减(万人)	+309	+178	-543	-18	-58	-76	-222	-174
贫困发生率(%)	10.8	14.1	8.2	7.3	7.8	6.9	7.1	6.4
绝对贫困线(元)	—	—	627	637	668	683	693	758
低收入人口规模(万人)	—	—	3317	2695	2288	2048	1587	1481
比上年增减(万人)	—	—	—	-662	-407	-240	-461	-106
低收入人口比重(%)	—	—	20.5	15.1	14.3	12.0	11.8	12.2
低收入标准线(元)	—	—	869	882	924	944	958	1067

资料来源:笔者根据历年《中国农村贫困监测报告》整理。

2. 2002~2009年民族地区贫困人口规模

按照2008年以后的标准,低收入人口逐年下降,从2002年的4639万人(含绝对贫困人口1322万人)减少到2009年的1955万人,减少了2684万人;低收入人口比重从28.7%(含贫困发生率8.2%)下降到16.4%,减少了12.3个百分点(如表2-3所示)。

表2-3 2002~2009年民族地区农村贫困人口规模分年度情况

指标	2002年	2003年	2004年	2005年	2006年	2007年	2008年	2009年
贫困人口规模(万人)	4639	3999	3534	3218	2535	2255	2102	1955
比上年增减(万人)	—	-640	-465	-316	-683	-280	-153	-147
贫困发生率(%)	28.7	22.4	22.1	18.9	18.9	18.6	17.6	16.4
贫困线(元)	869	882	924	944	958	1067	1196	1196

资料来源:笔者根据历年《中国农村贫困监测报告》整理。

3. 2006~2009年全国与民族地区贫困人口规模比较

2006~2009年民族地区的贫困发生率分别为18.9%、18.6%、17.6%和16.4%,虽逐年有所下降,但与全国同期贫困发生率(6.0%、4.6%、4.2%和3.6%)相比,分别高出12.9个、14.0个、13.4个和12.6个百分点,民族地区的贫困发生率远远高于全国同期的贫困发生率(如表2-4所示)。

第二章 西部民族地区贫困状况概述

表2-4 2006~2009年全国与民族地区农村贫困人口规模分年度比较

指标名称		2006年	2007年	2008年	2009年
贫困人口（万人）	全国	5698	4320	4007	3597
	民族地区	2535	2255	2102	1955
民族地区贫困人口占全国比重(%)		44.5	52.5	52.5	54.3
贫困发生率(%)	全国	6.0	4.6	4.2	3.8
	民族地区	18.9	18.6	17.6	16.4

资料来源：笔者根据历年《中国农村贫困监测报告》整理。

二、2002~2009年少数民族国扶贫困县情况

2009年，根据国家统计局对267个少数民族国扶贫困县的2341个被调查村的监测显示：自2002年以来，国家对扶贫县的扶持力度进一步加大，乡村基础设施和公共服务设施得到有效改善，农牧民生活水平逐年提高，教育、医疗、文化等各项社会事业稳步发展。

1. 基本生产条件和生活条件

按照《2010年中国农村贫困监测报告》公布的数据，2009年在少数民族国扶贫困县的2341个被调查村中，山区占72.4%、丘陵（半山区）占14.3%、平原占13.3%、少数民族聚居村占74.1%、属于陆地边境县的村占14.0%。

（1）人口及耕地资源。2009年少数民族国扶贫困县平均每个村有农户451.9户1883.3人；户均人口4.5人，其中男性2.4人；平均每个村有劳动力1039.0人，劳动力负担系数为1.4。

人均耕地1.7亩，其中水田、梯田、25度以上坡耕地面积比重分别为35.7%、8.5%和15.6%。与2008年相比，水田面积比重上升了0.4个百分点，梯田面积比重下降了0.4个百分点，25度以上坡耕地面积比重与2008年持平；人均草场为4.9亩，比2008年减少了0.3亩；人均荒山荒坡0.8亩，比2008年增加了0.1亩。少数民族国扶贫困县人均资源略高于国扶贫困县和全国贫困水平。

（2）自然村基础设施。自2002年以来，基础设施持续改善。与2002年相比，2009年通公路的自然村比重、通电的自然村比重、通电话的自然村比重和能接收电视节目的自然村比重分别上升了18.9个、8.0个、50.1个和15.8个百分点（如表2-5所示）。

表2-5 2002~2009年民族地区农村贫困人口规模分年度情况

单位:%

指标	2002年	2003年	2004年	2005年	2006年	2007年	2008年	2009年
通公路的自然村比重	66.7	70.4	73.3	75.5	79.0	80.3	81.8	85.6
通电的自然村比重	88.8	90.4	91.9	93.1	93.4	94.5	95.2	96.8
通电话的自然村比重	37.2	44.6	50.3	61.6	69.8	77.8	81.3	87.3
能接收电视节目的自然村比重	76.8	80.5	82.4	81.8	84.1	89.1	90.1	92.6

资料来源:笔者根据历年《中国农村贫困监测报告》整理。

(3)农户生活状况。2009年少数民族国扶贫困县人均住户面积为23.3平方米,比国扶贫困县低1.1平方米;单位住房的每平方米价值为190.8元,比国扶贫困县低26.6元。从住房结构看,虽然2009年少数民族国扶贫困县砖木和钢筋混凝土结构住房较2005年分别提高了5.6个和4.2个百分点,但与国扶贫困县平均水平相比分别低了5.6个和4.8个百分点。表明少数民族国扶贫困县农户住房质量虽然有所改善,但低于国扶贫困县平均水平,住房困难明显,需要国家持续关注(如表2-6所示)。

表2-6 少数民族国扶贫困县人口住房状况比较

指标	2005年		2009年	
	国扶贫困县	少数民族国扶贫困县	国扶贫困县	少数民族国扶贫困县
1.面积(平方米/人)	—	—	24.4	23.3
2.价值(元/平方米)	—	—	217.4	190.8
3.结构(%)				
(1)砖木	40.7	33.9	45.1	39.5
(2)竹草、土坯屋	25.6	27.8	20.6	23.0
(3)钢筋混凝土	14.2	9.3	18.3	13.5
(4)其他	19.5	29.0	16.0	24.0

资料来源:笔者根据历年《中国农村贫困监测报告》整理。

少数民族贫困县生活耐用品消费水平逐年上升。2009年少数民族国扶贫困县每百户拥有冰箱、冰柜17.1台,电视机96.0台(其中彩色电视机86.0台),摩托车39.1辆,固定、移动电话107.5部,比2005年分别提高了10.2台、12.6台(其中彩色电视机提高了25.2台)、17.3辆和65.1部。但与国扶贫困县平均水平相比分别低了1.5台、5.2台(其中彩色电视机降低了4.0台)、1.7辆和7.1部(如表2-7所示)。

表2-7 少数民族国扶贫困县人口耐用消费品拥有状况比较

指标	单位	2005年		2009年	
		国扶贫困县	少数民族国扶贫困县	国扶贫困县	少数民族国扶贫困县
1.冰箱、冰柜	台/百户	7.5	6.9	18.6	17.1
2.电视机	台/百户	91.3	83.4	101.2	96.0
其中:彩色电视机	台/百户	65.3	60.8	90.0	86.0
3.摩托车	辆/百户	24.7	21.8	40.8	39.1
4.固定、移动电话	部/百户	54.5	42.4	114.6	107.5

资料来源:笔者根据历年《中国农村贫困监测报告》整理。

对少数民族国扶贫困县的监测显示,2009年贫困人口的生活设施比2005年有所改善,其中有厕所的农户比例、用电户比例、有取暖设备的农户比例、饮用自来水和深井水的农户比例分别上升了2.3个、1.3个、1.6个和2.3个百分点;饮水困难的农户比例和取得生活燃料越来越困难的农户比例分别下降了4.1个和7.8个百分点。但与国扶贫困县平均水平相较,有厕所的农户比例、用电户比例和饮用自来水和深井水的农户比例分别偏低10.1个、2.1个和5.2个百分点;饮水困难的农户比例和取得生活燃料越来越困难的农户比例分别偏高3.1个和14.5个百分点。表明少数民族国扶贫困县人口生活条件相对较差,但与自身相比正在逐步得到改善(如表2-8所示)。

表2-8 少数民族国扶贫困县人口生活状况比较

单位:%

指标	2005年		2009年	
	国扶贫困县	少数民族国扶贫困县	国扶贫困县	少数民族国扶贫困县
有厕所的农户比例	86.2	75.6	88.0	77.9
用电户比例	96.7	94.3	97.7	95.6
有取暖设备的农户比例	62.0	63.5	63.2	65.1
饮用自来水和深井水的农户比例	55.3	52.8	60.3	55.1
饮水困难的农户比例	13.7	16.7	9.5	12.6
取得生活燃料越来越困难的农户比例	37.1	53.8	31.5	46.0

资料来源:笔者根据历年《中国农村贫困监测报告》整理。

(4)村级科技推广。在科技推广方面,2009年与2005年相比,少数民族国扶贫困县在使用节水栽培技术的村的比重、有塑料大棚/温室的村的比重、有农牧业新技术示范户的村的比重和举办过专业技术培训的村的比重4项指标上,分别提高了1.7个、3.3个、2.2个和3.6个百分点。而且与2009年的国扶贫困县平均水平相比,也分别高出了3.4个、1.7个、3.9个和4.1个百分点。表明少数民族国扶贫困县得到相关政策的大力扶持,科技推广和技术培训工作开展较好,群众的科技文化素质进一步提高(如表2-9所示)。

表2-9 少数民族国扶贫困县科技推广及培训情况

单位:%

指标	2005年		2009年	
	国扶贫困县	少数民族国扶贫困县	国扶贫困县	少数民族国扶贫困县
使用节水栽培技术的村的比重	6.4	8.8	7.1	10.5
有塑料大棚/温室的村的比重	14.0	14.2	15.8	17.5
有农牧业新技术示范户的村的比重	25.9	31.0	29.3	33.2
举办过专业技术培训的村的比重	37.3	43.8	43.3	47.4

资料来源:笔者根据历年《中国农村贫困监测报告》整理。

(5) 受灾情况。2002~2009年,年均遭遇严重自然灾害的村占44.46%,自2005年以后有明显的逐年下降趋势。在各类自然灾害(旱灾、水灾、病虫害、冷冻灾害、干热风灾、动物疫情、泥石流或山体滑坡、地震等)中,旱灾是最主要的自然灾害,年均为57.94%,2005年以后(除2008年外)占全部灾害的比重更是在60%以上。表明少数民族国扶贫困县靠天吃饭状况显著(如表2-10所示)。

表2-10 2002~2009年少数民族国扶贫困县受自然灾害情况

单位:%

指标	2002年	2003年	2004年	2005年	2006年	2007年	2008年	2009年
当年遭遇严重自然灾害的村的比重	59.6	42.5	40.5	50.1	47.0	45.1	36.0	34.9
自然灾害的类型比例								
其中:旱灾	40.6	58.0	49.3	71.3	73.5	61.4	38.6	70.8
水灾	19.2	13.9	13.4	10.5	—	18.7	23.3	7.3

资料来源:笔者根据历年《中国农村贫困监测报告》整理。

2. 收入和生活消费

少数民族国扶贫困县农民人均纯收入和人均生活消费支出逐年提高,2009年较2002年分别增加了1469.5元和1127.7元(如图2-2所示)。而同期表征消费质量的恩格尔系数也由60.2%下降为51.8%,下降趋势明显(如图2-3所示)。

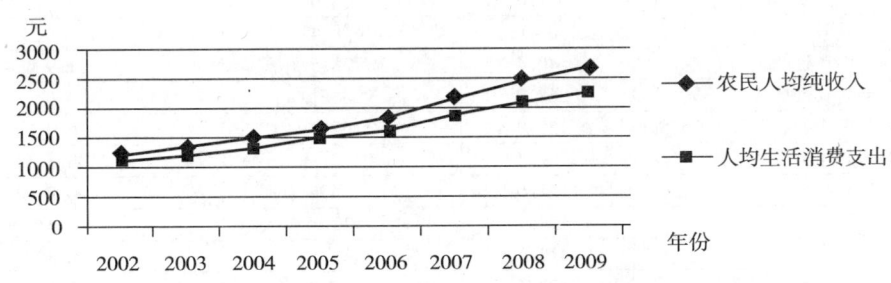

图2-2 2002~2009年少数民族国扶贫困县收入和支出变化趋势

资料来源:笔者根据历年《中国农村贫困监测报告》整理。

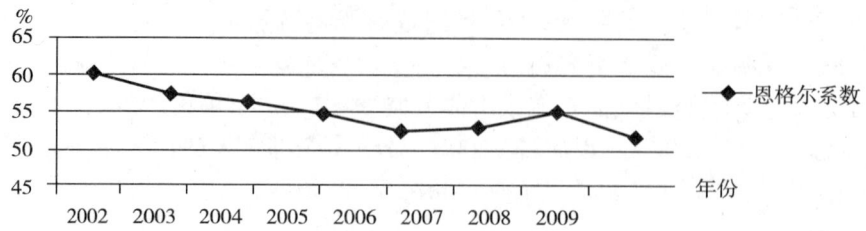

图 2-3 2002~2009 年少数民族国扶贫困县恩格尔系数变化趋势
资料来源:笔者根据历年《中国农村贫困监测报告》整理。

但是,少数民族国扶贫困县收入与支出水平与国扶贫困县平均水平相比仍然存在一定的差距。以 2009 年的各项统计指标为例,少数民族国扶贫困县除家庭经营收入和牧业收入两项指标,由于其所处的地理位置较为特殊,高于国扶贫困县平均水平外,其余各项指标均低于国扶贫困县平均水平。尤其在工资性收入指标一项上,差距最大(如表 2-11 所示)。

表 2-11 2009 年少数民族国扶贫困县收入和支出情况

单位:元/人,%

	指标名称	国扶贫困县	少数民族国扶贫困县	二者的差距
收入构成	农民人均纯收入	2842.1	2688.1	154.0
	1. 工资性收入	1011.2	772.9	238.3
	其中:外出务工收入	495.1	332.0	163.1
	2. 家庭经营收入	1522.4	1612.6	-90.2
	其中:种植业收入	951.6	905.0	46.6
	牧业收入	306.1	418.4	-112.3
	3. 财产性收入	40.4	38.5	1.9
	4. 转移性收入	268.0	264.1	3.9
	其中:政府性转移支付	159.9	165.9	-6.0
支出构成	人均生活消费支出	2367.4	2228.9	138.5
	1. 食品	1155.6	1154.8	0.8
	2. 衣着	134.1	122.7	11.4
	3. 居住	413.3	362.5	50.8
	4. 家庭设备用品	108.7	95.4	13.3
	5. 交通、通信	194.7	188.7	6.0
	6. 文化教育	167.3	127.9	39.4
	7. 医疗保健	155.3	142.2	13.1
	8. 其他	38.5	34.8	3.7

资料来源:笔者根据历年《中国农村贫困监测报告》整理。

3. 农村教育和卫生条件

2002~2009年，少数民族国扶贫困县7~12岁儿童在校率由91.7%提高到97.1%，提高了5.4个百分点；13~15岁儿童在校率由81.3%提高到94.8%，提高了13.5个百分点。这表明少数民族国扶贫困县基础教育水平获得了长足的提高（如图2-4所示）。

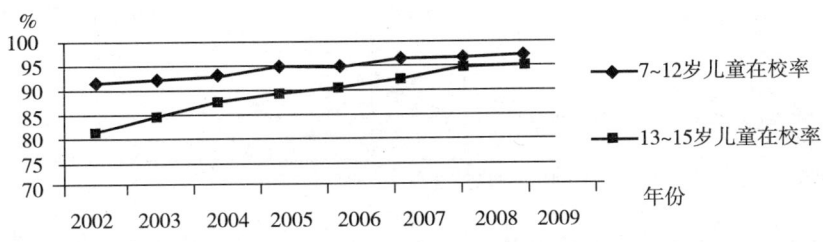

图2-4　2002~2009年少数民族国扶贫困县儿童在校率变化趋势

资料来源：笔者根据历年《中国农村贫困监测报告》整理。

2002~2009年，少数民族国扶贫困县基本医疗条件持续改善，其中有卫生室的村的比重、有合格乡村医生/卫生员的比重和有合格接生员的村的比重分别由2002年的60%、62.1%和62.7%上升到2009年的74.5%、74.6%和70.7%，分别上升了14.5个、12.5个和8个百分点（如图2-5所示）。

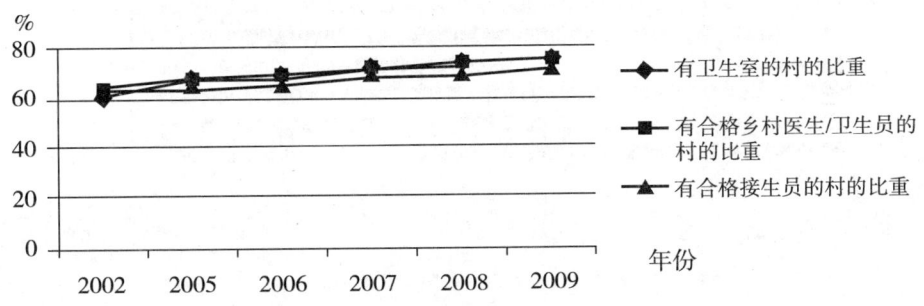

图2-5　2002~2009年少数民族国扶贫困县基本医疗条件

资料来源：笔者根据历年《中国农村贫困监测报告》整理。

4. 劳动力状况

2002~2009年，少数民族国扶贫困县农村劳动力中，文盲半文盲、小学比重分别由20.0%和40.2%下降到14.2%和35.9%；初中、高中、中专、大专及以上分别由33.0%、5.2%和1.6%上升到40.6%、6.7%和2.6%（如表2-12所示）。

经济增长与减贫的非均衡性

表2-12 2002~2009年民族地区农村贫困劳动力文化程度构成

单位:%

指标	2002年	2003年	2004年	2005年	2006年	2007年	2008年	2009年
文盲、半文盲	20.0	19.2	18.4	16.9	16.1	15.3	14.5	14.2
小学	40.2	39.2	38.3	38.5	37.9	37.1	37.0	35.9
初中	33.0	34.7	36.1	37.2	38.3	39.6	40.0	40.6
高中	5.2	5.1	5.4	5.5	5.8	5.9	6.3	6.7
中专	1.4	1.5	1.5	1.5	1.5	1.6	2.2	2.6
大专及以上	0.2	0.3	0.3	0.4	0.4	0.5		

资料来源:笔者根据历年《中国农村贫困监测报告》整理。

从劳动力所从事的主要产业构成来看,2009年第一产业劳动力占全部劳动力的比重为83.5%,比2002年的90.1%下降了6.6%;2009年第二产业和第三产业劳动力占全部劳动力的比重分别为9%和7.5%,比2002年的4.2%和5.7%上升了4.8%和1.8%。这表明少数民族国扶贫困县的分产业劳动力就业结构逐步趋向合理(如图2-6所示)。

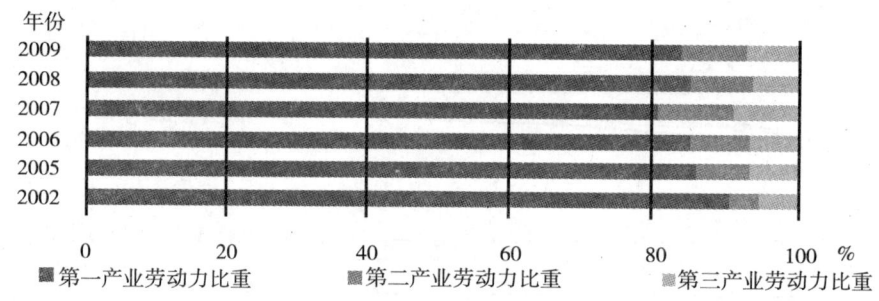

图2-6 2002~2009年少数民族国扶贫困县劳动力从事的主要产业构成

资料来源:笔者根据历年《中国农村贫困监测报告》整理。

5. 扶贫活动

2002~2009年,少数民族国扶贫困县扶贫资金数量增长。每村当年落实的扶贫资金年均增长77.83%,最高年度2007年较2006年增长了312.15%,达到44.1万元。每村当年使用的扶贫资金也由2005年的9.5万元增加到2009年的26.8万元,年均增长30.0%(如图2-7所示)。

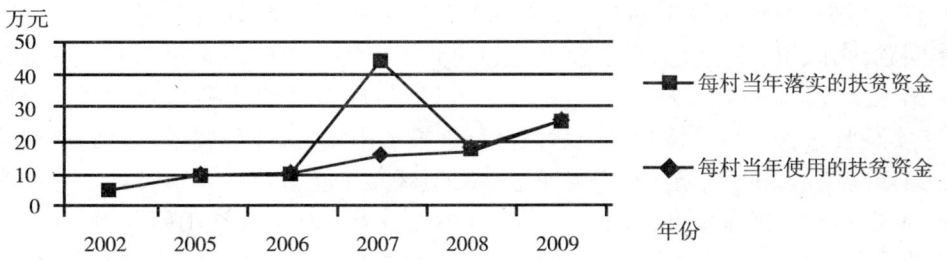

图 2-7　2002~2009 年少数民族国扶贫困县扶贫资金变动情况
资料来源：笔者根据历年《中国农村贫困监测报告》整理。

按照2009年的统计数据，到村到户的扶贫项目主要包括种植业、养殖业、林业、修建基本农田、人畜饮水工程、技术培训等。平均每个项目村扶持农户和公共项目成果主要有：修建基本农田17.0亩，退耕还林还草284.1亩，修建道路1.0公里，架电0.9公里，安装电视接收设施0.8个，修建卫生室及设施0.2个，种植业扶持17户，养殖业扶持6.3户，林业扶持5.2户，农产品加工及其他行业扶持0.2户，解决人畜饮水15.8户，有18.6人次参加了技术培训等。

从2009年扶贫项目实施和农户参与扶贫活动的情况看，种植、养殖、修路、人畜饮水和退耕还林还草是少数民族国扶贫困县、村实施及农户参与完成的主要扶持项目，种植、养殖、修路、人畜饮水、修建基本农田、技术培训和退耕还林还草是行政村及农户最迫切希望得到的项目。

在少数民族国扶贫困县被调查的村中，希望得到的扶持项目排在前七位的分别是：种植业40.6%，养殖业21.6%，修建道路9.8%，人畜饮水6.5%，修建基本农田6.1%，农产品加工业3.7%，林业3.2%[①]。表明被调查村希望在基础设施、改善生产生活条件、种植养殖等项目上得到更多的扶持。

第三节　民族地区扶贫开发的主要历程

改革开放以来，民族地区反贫困与全国一样，其历程大体可以分为四个阶段：第一阶段是1978~1985年，主要通过变革生产关系，实现土地承包责任制，调动农牧民的生产积极性，释放生产潜能；对特别贫困的家庭，通过发放赈济物品或利用"以工代赈"，集中连片的"输血"式扶贫，属于救济式扶贫阶段。第二阶段是1986~

---

① 《2010年中国农村贫困监测报告》。

经济增长与减贫的非均衡性

1993年,主要依靠国家政策的有效扶持来减缓农村贫困。该阶段达到了基本解决吃粮问题,大面积、普遍性人口贫困问题也得到了缓解。该阶段属于开发式扶贫阶段。第三阶段是1994~2000年,通过项目开发、生产条件的改善和生产结构的调整,来实现收入的提高。该阶段仍然以区域性投入来减缓贫困,属于开发式扶贫阶段。第四阶段是2001年至今,主要通过贫困地区发展能力建设及生态环境建设为核心的扶贫开发,来实现贫困问题的解决。中国政府十分重视贫困问题,社会主义制度的建立本身就是要解决贫困问题。此外,少数民族地区扶贫开发中还有特殊的优惠政策。

一、体制解贫阶段(1978~1985年)

1978年以前,按我国政府确定的国家贫困衡量标准统计的贫困人口超过2.5亿人,占农村总人口的33%。西部农村贫困人口高达1.64亿人,占全国农村贫困人口的48.18%,主要分布在西部的贵州、云南、西藏、甘肃、青海、新疆等省、区,导致这一时期大面积贫困的最主要成因是体制因素。

党的十一届三中全会以后,少数民族和民族地区经济有所恢复和发展,但是由于底子薄、条件差,部分少数民族地区,特别是贫困山区、边疆和边远地区,群众生产生活存在严重困难,温饱问题、住房问题、饮水问题和地方病问题都很严重。鉴于这种情况,国家民族事务委员会(以下简称"国家民委")深入开展调查研究,积极向有关部门反映情况。在国家民委和国务院其他部门的积极推动下,国务院于1983年12月16~26日在北京召开了全国少数民族地区生产生活会议。会议就少数民族群众住房困难、饮水困难、地方病严重等实际生产生活问题提出了方针、政策和措施。会议决定对贫困地区继续实行免征免购政策,并从1984年开始,每年从支援不发达地区发展资金中拿出7000万元,作为解决部分少数民族地区群众实际生产生活突出问题的专项资金。

这一时期,针对甘肃定西地区、河西地区和宁夏西海固地区干旱带生态遭到严重破坏、农民饥寒交迫的生活状况,中国政府从1982年开始每年专项拨款2亿元,组织实施了为期十年的"三西"扶贫开发计划,拉开了我国特定贫困区域扶贫开发的序幕。

这一阶段的主要特征是依靠改革挖掘出蕴藏在农村中的生产力,通过普遍的制度变迁实现脱贫。主要是开展了以家庭联产承包责任制为中心的体制改革,同时大幅度提高农产品收购价格,改善农业交易条件,增加农民收入。

二、开发式扶贫阶段(1986~1993年)

1984年,国务院发出了"关于尽快改变贫困地区面貌的通知",要求集中力量解决十几个连片贫困地区的问题。1986年,全国人民代表大会六届四次会议又把扶持老、少、边、穷地区发展列入国民经济"七五"(1986~1990年)发展计划,同年6月,国务院贫困地区经济开发领导小组(1993年更名为国务院扶贫开发领导小组)成立。自此,中国政府在全国范围开展了有计划、有组织、大规模的扶贫开发工作,这标志着中国的扶贫开发进入了一个新的历史时期。一是对救济式扶贫进行了彻底改革,确定了开发式扶贫的方式;二是成立了专门机构;三是制定了专门针对贫困地区和贫困人口的政策措施;四是对18个集中贫困区域实施连片开发;五是确定了对贫困县的扶持标准,并核定了贫困县,分中央政府和省(自治区)两级重点扶持。

这一时期,发生的重大事件有:

1. 召开"全国牧区工作会议"

我国牧区大都分布在陆地边疆少数民族地区,地域辽阔,资源丰富。牧区畜牧业是十几个少数民族世代经营并赖以生存和发展的基本产业,发展畜牧业实际上就是巩固少数民族经济的地位。新中国成立以后,经过民主改革和社会主义改造,为牧区的发展奠定了基础。牧区各族人民在发展国家经济、文化和巩固祖国统一的事业中,做出了应有的贡献。由于在一个较长时期内,对牧区工作的指导思想没有严格遵守实事求是的原则,忽视牧区特点,要求过高,步子过急,违背了自然规律和经济规律,垦草种粮,草原生态遭到严重破坏,挫伤了牧区广大群众的积极性,影响了牧区经济的发展。党的十一届三中全会以后,牧区因地制宜地实行了责、权、利相结合和畜、草、服务相统一的牧业生产责任制,牧区社会经济面貌发生了较大变化。但总体讲,牧区经济特别是畜牧业还很脆弱,是国民经济中的一个薄弱环节。为此,国务院于1987年6月4~9日在北京召开了全国牧区工作会议,田纪云副总理在会上作了《争取我国牧区经济有个较大的发展》的报告。党和国家领导同志接见了全体代表。会议总结交流了牧区工作经验,讨论了牧区经济工作的指导方针,研究了发展牧区畜牧业的政策和措施。针对牧区少数民族群众贫困问题较为严重的实际情况,决定把牧区的扶贫工作纳入全国的扶贫工作中通盘考虑,确定了27个国家扶持的牧区贫困县,在"七五"期间每年安排5000万元牧区扶贫专项贴息贷款,大力推广"流动畜群扶贫"或向贫困牧户赊贷母畜等扶贫措施,帮助贫困牧民解决温饱,逐步增强其自我发展生产的能力。

2. 召开"全国少数民族地区扶贫工作会议"

1989年8月,国务院发出《国务院批转国家民委、国务院贫困地区经济开发领导小组关于少数民族地区扶贫工作有关政策问题请示的通知》(国发〔1989〕62号)。9月,召开全国少数民族地区扶贫工作会议。全国少数民族地区生产生活会议以后,少数民族地区扶贫工作取得了很大成绩,贫困问题得到缓解,群众生产生

经济增长与减贫的非均衡性

活得到一定改善。但由于各方面的原因,贫困仍然是少数民族地区最突出的问题。在国家重点扶持的331个县中,有少数民族贫困县141个,少数民族贫困人口占全国贫困人口的71%。少数民族地区不仅贫困面大,而且贫困程度较一般地区更为严重。鉴于这种情况,国家民委会同国务院扶贫开发领导小组,在对100多个少数民族贫困县进行大量调查研究的基础上,向国务院提出了《关于少数民族地区扶贫工作有关政策问题的请示》,国务院批转了这一文件,并于1989年9月20日召开了"全国少数民族地区扶贫工作会议"。会议明确提出了少数民族贫困地区是"七五"以后扶贫攻坚的主战场,必须集中力量首先解决少数民族贫困地区群众的温饱问题,制定了相应的特殊政策措施,并落实了"少数民族贫困地区温饱基金"。

3. 出台"温饱基金人行贷款"管理暂行办法

1990年9月,国家民委、中国人民银行发出《"少数民族贫困地区温饱基金"人民银行专项贷款项目管理暂行办法》(民委(经)字〔1990〕第508号),其中规定:中国人民银行每年从大跨度联合开发扶贫专项贷款中,安排部分"少数民族贫困地区温饱基金"(以下简称"温饱基金人行贷款"),集中用于141个少数民族贫困县中的一二十个县解决群众温饱问题的项目。贷款的对象和条件,贷款的审定、发放和收回,贷款的管理和经济责任,贷款的监督检查和考核,均按《中国人民银行专项贷款管理暂行办法》规定执行。这项贷款执行国家"老、少、边、穷地区发展经济贷款"的优惠利率。贷款期限,自贷款之日起至还清本息止,一般为1~3年,特殊情况可4~5年,个别建设周期长、社会经济效益好的项目最长不超过7年。

文件规定贷款用于:①带动千家万户解决温饱问题的种、养业项目;②立足本地资源优势,产品有可靠市场销路,符合产业政策,经济效益明显,直接效益能辐射千家万户的加工、采掘业新建、续建和技术项目;③有利于改善生产条件,促进稳定解决温饱,具有一定条件、难度小、投资少、见效快、偿还能力可靠的小区域农业综合开发项目。自筹资金比例应占总投资的10%~20%,特殊情况可适当降低自筹资金比例。

1986~1993年,一方面,体制引起的贫困人口逐渐减少了,贫困人口逐渐集中到西部山区;另一方面,扶贫方式趋向单一化,项目开发成为扶贫工作的重点。至此,中国反贫困战略的实施向中西部地区倾斜。

三、扶贫攻坚阶段(1994~2000年)

1994年起,国务院定期或不定期召开全国扶贫工作会议,制定了一系列符合中国国情的扶贫开发政策和重要措施,扶贫开发工作进入了一个新的阶段。考虑到物价指数的变化,中国政府首先重新划定了贫困县的标准,按照"四进七出"的原则进行了调整,即凡在1992年农村人均收入小于400元的县都纳入贫困县,凡在同年农村人均收入高于700元的县都退出贫困县。国家"八七"扶贫计划确定的贫困县比"八五"扶贫计划增加了25个,西部地区新增加的国家级贫困县占到全国新增加的国家级贫困县的80%,国家扶贫开发力度进一步向西部倾斜。

这一时期,发生的主要事件有:

1. 颁布实施《国家八七扶贫攻坚计划》

国务院于1994年4月15日颁布实施《国家八七扶贫攻坚计划》,这是我国历史上第一个有明确目标、明确对象、明确措施、明确期限的扶贫纲领性文件。从1994年起,用7年时间,到2000年实现基本解决8000万贫困人口温饱问题的目标。在研究制订"八七"计划期间,国家民委积极向国务院有关部门提出有关建议,提出对少数民族贫困地区实行倾斜、扶持政策。"八七"扶贫攻坚期间,国家确定了592个重点扶持贫困县,对少数民族地区给予特殊照顾,提高扶持标准,扩大对少数民族地区的扶持范围。在全国592个国家重点扶持贫困县中,少数民族贫困县有257个,占43.4%。《国家八七扶贫攻坚计划》的实施,极大地促进了少数民族贫困地区的发展,在国家的帮助和扶持下,少数民族地区广大干部群众自力更生、艰苦奋斗,扶贫攻坚取得了前所未有的巨大成就。"八七"期间,少数民族和民族地区累计解决了3600万贫困人口的温饱问题,少数民族地区与全国人民一道实现了20世纪末基本解决农村贫困人口温饱问题的目标。

2. 开展"兴边富民"行动

1996年7月6日,国务院办公厅转发了国务院扶贫开发领导小组《关于组织经济较发达地区与经济欠发达地区开展扶贫协作的报告》,对东西扶贫协作做了具体部署,即北京帮内蒙古,天津帮甘肃,上海帮云南,广东帮广西,江苏帮陕西,浙江帮四川,山东帮新疆,辽宁帮青海,福建帮宁夏,深圳、青岛、大连、宁波帮贵州。东西扶贫协作有力地促进了少数民族贫困地区的脱贫步伐。

1999年12月29日,国家民委下发关于进一步推动兴边富民行动的意见,指出要充分认识兴边富民行动的重要意义,进一步明确了兴边富民行动的指导思想、方针和主要任务,要求把兴边富民行动作为跨世纪民族工作的重要任务,加大工作力度,切实抓出成效。兴边富民行动,是1999年由国家民委联合国家发改委、财政部等部门倡议发起的一项边境建设工程,是为配合西部大开发而实施的一项系统工程。实施范围是我国135个陆地边境县(旗、市、市辖区)和新疆生产建设兵团58个边境团场,涉及国土面积约193万平方公里,人口约2100万人。兴边富民行动的宗旨是振兴边境、富裕边民。通过强化政府组织领导,广泛动员全社会参与,加大对边境地区的投入和对广大边民的帮扶,使边境地区尽快发展起来,边民尽早富裕起来,在发展中进一步增强爱国主义感情和加强各民族大团结,最终达到富民、兴边、强国、睦邻的目的。

2000年1月,国家民委在北京举行新闻发布会正式推出兴边富民行动。在《人民日报》《经济日报》等新闻媒体设立兴边富民行动专栏、专版,与香港《大公报》社联合开展"西部民族地区纪行暨兴边富民行动系列采访活动",组织记者团赴边境地区采访,组织到边疆的"三下乡"活动。这些宣传活动使兴边富民行动在海内外引起强烈反响,在边境地区家喻户晓。兴边富民行动促进了边境地区的发展,各族群众得到了实惠,亲切地称颂兴边富民行动是中国共产党的"德政工程"。

四、扶贫开发新时期(2001年至今)

20世纪末,"八七"计划即将结束,少数民族地区扶贫开发面临新的形势和任务。国家民委于1997年、1998年、1999年开展了几次全国范围的少数民族贫困地区扶贫调研,对少数民族贫困人口数量和贫困状况进行摸底调查,研究对策,提出建议。2000年9月4日,国家民委联合国务院扶贫办在北京召开了少数民族和民族地区扶贫工作座谈会,专题研究少数民族地区扶贫开发工作,提出政策建议并报国务院。推动了跨世纪的少数民族扶贫开发工作。2001年,中央召开了扶贫开发工作会议,随后,国务院印发了《中国农村扶贫开发纲要(2001~2010年)》,确定了新世纪扶贫开发的目标、对象、重点和政策措施。2002年年初,国家取消了国定贫困县,确定了扶贫开发工作重点县。新确定的重点县全部集中于中西部地区,既说明新世纪扶贫开发的重点在西部地区,也体现了党中央、国务院对中西部贫困地区的关怀和照顾。国家在21世纪初出台的一系列方针政策,为今后的扶贫开发指明了方向。

这一时期,发生的主要事件有:

1. 颁布实施《中国农村扶贫开发纲要(2001~2010年)》

进入21世纪,党的十六大确立了全面建设小康社会的总体目标,国家颁布实施《中国农村扶贫开发纲要(2001~2010年)》,进一步加大对少数民族贫困地区的扶持力度,加快少数民族群众脱贫致富奔小康的步伐。在民族自治地方确定国家扶贫开发工作重点县267个,比"八七"扶贫攻坚计划增加了10个,占全国扶贫开发工作重点县总数(592个)的45.1%。西藏作为特殊片区,74个县(市、区)整体列入国家扶贫开发工作重点。

2001年6月22日,国家民委下发了《关于深入贯彻落实中央扶贫开发工作会议精神的通知》(民委发〔2001〕82号)。《通知》指出,贯彻落实好中央扶贫开发工作会议精神,是新时期少数民族和民族地区扶贫开发工作开好头、起好步的关键,也是当前民族工作的中心任务之一。各级民委要以这次会议为动力和契机,抓住机遇,奋发进取,扎实工作,努力开创少数民族和民族地区扶贫开发的新局面。《通知》要求各级民委要结合实际,深入学习领会会议文件精神;落实《纲要》,把新阶段的扶贫开发与贯彻落实《民族区域自治法》结合起来;积极配合扶贫主管部门,研究和落实少数民族和民族地区扶贫开发政策;集中力量,重点抓好标志性工程;加大力度,强化定点扶贫工作;积极配合有关部门,继续推动智力支边工作;总结经验,进一步提高工作水平。

2. 积极扶持人口较少民族发展

2001年8月10日,国务院办公厅对国家民委上报的"关于建议把22个人口较少民族发展问题列入国家'十五'计划的意见"发文函复"国务院办公厅关于扶持人口较少民族发展问题的复函"(国办函〔2001〕44号)。原则同意国家民委提出的关于扶持人口在10万以下的22个民族(统称人口较少民族)发展的具体建议,在乡村通简易公路、村村通电、村村通广播电视、人畜饮水、人口素质教育、基本医疗机构和设施、群众住房改造、财政投入等方面,请有关部门、单位和地方负责落实,可以在执行统一政策的前提下,在实际工作中给予更多的支持和照顾。并请国家民委进一步加强调研,及时与有关方面沟通情况,提出建设性意见和建议,确保扶持人口较少民族发展工作取得实效。

2005年5月18日,国务院第90次常务会议审议通过了国家民委、国家发改委、财政部、中国人民银行、国务院扶贫办联合编制的《扶持人口较少民族发展规划(2005~2010年)》(以下简称"《规划》")。同年8月29日,国务院召开"全国扶持人口较少民族发展工作会议"。这标志着中国扶持人口较少民族发展工作进入了全面实施的新阶段。《规划》的范围是22个人口较少民族聚居的10个省、区中的86个县、238个乡镇、640个行政村。《规划》提出的发展目标是,通过5年左右的努力,使人口较少民族聚居的行政村基础设施得到明显改善,群众生产生活存在的突出问题得到有效解决,基本解决现有贫困人口的温饱问题,经济社会发展基本达到当地中等或以上水平。再通过一段时间的努力,使人口较少民族达到全面建设小康社会的要求。具体目标就是实现"四通五有三达到"。扶持人口较少民族发展工作体现了党中央、国务院对人口较少民族的高度重视和关心。《规划》的实施,是巩固和发展平等团结互助和谐的社会主义民族关系的重要举措,对促进人口较少民族加快发展和全面建设小康社会具有十分重要的意义。

2008年7月16日,国家民委印发落实《扶持人口较少民族发展规划(2005~2010年)》考核验收办法的通知(民委发〔2008〕138号)。为加强对各地《规划》完成情况的监督检查,及时了解和掌握《规划》实施进程,客观地评价工作成果,总结经验,指导工作,确保人口较少民族聚居地区尽早完成《规划》确定的目标和任务,国家民委会同国家发改委、财政部、中国人民银行、国务院扶贫办决定从2008年起,对各地《规划》完成情况进行年度考核验收并制定了考核验收办法。到2008年底,640个人口较少民族聚居村中,已有271个村达到考核验收标准,提前实现"四通五有三达到"的目标,占42.3%。人口较少民族聚居地区呈现出生产发展、生活改善、民族团结、社会稳定的良好局面。

3. 推广电脑农业试点工作

为学习推广云南开展电脑农业的经验和在西部民族地区开展推广电脑农业试点工作,2001年9月8日,西部民族地区电脑农业专家系统推广工作现场会在云南省昆明市召开。西部12个省、区、市民委和享受西部开发政策的三个自治州所在的州民委,以及电脑农业试点县的领导和同志以及有关专家共100余人出席了会议。这次现场会以"三个代表"重要思想为指导,积极探索依靠科技进步促进民族地区扶贫开发和经济全面发展的新路子,全力推动电脑农业技术在民族地区的应用和创新,推进民族工作迈上新台阶。

4. 深入开展"兴边富民"行动

2002年10月,国家民委牵头组织制定《兴边富民行动规划纲要(2001~2010)》。确定兴边富民行动的指导思想、总体要求和奋斗目标,明确主要任务与分地区工作重点,提出有关保障措施。同时制定了四个专项规划,包括交通运输专项行动规划、农业发展专项行动规划、水利建设专项行动规划、生态环境建设专项行动规划。

2007年6月9日,国务院办公厅颁发了《兴边富民行动"十一五"规划》(国办发〔2007〕43号)。《规划》明确了"十一五"时期兴边富民行动的指导思想、发展目标、主要任务、政策措施和组织实施。发展总体目标:重点解决边境地区发展和边民生产生活面临的特殊困难和问题,不断增强自我发展能力,促进经济加快发展、社会事业明显进步、人民生活水平较大提高,使大多数边境县和兵团边境团场经济社会发展总体上达到所在省、自治区和新疆生产建设兵团中等以上水平。具体目标是改善基础设施落后状况,保障贫困边民的基本生活,社会事业较快发展,县域经济发展能力明显增强,边境贸易较快发展,生态环境保护和建设取得重要进展,社会稳定、民族团结七个方面。《规划》提出了五项重点任务:一是加强基础设施和生态建设,改善生产生活条件;二是突出解决边民的贫困问题,拓宽增收渠道;三是大力发展边境贸易,促进区域经济合作;四是加快发展社会事业,提高人口素质;五是加强民族团结,维护边境稳定。《规划》要求按照"统一领导,国家扶持,省负总责,县抓落实"的方针认真组织好《规划》的实施工作。国家民委负责综合协调,各有关部门负责相关领域工作任务的组织落实,边境省、自治区和新疆生产建设兵团全面负责本地区《规划》的组织实施工作,边境县和兵团边境团场落实具体任务。

5. 出台《少数民族事业"十一五"规划》

2007年2月27日,国务院办公厅印发《少数民族事业"十一五"规划》(国办发〔2007〕14号)。《规划》明确了未来5年少数民族事业发展的指导思想、总体目标、主要任务、重点工程和保障措施,从总体上描绘了"十一五"时期少数民族事业的发展蓝图。《规划》提出"十一五"期间的主要任务之一是着力解决少数民族群众特困和特需问题。重点扶持少数民族聚居的贫困地区实施特困少数民族群众解困工程,加大安居温饱、易地搬迁和劳务输出力度,推动各项扶贫开发措施进乡、入村、到户。优先将少数民族聚居的贫困村全部纳入国家扶贫整村推进规划实施范围,强化对少数民族贫困人口的直接帮扶。对缺乏基本生存条件、自然灾害多发区、自然保护区、重要生态功能保护区、地方病高发区的特困少数民族群众,稳步推进生态移民和易地扶贫。建立健全社会救助体系,保障少数民族贫困人口基本生活。

6.出台《少数民族事业"十二五"规划》

2012年7月12日,国务院办公厅印发了《少数民族事业"十二五"规划》(国办发〔2012〕38号)。《规划》显示,"十二五"时期,国家将以解决少数民族事业发展中的特殊困难和问题为重点,采取特殊政策措施,不断加大对少数民族事业的扶持力度,全面提升少数民族事业发展水平。《规划》强调,"十二五"期间,少数民族事业的主要发展目标是:民族地区经济发展主要指标增速高于全国平均水平,人均地区生产总值与全国平均水平的差距明显缩小;民族地区人民生活水平大幅提高,城乡居民收入与全国平均水平差距明显缩小;民族地区基本公共服务能力显著增强,教育、文化服务、医疗卫生、社会保障等与全国的差距明显缩小;少数民族优秀传统文化得到有效保护、传承和弘扬,适应各族的群众需求的优秀文化产品更加丰富;民族政策体系和民族法律规体系更加完备,民族事务服务体系更加完善。为了实现以上目标,《规划》提出了少数民族事业这一时期的主要任务,并以专栏形式明确了26项工程和10个方面的政策支持。

第三章　西部民族地区经济增长与减贫的非均衡性判断

我国西部民族地区,经济发展落后于全国平均水平,加上市场化程度低和地域文化阻壑,存在着经济增长与减贫非均衡性论断成立的前提。本章和第四章以西部少数民族国扶贫困县为研究对象,重点考察经济增长、产业结构变动对贫困人口数量和收入的影响。研究分三个层次:第一,经济增长与减贫率的趋势比较,对西部少数民族地区的经济增长和贫困发生率进行时间序列分析,如二者的发展趋势不同,即表明可能存在非均衡性;第二,减贫率与宏观、微观经济增长变量的回归和分解分析,以县级行政区(国扶贫困县)为基本单位,利用已有文献中识别出的宏观、微观经济增长变量指标,建立面板数据的回归模型,并检验其稳健性;第三,减贫率与三次产业的相关分析,从三个方面就减贫率与三次产业进行相关分析,即减贫率与三次产业变动率、三次产业结构、三次产业就业状况的相关性研究。

第一节　问题的提出

贫困,是经济、社会和文化落后状况的总称,可进一步区分为相对贫困和绝对贫困。相对贫困是指其生活水平低于平均水平线以下,生活水平较低;绝对贫困是基本生活物质条件缺乏,不能温饱。我国当前的扶贫对象主要为绝对贫困人口。无论从国外还是国内来看,学者们对于贫困问题的研究都取得了丰富的成果,并形成了一定的理论流派。

对贫困问题研究,可以划分两个层面:一个是从微观层面研究个体(个人或者家庭)的基本需要得不到满足,来考察贫困发生的原因以及如何摆脱这种贫困状况的理论,可称为微观层面的个体贫困理论,如"贫困功能理论"、"个体缺陷贫困理论"以及阿玛蒂亚·森的"能力贫困理论"等;另一个是从宏观层面,研究一个国家整体贫困发生的原因以及如何打破贫困陷阱,实现国家的工业化和现代化的理论,可称为宏观层面的发展战略贫困理论,这一理论发展经历了结构主义贫困理论、新古典主义贫困理论和激进主义贫困理论。这些理论界定了贫困的含义、剖析了贫困的成因、提出了反贫困政策,并在反贫困政策模式上形成了政府干预理论、自由市场理论以及多元治理理论等。

对经济增长与贫困的关系的研究大体可以分为两种观点:一种观点认为经济增长能够使所有人都受益,因而能够绝对地减少贫困。如 Deininger 等人(1998)研究了 1985~1995 年发展中国家的人均 GDP 增长与基尼系数的关系后,认为收入增长与不平等的变动没有明显关系。Ahluwalia(1979)、Demery(1995)和 Roemer(1997)的实证研究表明几乎所有国家的经济增长都能有效地减少贫困。Bhalla(2001)和 Dollar(2002)的研究也证明经济增长是减少贫困的一个最重要的因素,但需要创建一定的环境。

另一种观点则认为经济增长对贫困的影响具有不确定性,如果经济增长带来的利益不能使所有人都平等受益时,贫困特别是相对贫困会恶化。这种观点源于库兹涅茨倒"U"形假说,即"在从前工业文明向工业文明极为快速转变的经济增长早期,不平等扩大,一个时期变得稳定;后期不平等缩小"(Kuznets,1955)。Adelman(1973)认为,在低收入国家,经济增长不能自动减少最贫困人口,反而会使贫困状态趋于恶化。Ferreira 等人(2003)认为经济增长、收入分配和贫困之间存在着非常复杂的关系。

在国内,魏众(1998)、陈少华(2001)分别研究了中国 1988~1995 年、1990~1999 年的经济增长与减贫的关系后认为,经济增长促进了减贫,但带来了收入差距扩大,二者的效果是相互抵消的。胡鞍钢(2006)研究了 1978~2004 年的经济增长后认为,1980 年中期后的减贫放缓源于经济增长质量下降和贫困差异的扩大,而万广华等人(2006)的研究也得出了类似结论。此外,张全红和张建华(2007)的研究提出中国在不同的经济发展阶段,由于收入水平和不平等的初始值不同,将使经济增长的减贫能力表现出较大差异,出现波动性和复杂性特征。中国东、中、西部地区经济增长与减贫效应,也由于文化、地理背景的差异而出现较大的差异。张平(2009)和李秀芬(2011)提出了中国贫困地区经济增长与减贫的非均衡性的四个原因:一是贫困地区的劳动力素质不高或缺乏流动性,不能分享经济繁荣的好处;二是人民生活水平的普遍提高使得贫困线也随之提高,一部分人潜在贫困人口成为了现实贫困人口;三是一些地区迁入贫困移民以后,人均纯收入下降,成为了新的贫困地区;四是受传统观念和习惯的影响,一部分人缺乏自主脱贫的主动性,脱贫后又重新返贫。

从上述研究成果看,对于经济增长减贫效应的异质性基本已形成共识,即不同维度、不同地区的贫困人口存在民族、文化、群体、历史原因等方面异质性特点,因此其受经济增长的影响也就各不相同。

西部民族地区,经济发展落后于全国平均水平,加上市场化程度低和地域文化阻鏊,存在着经济增长与减贫非均衡性论断成立的前提。相关研究对于西部民族地区的非均衡性问题并未深入涉及。

第二节 西部民族贫困地区经济增长的因素分析

为了从全新视角研究西部民族地区经济增长因素,使用独立信息检验地区经济增长的一致性,本节分别从产出与投入两个角度进行了因子分析,变量选取情况如表3-1所示。

表3-1 变量选取情况

产出变量(12个)		投入变量(6个)
第一产业	金融、保险业	非农业人口
工业	房地产业	固定资产投资额
建筑业	社会服务业	各项贷款
地质勘查水利管理业	卫生体育和社会福利	社会消费品零售总额
交通运输仓储及邮电通信业	教育、文化艺术及广播电影电视业	进出口
批发和零售贸易餐饮业	科学研究和综合技术服务业	国际旅游外汇收入

产出变量概括了第一、第二、第三产业产出情况;投入变量概括了劳动力、固定资产、资金、消费与外国投入情况。供给、需求以及市场机制都可以用这些变量来显现。

一、资料来源

为了将研究范围限定于西部少数民族贫困地区,同时考虑到资料的可取得性和统计口径的一致性,本节以甘肃省14个少数民族国扶贫困县为例,测算影响西部民族贫困地区经济增长的影响因素。

甘肃省地处我国西部内陆地区,虽然未包含在8个西部民族自治地区之列,但是省内少数民族比重较高。全省有45个民族成分,世居甘肃的有回、藏、东乡、土、满、裕固、保安、蒙古、撒拉、哈萨克10个少数民族,其中,裕固、保安、东乡是甘肃的独有民族。据2010年《甘肃发展年鉴》统计资料显示,截至2009年末,全省少数民族人口为322.35万人,占全省总人口的12.23%。甘肃民族地区包括甘南、临夏自治州的16个县(市)及张家川、天祝、肃南、肃北和阿克塞5个自治县,共21个县(市),是甘肃省藏、回、裕固等几个少数民族分别聚居的主要区域,民族自治地方土地面积17.9万平方公里,占全省面积的39.8%。甘肃省目前有14个少数民族国扶贫困县(区),其基本特点是:贫困人口基数大,生产活动主要以农牧兼营或纯牧业为主,农牧民收入来源有限。

二、产出因素分析

利用甘肃省14个少数民族国扶贫困县(区)产出分析变量统计数据,抽取前两个主因子,分析结果如下(如表3-2和表3-3所示)。

表3-2 产出分析主因子贡献

指标	主因子贡献			旋转后的主因子贡献		
	贡献值	贡献率(%)	累积贡献率(%)	贡献值	贡献率(%)	累积贡献率(%)
1	9.541	79.512	79.512	5.848	48.734	48.734
2	1.505	12.543	92.055	5.199	43.321	92.055

表3-3 产出分析旋转后的因子提取结果

变量名	主因子提取结果	
	主因子1	主因子2
科学研究和综合技术服务业(万元)	0.971	0.076
卫生体育和社会福利(万元)	0.961	0.183
教育、文化艺术及广播电影电视业(万元)	0.875	0.449
建筑业(万元)	0.806	0.558
交通运输仓储及邮电通信业(万元)	0.750	0.651
第一产业(万元)	0.709	0.689
金融、保险业(万元)	-0.113	0.891
工业(万元)	0.454	0.864

续表

变量名	主因子提取结果	
	主因子1	主因子2
房地产业(万元)	0.573	0.810
社会服务业(万元)	0.643	0.757
批发和零售贸易餐饮业(万元)	0.667	0.738
地质勘查水利管理业(万元)	0.307	0.661

提取两类主因子概括了全部变量信息的92.055%,即绝大多数信息;第一主因子在"科学研究和综合技术服务业"、"卫生体育和社会福利"、"教育、文化艺术及广播电影电视业"三个变量上有绝对值较大的负荷;第二主因子在"金融、保险业"、"工业"、"房地产业"三个变量上负荷较大。可以将第一、第二主因子分别命名为"社会效益因子"与"经济效益因子"。

三、投入因素分析

利用甘肃省14个少数民族国扶贫困县(区)投入分析变量统计数据,抽取前两个主因子,分析结果如下(如表3-4和表3-5所示)。

表3-4 投入分析主因子贡献

	主因子贡献			旋转后的主因子贡献		
	贡献值	贡献率(%)	累积贡献率(%)	贡献值	贡献率(%)	累积贡献率(%)
1	4.165	69.423	69.423	4.150	69.169	69.169
2	1.501	25.017	94.440	1.516	25.271	94.440

表3-5 投入分析旋转后的因子提取结果

变量名	主因子提取结果	
	主因子1	主因子2
各项贷款(万元)	0.986	-0.092
非农业人口(万人)	0.967	-0.236
社会消费品零售总额(万元)	0.942	0.193
国际旅游外汇收入(万美元)	-0.880	0.318
固定资产投资额(万元)	0.707	0.678
进出口(万美元)	-0.286	0.924

提取两类主因子概括了全部变量信息的94.44%,即绝大多数信息;第一主因子在"各项贷款"、"非农业人口"、"社会消费品零售总额"三个变量上有绝对值较大的负荷;第二主因子在"进出口"变量上负荷较大。可以将第一、第二主因子分别命名为"内部投入因子"与"外部投入因子"。

四、小结

赫斯顿(Alan Heston)、纳克索尔(Daniel Nuxoll)和萨莫斯(Robert Summers,1995)在计算经济增长率时发现,若使用基期世界价格,较贫穷的发展中国家经济增长比使用基期"本国选定的"价格的计算结果要低一些。所以如果考虑到甘肃民族地区的物价因素,部分因素影响力在实际中可能要大一些。

改革开放以来,西部民族贫困地区通过解放思想,稳步推进社会主义市场经济体制,充分调动民族地区发展的积极性。在国家政策的有效扶持下,发挥资源优势,调整产业结构,推进了经济的持续和快速发展。

利用以上因子分析的结果,不能进行排序,特别是对于本书中的此类敏感问题,由于原始变量不同,因子的选取不同,排序结果可能很不一样,但从中可以得出几个有意义的结论:

第一,长期以来,西部民族贫困地区经济增长中的突出问题表现在产业结构单一、缺乏具有经济带动性的支柱型产业。从上述分析可以看出,改革开放以来,特别是"十五"期间,经过甘肃省多方面尝试与努力,民族地区传统单一产业结构的状况已有所改观。分析数据显示第一产业在经济增长中的贡献有所下降,第二、第三产业已成为影响经济增长的关键性因素,其中第二产业中的"金融保险业"、"工业"、"房地产业"与第三产业中的科教文卫产业发展迅速。这一结果表明甘肃民族地区经济社会持续、和谐发展的思路已初见成效。斯密(1776)认为,分工在工业中发展的协调费用比农业中低。因此,分工在工业中发展得比在农业中快。农业要靠从工业中进行越来越多的机器间接进行分工来提高生产力。所以,工业产值在国民收入中的比重增加,而农业在国民收入中的比重下降。而新兴古典经济学的发展经济数学模型也进一步说明了这一问题(杨小凯,1998)。

分析数据还表明西部少数民族地区的经济市场化进程逐步加快,如"社会消费品零售总额"、"进出口"已成为影响经济增长的关键因素。

第二,从产出分析看,"社会效益因子"与"经济效益因子"共同影响西部民族地区的发展,体现出西部民族贫困地区经济社会和谐发展的思路。但是影响长期发展的部分制约因素仍然没有解决,如"交通运输仓储及邮电通信业"、"地质勘查水利管理业"、"社会服务业"等变量的关联度较低,成为今后发展当中应当重点注意的问题。

第三,从投入分析看,目前西部民族贫困地区经济发展内外部资源的投入状况都对经济增长产生了重要影响,内部投入主要体现在资本、劳动力和消费三类因素,外部投入主要为出口外汇的获取。但是可以看到一些传统上认为的优势产业尚需做强做大,如"国际旅游外汇"的得分较低,未能充分发挥民族地区传统旅游资源优势,这也应成为今后产业发展当中的重点。

第三节 西部民族地区经济增长与减贫率的趋势分析

本节将通过对西部民族地区经济增长与减贫率的趋势进行比较,探讨西部民族地区的经济增长与减贫可能存在非均衡性。

一、西部民族8省、区贫困变动情况

据国家统计局对全国31个省(区、市)6.8万个农村住户的抽样调查中西部民族8省、区调查数据统计分析,2009年末,西部民族8省、区农村贫困人口为1451.2万人,比2008年减少134.3万人;贫困发生率为12.0%,下降1.0个百分点。

2006~2009年,西部民族8省、区贫困人口占全国农村贫困人口的比重分别为36.7%、39.3%、39.6%和40.3%,所占比重逐年增加(如图3-1所示)。4年的贫困发生率分别为16.9%、13.8%、13.0%和12.0%,虽逐年有所下降,但与全国同期贫困发生率(6.0%、4.6%、4.2%和3.6%)相比,分别高10.9个、9.2个、8.8个和8.4个百分点(如图3-2所示)。西部民族8省区的贫困程度更深,贫困面更大。

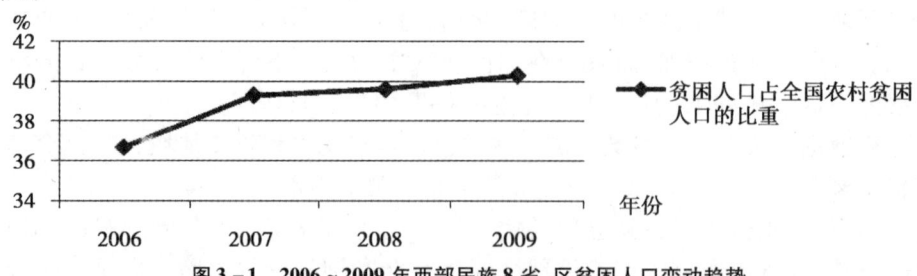

图3-1 2006~2009年西部民族8省、区贫困人口变动趋势

资料来源:笔者根据历年《中国农村贫困监测报告》整理。

第三章 西部民族地区经济增长与减贫的非均衡性判断

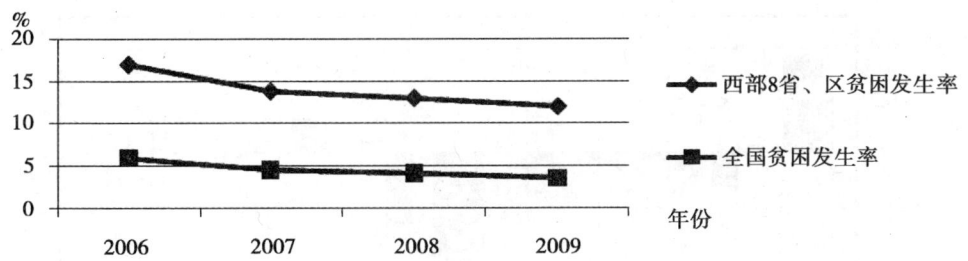

图3-2 2006~2009年西部民族8省、区与全国的贫困发生率趋势比较
资料来源:笔者根据历年《中国农村贫困监测报告》整理。

二、西部民族地区经济增长与减贫趋势预测——以甘肃省为例

本节利用时间序列分析方法,以甘肃省为例,对西部民族地区经济增长和减贫趋势进行预测分析。

1. 甘肃省经济增长率预测

用于预测的原始数据为1982~2010年甘肃省的GDP增长率,数据来源于历年《甘肃统计年鉴》和《甘肃发展年鉴》。检验结果显示,原始数据呈平稳时序分布,利用白噪声检验,通过置信度90%的卡方检验(如图3-3所示),故 $d=0$。

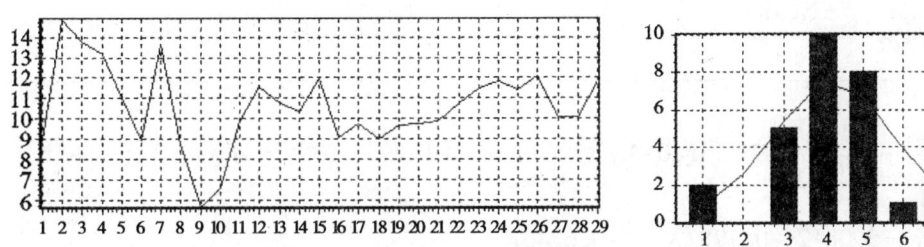

图3-3 1982~2010年甘肃省GDP增长率

图3-4显示该时间序列正弦摆动,并呈衰减形式,同时表3-6中从第1时间开始,自相关系数与偏自相关系数趋向于0,故 $p=1$, $q=1$。即本书最终利用模型ARIMA(1,0,1)对甘肃省GDP经济增长率进行预测。

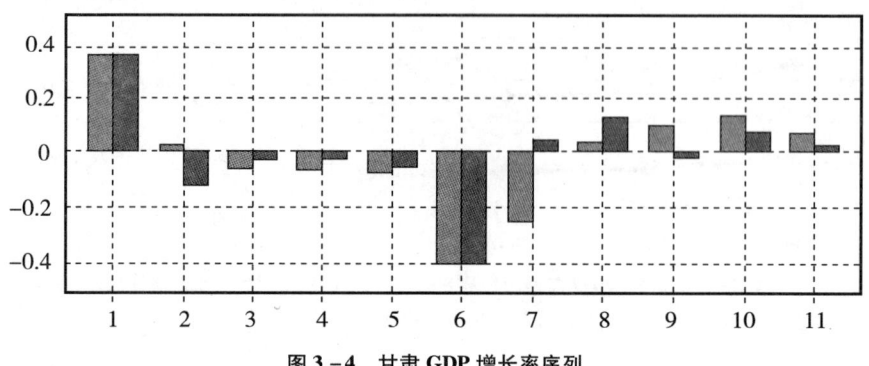

图 3-4 甘肃 GDP 增长率序列

说明:图中左侧矩形为自相关系数,右侧矩形为偏自相关系数。

表 3-6 自相关系数和偏自相关系数

序号	自相关系数	偏自相关系数	序号	自相关系数	偏自相关系数
1	0.3643	0.3643	7	-0.2558	0.0583
2	0.0301	-0.1183	8	0.0456	0.1342
3	-0.0541	-0.0272	9	0.1078	-0.0184
4	-0.0595	-0.0287	10	0.1410	0.0831
5	-0.0782	-0.0577	11	0.0789	0.0364
6	-0.4130	-0.4327	12	—	—

利用模型 ARIMA(1,0,1) 对甘肃省 GDP 增长率进行预测,最终的模型结构为:

$$X_t = 0.0812 - 0.1782 X_{t-1} - 0.6243 \varepsilon_{t-1}$$

模型拟合情况如表 3-7 所示。模型对 2011~2016 年的 GDP 进行预测结果如表 3-8 所示。

表 3-7 1982~2010 年甘肃省 GDP 预测结果

单位:%

年份	甘肃 GDP 实际增长率	甘肃 GDP 预测增长率	误差值
1982	8.92	—	—
1983	14.86	11.05	3.81
1984	13.76	12.37	1.39
1985	13.19	11.06	2.13

续表

年份	甘肃GDP实际增长率	甘肃GDP预测增长率	误差值
1986	11.03	11.62	-0.59
1987	8.92	10.31	-1.39
1988	13.65	10.19	3.46
1989	8.75	12.37	-3.62
1990	5.63	8.82	-3.19
1991	6.57	9.65	-3.08
1992	9.89	9.55	0.34
1993	11.57	11.09	0.48
1994	10.78	10.88	-0.10
1995	10.36	10.66	-0.30
1996	11.96	10.61	1.35
1997	9.08	11.36	-2.28
1998	9.72	9.61	0.11
1999	9.03	10.98	-1.95
2000	9.70	9.82	-0.12
2001	9.76	10.84	-1.08
2002	9.86	10.23	-0.37
2003	10.74	10.66	0.08
2004	11.51	10.78	0.73
2005	11.84	11.05	0.79
2006	11.40	11.03	0.37
2007	12.10	10.84	1.26
2008	10.10	11.27	-1.17
2009	10.10	10.11	-0.01
2010	11.80	10.84	0.96

资料来源：历年《甘肃统计年鉴》。

近年来，由于影响我国经济增长的油价、能源价格等的推动明显，以及西部地区经济增长的后发优势，甘肃省未来的GDP增长情况将有较大可能高于利用本模型的预期结果。本书将2011~2016年甘肃省的GDP增长率略作修正，结果如表3-8所示。

表 3-8 2011~2016 年修正后的 GDP 增长率

单位:%

年份	预测 GDP 增长率原始值	预测 GDP 增长率调整值
2011	11.14	12.50
2012	10.66	12.02
2013	10.74	12.10
2014	10.73	12.09
2015	10.73	12.09
2016	10.73	12.09

2. 甘肃省减贫率预测

用于预测的原始数据为 2000~2010 年甘肃省的贫困人口比重(如表 3-9 所示)。对原始数据进行正态分布检验,结果显示原始数据呈明显下降趋势,不具备平稳时序分布特征(如图 3-5 所示)。对原始数据进行一阶差分转换,结果利用白噪声检验,通过置信度 95% 的卡方检验(如图 3-6 所示),故 d=1。

表 3-9 2000~2010 年全国及甘肃贫困发生情况

单位:万人,%

年份	绝对贫困					低收入				
	标准(元)	全国人口	贫困比重	甘肃人口	贫困比重	标准(元)	全国人口	低收入比重	甘肃人口	低收入比重
2000	625	3209	3.50	196.03	7.67	626~865	6213	6.70	559.97	21.90
2001	625	2927	3.20	188.82	7.33	626~865	6102	6.60	523.47	20.33
2002	627	2820	3.00	176.89	6.82	628~872	5825	6.20	471.16	18.17
2003	630	2900	3.10	169.32	6.50	631~879	5617	6.00	442.42	16.99
2004	658	2610	2.80	158.86	6.07	659~919	4977	5.30	397.95	15.20
2005	675	2365	2.50	148.54	5.73	676~942	4067	4.30	355.32	13.70
2006	685	2148	2.30	139.41	5.35	686~956	3550	3.70	316.57	12.15
2007	728	1479	1.12	126.11	4.82	729~1015	4320	3.27	278.24	10.63
2008*	—	—	—	—	—	1196	4007	3.02	442.40	16.83
2009	—	—	—	—	—	1196	3597	3.80	388.80	18.70
2010	—	—	—	—	—	1274	2688	2.80	309.80	14.80

注:* 由于 2008~2012 年未分绝对贫困及低收入类型,统一将低收入人口归为贫困人口,所以研究中对于 2000~2007 年的贫困人口全部转化为低收入人口的统计口径。

资料来源:甘肃省扶贫开发办公室。

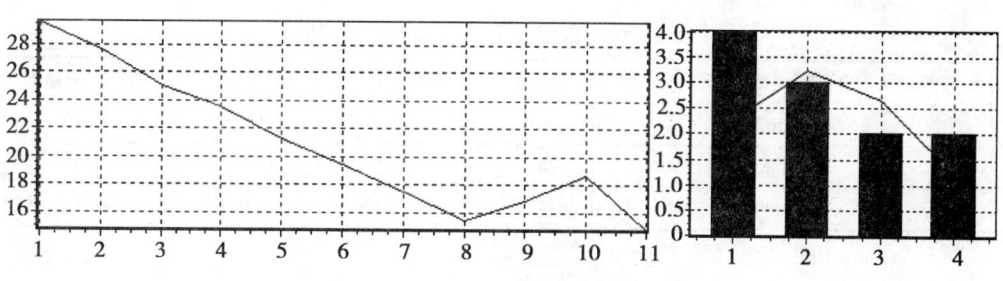

图 3-5　2000~2010 年甘肃省贫困人口比重

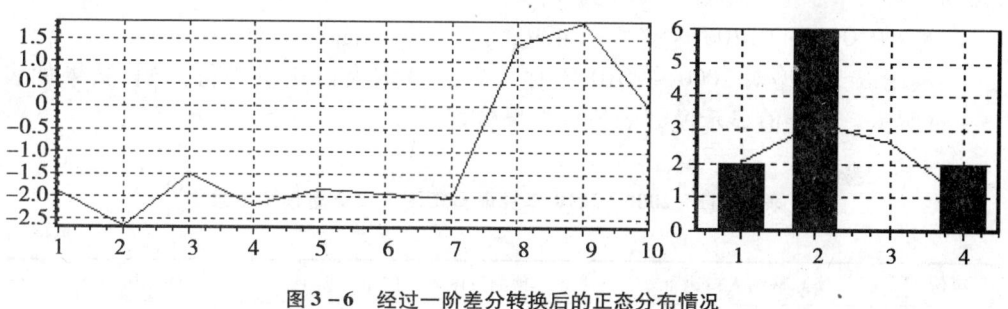

图 3-6　经过一阶差分转换后的正态分布情况

图 3-7 显示该时间序列正弦摆动,并呈衰减形式,同时表 3-10 中从第 1 时间开始,自相关系数与偏自相关系数趋向于 0,故 p=1,q=1。即本书最终利用模型 ARIMA(1,1,1) 对甘肃省贫困人口比重进行预测。

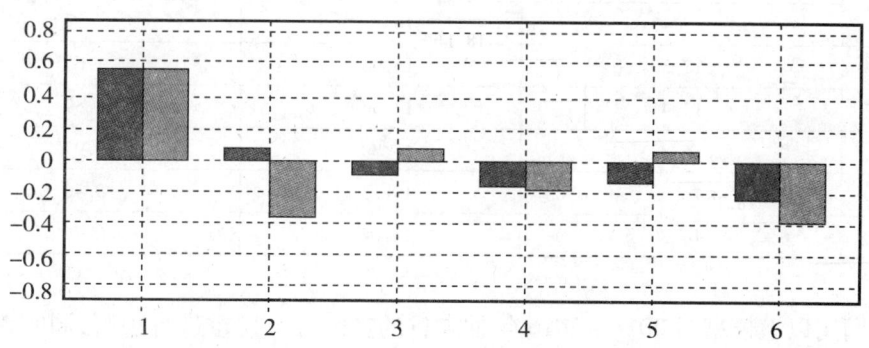

图 3-7　甘肃省贫困人口增长率序列

说明:图中左侧矩形为自相关系数,右侧矩形为偏自相关系数。

表3-10　自相关系数和偏自相关系数

序号	自相关系数	偏自相关系数	序号	自相关系数	偏自相关系数
1	0.5626	0.5626	4	-0.1569	-0.1799
2	0.0822	-0.3428	5	-0.1299	0.0686
3	-0.0802	0.0838	6	-0.2435	-0.3715

利用模型ARIMA(1,1,1)对甘肃省贫困人口比重进行预测,最终的模型结构为：

$$X_t = 0.0429 + 0.4067 X_{t-1} - 0.3429 \varepsilon_{t-1}$$

利用以上模型对2000~2010年甘肃省的贫困人口比重进行预测,结果如表3-11所示。误差值显示模型的拟合效果较好。

表3-11　2000~2010年甘肃省贫困人口比重预测结果

单位:%

年份	实际贫困人口比重	预测贫困人口比重	误差值
2000	29.57	—	—
2001	27.66	26.28	1.38
2002	24.99	22.86	2.13
2003	23.49	22.49	1.00
2004	21.27	19.34	1.93
2005	19.43	18.11	1.32
2006	17.50	15.90	1.60
2007	15.45	13.86	1.59
2008	16.83	17.80	-0.97
2009	18.70	19.16	-0.46
2010	14.80	14.04	0.76

利用以上模型对2011~2016年甘肃省的贫困人口比重进行预测,同时考虑到国家近期对扶贫开发工作支持力度的进一步加大,实际的贫困人口比重可能比预测值低。据此修正后甘肃省贫困人口比重结果如表3-12所示。

表 3 – 12 2011 ~ 2016 年甘肃省贫困人口比重预测结果

单位:%

年份	预测贫困人口比重原始值	预测贫困人口比重调整值
2011	14.04	13.54
2012	13.12	12.62
2013	12.14	11.64
2014	11.13	10.63
2015	10.12	9.62
2016	9.10	8.60

3. 甘肃省经济增长率与减贫率的趋势比较

利用表 3 – 12 的预测结果,可以绘制甘肃省贫困人口比重的趋势图。图 3 – 8 显示,总体上甘肃省贫困人口数量呈绝对下降趋势,只是在 2008 ~ 2009 年有一个暂时的上升。从 2000 ~ 2010 年形成一个较为明显的减贫变化周期,其中 2000 ~ 2007 年为贫困人口数下降阶段,2007 ~ 2009 年为短暂上升阶段,2009 年之后再次下降。研究预测 2011 ~ 2016 年贫困人口数下降的趋势能够延续。

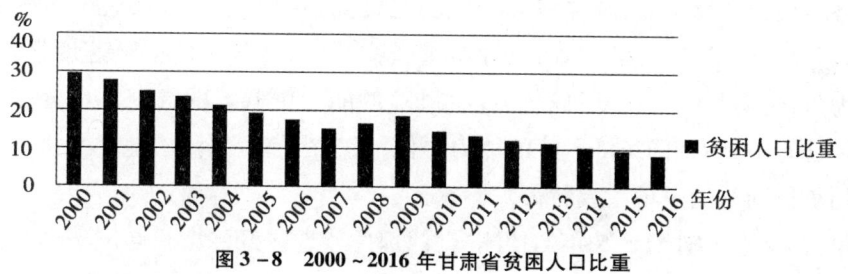

图 3 – 8 2000 ~ 2016 年甘肃省贫困人口比重

对照 2000 ~ 2016 年甘肃省经济增长率与减贫率的发展趋势(如图 3 – 9 所示),可以看出二者存在非均衡性变化。2000 ~ 2007 年,甘肃省的经济增长率处于一个稳步上升阶段,而同期的减贫率却只保持平均态势,且于 2003 年有所降低。此外,2008 ~ 2009 年,虽然甘肃省受金融危机的影响,经济增长速度有所放慢,但仍能保持在 10% 的增长水平,而同期的减贫率却下降为负值。

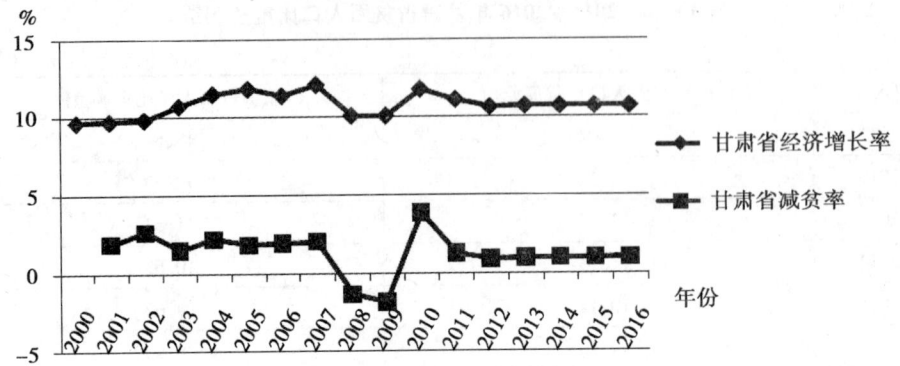

图3-9 2000~2016年甘肃省经济增长率与减贫率发展趋势

三、小结

由上述可以得出以下几个结论：

第一，从长期趋势看，西部民族地区的贫困人口数量不断下降，减贫成效明显；在此期间有贫困人口比重不降反升的年份，但只是暂时现象。

第二，西部民族地区的经济增长与减贫存在非均衡性。这一现象具体表现在：当经济增长速度增加时，减贫率并未能随之提高，甚至可能下降，说明贫困人口不能直接分享到经济繁荣的好处；当经济增长减速时，减贫率的下降速度显著，甚至可能为负，说明贫困人口抵御经济危机风险的能力更低。即贫困人口分享经济繁荣的好处有限，而抵御经济风险的能力更低，成为当前西部民族地区经济增长与减贫非均衡性问题的一项主要特征。

第三，从本书对未来5年的预测看，西部民族地区经济增长与减贫非均衡性问题在逐步得到改善。随着西部民族地区的经济增长开始出现收敛效应，贫困人口的比重将进一步下降，减贫率也将呈现出收敛效应。

第四章 西部民族地区宏观经济政策对减贫的影响

本章将从对贫困状况测算,减贫率与宏观、微观经济增长变量的回归和分解分析,以及减贫率与三次产业的相关分析入手,进一步完成西部民族地区经济增长与减贫非均衡性判断。

第一节 西部民族地区贫困状况的 SST 指数分析

如何衡量贫困的严重程度?现在与过去相比,西部民族地区的贫困程度是下降了还是上升了?要回答此类问题,需要选用合理的研究方法。常用于衡量贫困变动的主要指标有:减贫率、贫困发生率、贫困缺口率、基尼系数测算法等。这些方法都能在一定范围内反映贫困的变动程度,各自有一定的优势与不足。例如,减贫率能够反映贫困人口的减少趋势,但不能反映贫困程度和分布情况;贫困发生率能衡量贫困人口的规模,但不能衡量贫困线以下人口收入的变化;贫困缺口率能衡量平均贫困程度和相对贫困程度,但不能反映贫困人口的规模,无法反映贫困人口中贫困差额的分布情况,也不考虑贫困人口在贫困区域所发生的收入转移形成的影响;基尼系数测算法用洛仑兹曲线和基尼系数分解说明收入的不平等程度,但不能反映贫困人口收入减少和收入转移情况。鉴于以上指数均不能综合反映贫困状况,印度经济学家阿玛蒂亚·森(Sen,1976)提出了有关贫困度量的公理化方法,以及相应的测算指数——"Sen"指数(以下简称"S 指数"),弥补了对贫困状况综合反映的不足。

Sen 在其文章开篇概括了贫困指数的两个合意的特征:①单调性,即任何一个穷人的收入减少应导致总贫困水平上升;②传递性,即如果穷人发生净转移支出则会导致总贫困程度增强。Sen 认为,用贫困人数占总人数比例来表示的贫困发生率"H"不能满足上面两个要求,而用贫困人口收入与贫困线水平相比来表示的收入缺口比率"I"也违反了传递性。据此,Sen 构造了 S 指数并对其进行了改进。

一、S 指数的测算方法

假设一个社会中有 n 个人,用 S 表示社会中所有人构成的集合,其中第 i 个人的收入为 y_i,贫困线为 z,收入水平不高于 z 的人为穷人,穷人所构成的集合为 $T \in S$。假设 T 中有 q 个穷人,他们的收入从高到低排列,T 中第 i 个人的序列号为 r(i),意味着它是穷人中第 i 个最富的人。等收入者的顺序被任意指定,不过一旦顺序被指定,r(i) 就成为一个严格排序。T 中第 i 个人的收入缺口为 g_i,那么:

$$g_i = z - y_i \tag{4-1}$$

两个标准度量贫困人口比率度量(H)和收入缺口比率度量(I)分别为:

$$H = q/n \tag{4-2}$$

$$g \sum_{i=1}^{q} q_i, i = 1,2,3,\cdots,q \tag{4-3}$$

$$I = \sum_{i=1}^{q} q_i/q_i, i = 1,2,3,\cdots,q \tag{4-4}$$

Sen(1976)基于相关性、弱单调性和弱转移性公理提出了 S 指数,即 S 指数是贫困率、平均贫困差距率(I_p)和穷人贫困差距率[$G(g_p)$]的基尼系数加 1 的乘积:

$$S = H[I_p + (1 - I_p)G(g_p)] \tag{4-5}$$

通常人们把这一指数称为"正式"S 指数。但是,这一指数还存在着缺乏连续性和违反传递性的问题。

二、SST 指数的测算方法

为了使 S 指数满足强转移性、连续性和复制不变性公理,Shorrocks(1995)和 Sen(1997)提出了"SST"指数(改进的"S 指数"),并证明了 SST 指数满足强转移性、连续性和复制不变性公理:

$$SST = \frac{1}{n^2} \sum_{i=1}^{q} (2n - 2i + 1) g_i \tag{4-6}$$

贫困人口贫困差距率的基尼系数:

$$G(gp) = 1 - \frac{1}{n^2 \overline{gp}} \sum_{i=1}^{q} (2n - 2i + 1) g_i \tag{4-7}$$

贫困人口的贫困差距率的向量 $g_p = (g_1, g_2, \cdots, g_q)$ 按非递增的顺序排列，整个人口贫困差距率向量为 $g = (g_1, g_2, \cdots, g_q)$，已知总人口平均贫困差距率 $\bar{g} = H\bar{g}_p$。

$$G(g) = 1 - \frac{1}{n^2 \bar{g}} \sum_{i=1}^{n} (2n - 2i + 1) g_i \tag{4-8}$$

$$G(\bar{g}) = (1 - H) + HG(\overline{g_p}) \tag{4-9}$$

因为非贫困人口的贫困差距率是 0，且贫困人口和非贫困人口在收入向量中并不重叠，所以总人口贫困差距率的基尼系数 $G(\overline{g_p})$ 是贫困人口和非贫困人口之间平均贫困差距率的基尼系数 $(1 - H)$，与贫困人口贫困差距率按贫困率加权的基尼系数 $HG(\overline{g_p})$ 之和。

SST 和 S 指数存在如下关系：

$$SST = HS + 2H(1 - H)\overline{g_p} \tag{4-10}$$

根据式（4-5）、式（4-8）和 $\bar{g} = H\overline{g_p}$，可以将式（4-9）改写为：

$$SST = H\overline{g_p}(1 + G) \tag{4-11}$$

如式（4-11）所示，SST 指数是贫困率、平均贫困差距率和总人口贫困差距率的基尼系数加 1 的乘积。S 指数与 SST 指数的差异在于 S 指数是穷人贫困差距率的基尼系数，而 SST 指数是总人口贫困差距率的基尼系数 $G(\overline{g_p})$。

三、西部民族地区 SST 指数估算

由于缺乏直接针对西部民族地区的贫困监测数据，本节利用 2006~2009 年《中国农村贫困监测报告》中少数民族地区贫困监测数据，对西部民族地区进行 SST 指数估算。根据历来统计抽样的划分标准，将统计口径进行处理，农户人均纯收入被划分为 13 个层次（如表 4-1 所示）。

表 4-1 2006~2009 年不同收入水平下的农户人口与收入比重

单位：元，%

年份 收入	不同收入水平下的农户人口比重				不同收入水平下的农户收入比重			
	2006	2007	2008	2009	2006	2007	2008	2009
0~400	0.00	1.00	1.00	1.10	0.24	0.16	0.00	0.08
400~800	9.40	6.79	4.00	2.70	3.11	6.79	1.00	0.55
800~1000	8.43	6.17	4.00	2.80	3.97	2.47	1.00	0.86
1000~1200	8.99	6.56	5.00	4.40	5.18	3.21	2.00	1.66
1200~1400	9.33	7.44	6.00	5.10	6.36	4.31	3.00	2.27
1400~1600	9.48	7.88	7.00	5.20	7.45	5.26	4.00	2.67
1600~1800	8.67	7.87	7.00	5.70	7.73	5.96	5.00	3.32

续表

年份 收入	不同收入水平下的农户人口比重				不同收入水平下的农户收入比重			
	2006	2007	2008	2009	2006	2007	2008	2009
1800~2000	7.55	7.32	7.00	5.80	7.52	6.20	5.00	3.77
2000~3000	24.24	27.18	29.00	27.50	28.40	29.06	29.00	23.53
3000~3500	5.16	7.17	9.00	10.10	8.79	8.51	11.00	11.23
3500~4000	3.09	4.57	6.00	7.50	6.07	7.64	9.00	9.62
4000~5000	3.33	5.16	8.00	9.60	7.86	9.34	13.00	14.78
5000 以上	2.33	4.89	7.00	12.50	7.31	11.08	17.00	25.66

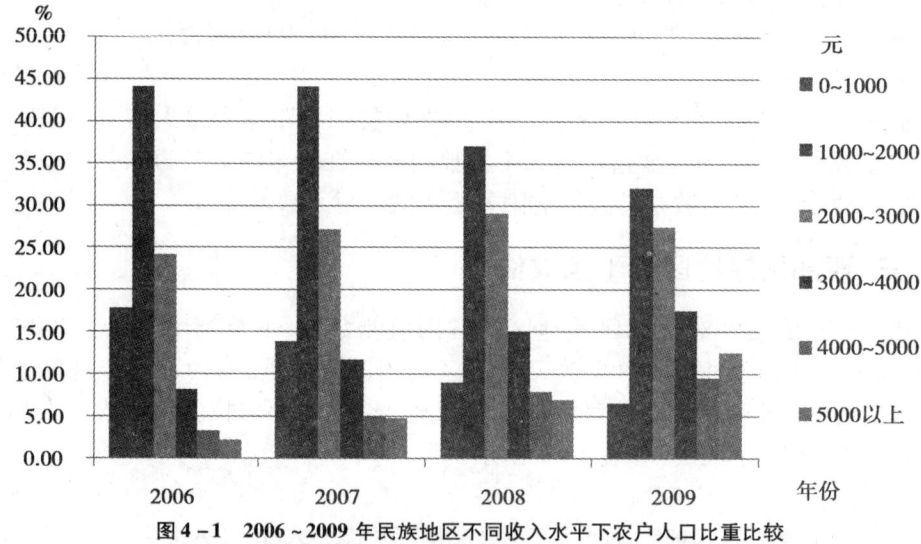

图 4-1 2006~2009 年民族地区不同收入水平下农户人口比重比较

由图 4-1 可知:民族地区收入 1000 元以下人口比重由 2006 年的 17.83% 下降到 2009 年的 6.60%,下降了 11.23 个百分点;1000~2000 元人口比重由 2006 年的 44.03% 下降到 2009 年的 32.00%,下降了 12.03 个百分点,表明低收入人口比重下降趋势非常明显;同时,2000~3000 元、3000~4000 元、4000~5000 元、5000 元以上的人口比重,2006 年与 2009 年相比,分别上升了 3.26 个、9.35 个、6.27 个和 10.17 个百分点。表明民族地区的人口收入有了明显的增长趋势。

由图 4-2 可知:民族地区收入 1000 元以下比重由 2006 年的 7.33% 下降到 2009 年的 1.49%,下降了 5.84 个百分点;1000~2000 元人口比重由 2006 年的 26.20% 下降到 2009 年的 19.00%,下降了 7.20 个百分点;2000~3000 元人口比重由2006年的28.40%下降到2009年的23.53%,下降了4.87个百分点;同时,3000~4000元、4000~5000元、5000元以上的人口比重,2006年与2009年相比,分别上升了6.00个、6.92个和18.35个百分点。表明随着贫困线标准不断提高,贫困人口的生活质量有了很大改观,极度贫困人口已经大幅度减少。

根据上文,SST指数可以看成是三个指数的乘积:贫困发生率、贫困差距率、总人口贫困差距率的基尼系数加1,即SST指数=贫困发生率×平均贫困差距率×(1+总人口贫困差距率的基尼系数),分别用于反映贫困的范围、贫困深度和贫困的分布状况。在其他任意两个指标不变的情况下,每一个指标值的提高都表明福利水平的降低。从表4-2可以清楚地发现,2006~2009年,民族地区减贫工作成效明显,贫困发生率降低了5个百分点,SST指数下降了2.42个百分点。但是总体上民族地区的贫困问题仍然十分严重,2009年SST值为4.76,贫困发生率仍有12%,贫困差距率仍然很高(稳定在0.31左右),同时,表现出较大的贫富差距(基尼系数为0.3左右)。

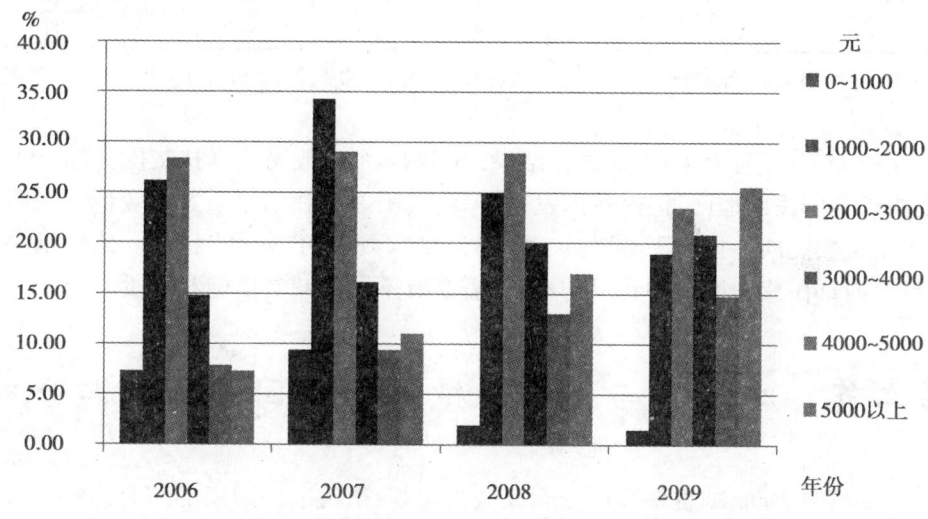

图4-2 2006~2009年民族地区不同收入水平下农户收入比重比较

表4-2 2006~2009年民族地区贫困状况估算结果

年份	SST指数	贫困发生率	贫困差距度	1+基尼系数
2006	7.18	0.17	0.33	1.29
2007	5.66	0.14	0.34	1.22
2008	4.72	0.13	0.28	1.30
2009	4.76	0.12	0.31	1.30

表4-3为张平等人(2009)对甘肃14个少数民族国扶贫困县的SST指数测算结果。结果显示：2001~2006年，甘肃少数民族国扶贫困县绝对贫困发生率与贫困发生率分别降低了5.00个和18.00个百分点，SST下降了3.32。但是总体上该地区的贫困问题仍然十分严重，2006年SST值4.73，贫困发生率接近30%。测算结果反映出甘肃少数民族地区贫困的特点为：贫困发生率高，但贫富差距尚不明显（基尼系数为0.1左右），贫困差距率较稳定且保持在14%左右。

表4-3 2001~2006年甘肃14个少数民族国扶贫困县贫困状况测算结果

年份	SST	绝对贫困发生率	贫困发生率	贫困差距率	1+基尼系数
2001	8.05	0.15	0.48	0.15	1.11
2002	7.33	0.14	0.44	0.15	1.11
2003	7.08	0.13	0.41	0.15	1.12
2004	6.15	0.12	0.36	0.15	1.11
2005	5.23	0.11	0.32	0.15	1.10
2006	4.73	0.10	0.30	0.14	1.11

资料来源：张平，祁永安.经济增长与西部少数民族贫困——基于甘肃省的实证研究[J].人口与经济，2009.

比较表4-2与表4-3的测算结果，甘肃14个少数民族国扶贫困县的SST指数要小于全国民族地区，但是贫困发生率高，贫困差距和基尼系数都较低。说明甘肃14个少数民族国扶贫困县更具有贫困人口基数大的"普贫"特点。比较结果显示：针对西部民族地区贫困状况的不同，需要有不同的减贫措施和手段。

第二节 减贫率与宏观、微观影响因素的回归分析

相关研究表明，减贫率高低受到区域内宏观、微观诸多因素的综合影响。本节以甘肃省14个少数民族国扶贫困县2002~2008年的面板数据，分析西部民族地区减贫率与宏观、微观影响因素间的关系。

一、建立模型

模型建立如下：

$$\text{Pro poor}_{it} = \beta_1 \cdot \text{Income}_{it} + \beta_2 \cdot \text{Gdpgrowth}_{it} + \phi \cdot X_{it} + a_t + \mu_i + \varepsilon_{it} \quad (4-12)$$

其中，Pro poor$_{it}$是被解释变量，在数据中用各县、区的减贫率来表示。a_t和μ_i分别用于控制时间效应和地区效应。Income$_{it}$为各县、区农民人均纯收入增长率，

用于体现影响减贫率的微观经济因素;GDPgrowth$_{it}$为各县、区的GDP增长率,用于反映影响减贫率的宏观经济因素。X$_{it}$为一组控制变量;Firstprod$_{it}$、Secondprod$_{it}$和Thirdprod$_{it}$分别表示第一、第二、第三产业占GDP的比重,用于控制产业结构;Argriculture$_{it}$为农业人口占总人口比重,用于控制城市化水平;Fixinvest$_{it}$为固定资产投资总额占GDP的比重,用于控制投资规模;Finance$_{it}$为政府财政支出占GDP的比重,用于控制政府支出水平;Farmer$_{it}$为农村从业人员占总人口比重,用于控制就业结构;Consumption$_{it}$为社会消费品零售总额,用于控制消费水平;School$_{it}$为小学在校生人数占总人口比重,用于控制基础教育水平。

按照前述假设,β_1和β_2是本书重点测算的系数。如果西部民族地区存在经济增长与减贫的非均衡性,则意味着$\beta_1 > 0$,且显著;同时,存在β_2系数不显著。

模型的描述统计结果如表4-4所示。

表4-4 描述统计结果

Variable	Obj.	Mean	Std. Dev	Min	Max
Pro poor	98	6.09	13.97	-40.28	33.18
Income	98	8.65	4.92	1.82	33.13
Gdpgrowth	98	16.91	17.30	-19.53	114.28
Firstprod	98	36.38	10.17	14.64	59.18
Secondprod	98	23.19	12.38	7.51	64.03
Thirdprod	98	40.43	8.59	15.89	55.22
Agriculture	98	88.00	7.17	67.74	96.62
Fixinvest	89	67.48	54.64	1.05	286.87
Finance	98	52.37	23.38	20.11	156.12
Farmer	69	47.33	4.66	36.61	60.23
Consumption	98	29.02	19.93	11.35	192.14
School	98	12.79	1.79	7.74	15.99

二、模型的估计结果

在模型(4-12)中,α_t和μ_i分别表示时间效应和地区效应。考虑到用于实证的数据仅来自西部民族地区的一部分,近似于随机抽样,应当运用随机效应模型而不是固定效应模型进行估计。对模型(4-12)进行Hauaman检验得到的P-value为0.6925,显示采用随机效应模型更为合适。

对模型(4-12)的随机效应估计结果如表4-5所示。估计结果1显示只包括农村自身因素的估计结果;估计结果2为加入宏观经济核算指标的估计结果;估计结果3加入了反映公共投入因素后的结果。

表4-5 随机效应模型估计结果

Variable	Reg. 1	Reg. 2	Reg. 3
Dependent Variable: Pro poor			
Income	0.808***(0.313)	2.102***(0.478)	2.295***(0.480)
Gdpgrowth	0.104(0.109)	0.186*(0.108)	0.150(0.108)
Firstprod	0.356**(0.178)	0.841***(0.232)	0.945***(0.242)
Farmer	-0.836**(0.371)	-0.858***(0.418)	-0.919***(0.547)
Fixinvest	—	0.022(0.046)	-0.003(0.053)
Finance	—	-0.332***(0.119)	-0.405***(0.126)
Consumption	—	0.191**(0.177)	0.223***(0.079)
Agriculture	—	—	-0.425(0.365)
School	—	—	1.872(1,211)
Cons	20.946(19.978)	1.523(20.264)	17.634(30.352)
Obj	69	60	60

注:表中*、**、***分别表示在10%、5%、1%水平下显著。

在全部三列的估计结果中,农民人均纯收入增长率Income的系数都显著为正,而人均GDP增长率的系数都不显著。如果减贫率与农民人均纯收入增长率之间存在因果关系,则该关系意味着农民人均纯收入提高将有助于贫困人口的减少;此外,也表明减贫率与人均GDP增长率之间没有直接的因果关系,从而与本书的理论假说一致。其他解释变量的显著性与文献的基本书结论一致,第一产业占GDP的比重firstprod的系数显著为正,说明西部民族地区减贫仍然依靠第一产业的贡献;农村从业人员占总人口比重Farmer的系数显著为负,可以解释为西部地区的农业生产人口数量过多,效率很低,存在隐性失业。

在第2列控制了宏观统计变量和第3列控制了公共投入变量后的估计中,政策的财政支出Finance的系数显著为负,说明政策的财政支出与贫困的规模是正向变动关系;社会消费品零售总额Consumption的系数显著为正,说明社会整体消费水平提高有助于贫困人口减少。

利用计算机模拟绝对贫困人口减贫率与GDP增长率、农民人均纯收入的变动趋势间的关系,图4-3显示减贫率的GDP增长弹性远小于减贫率的收入增长弹性,即宏观经济因素对减贫率的影响远小于微观因素。可以解释为西部民族地区市场化程度普遍较低,缺乏有效的宏观经济政策传导机制,未能分享到总体经济增长带来的好处。

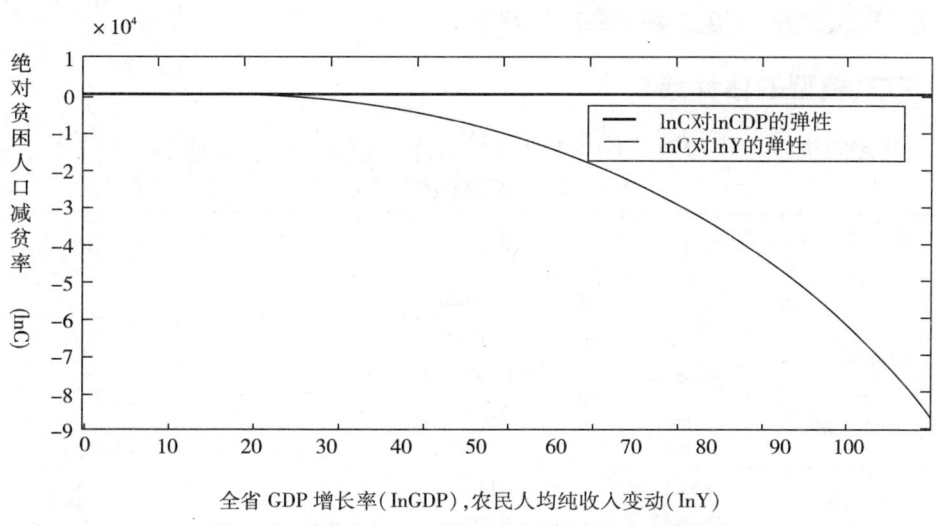

图4-3 减贫率与GDP增长率、农民人均纯收入的关系

第三节 产业和就业结构对收入影响的回归分析

第二节对式(4-11)的分析显示减贫率主要取决于农民人均纯收入增长率,这也和实际中通常依据农民人均纯收入来划分贫困人口的思路是一致的。本节重点探讨产业和就业结构对贫困人口收入的影响。

一、建立模型

模型建立如下:

$$\text{Income}_{it} = \beta_1 \cdot \text{Firstprod}_{it} + \beta_2 \cdot \text{Scondprod}_{it} + \beta_3 \cdot \text{Thirdprod}_{it} + \phi \cdot X_{it} + a_t + \mu_i + \varepsilon_{it} \tag{4-13}$$

其中,Income_{it}为各县、区农民人均纯收入增长率,是被解释变量。Firstprod_{it}、Scondprod_{it}和Thirdprod_{it}分别表示第一、第二、第三产业占GDP的比重,用于控制产

业结构。α_t 和 μ_i 分别用于控制时间效应和地区效应。X_{it} 为一组控制变量：Argriculture$_{it}$ 为农业人口占总人口比重，用于控制城市化水平；Fixinvest$_{it}$ 为固定资产投资总额占 GDP 的比重，用于控制投资规模；Finance$_{it}$ 为政府财政支出占 GDP 的比重，用于控制政府支出水平；Farmer$_{it}$ 为农村从业人员占总人口比重，用于控制就业结构；Consumption$_{it}$ 为社会消费品零售总额，用于控制消费水平；School$_{it}$ 为小学在校生人数占总人口比重，用于控制基础教育水平。

二、模型的估计结果

利用随机效应模型对式(4-13)进行估计，结果如表 4-6 所示。

表 4-6 随机效应模型估计结果

Variable	Reg. 1	Reg. 2	Reg. 3	Reg. 4
	Dependent Variable: Income			
Firstprod	-0.088* (0.051)	-0.233*** (0.046)	—	—
Secondprod	0.069 (0.052)	0.032 (0.039)	—	—
Thirdprod	0.081 (0.072)	0.102* (0.059)	—	—
Firstprod_1	—	—	-0.216*** (0.044)	-0.183*** (0.062)
Secondprod_2	—	—	0.048 (0.044)	0.016 (0.064)
Thirdprod_3	—	—	0.145*** (0.060)	0.125 (0.088)
Agriculture	—	0.122 (0.077)	0.128 (0.084)	0.035 (0.115)
Fixinvest	—	0.006 (0.011)	0.002 (0.012)	0.016 (0.018)
Finance	—	0.184*** (0.021)	0.178*** (0.021)	0.159*** (0.029)
Consumption	—	-0.029 (0.019)	-0.036* (0.120)	-0.043* (0.124)
School	—	-0.351 (0.237)	-0.301 (0.257)	-0.430 (0.392)

第四章 西部民族地区宏观经济政策对减贫的影响

续表

Variable	Reg. 1	Reg. 2	Reg. 3	Reg. 4
Dependent Variable:Income				
Farmer	—	—	—	0.267 (0.176)
cons	6.985 (4.672)	−2.468 (7.449)	−5.100 (8.283)	−7.997 (10.206)
Obj	98	89	84	55

注:表中 *、* *、* * * 分别表示在10%、5%、1%水平下显著。

第1列估计仅考虑三次产业比重对农民人均纯收入增长率(Income)的影响。其中,第一产业(Firstprod)与农民人均纯收入增长率呈负相关;第二产业(Secondprod)、第三产业(Thirdprod)对农民人均纯收入增长率的影响并不显著。第2列为增加了控制变量后的估计结果。第一产业与农民人均纯收入增长率仍然呈负相关;第三产业、财政支出(Finance)与农民人均纯收入增长率呈正相关。表明西部民族地区农民人均收入提高主要来自财政支出;而第一产业比重过高不利于农民人均纯收入的提高。

考虑到产业政策通常具有滞后效应,第3、第4列以三次产业比重的一阶滞后变量重新进行估计,结果与第1、第2列的估计结果基本一致。此外,第4列中加入了农业从业人口比重(Famer),用于控制劳动力就业结构后,第三产业比重对农民人均纯收入的影响不再显著,说明农业从业人口的比重过高,不利于贫困人口利用第三产业增加收入。

第四节 小结

从甘肃少数民族地区的贫困状况分析中反映出几个特点:第一,贫困人口的基数大,但收入差距小,且收入分布较集中。第二,贫困人口的数量变化受宏观因素(如全省GDP增长率)的影响小,而主要依赖于微观因素(如农民人均纯收入)的变动。第三,贫困人口收入主要来源于第一产业,且影响非常显著。

以上的几个特点源于西部民族地区贫困形成的共性原因。西部民族地区贫困人口多居住在偏远山区、高寒区、干旱荒漠化(沙漠化和土地沙化)区,生态环境极其恶劣,缺地、缺水和生产生活极其艰难。大多数地方以"农本经济"或"粮食经

经济增长与减贫的非均衡性

济"为主,农业产业化程度低。农村第二、第三产业比重低,传统产业、传统产品不适应市场需求,缺乏竞争力,经济效益差,增收途径少、难度大。多数贫困地区资源匮乏,人口自然增长率居高不下,人地矛盾越来越突出,人口的科技文化水平低,就业机会少,剩余劳动力多,劳动生产率难以提高。即自然资源约束型贫困、资金约束型贫困、知识约束型贫困是主要类型。此外,由宗教、民族等原因形成的封闭意识尚未完全解放。较为封闭的社会经济活动使贫困人口之间的收入差距不明显且分布集中。区域生态环境、人文环境、经济环境、市场环境等诸多不利因素严重制约着地区社会生产力的发展。

李石新等人(2008)认为,库兹涅茨倒"U"形假说的成立需要满足三个隐含的基本前提条件:其一,经济是否具有较高的自由度;其二,政府是否能有效地干预经济;其三,经济增长是否仍处于一个长波周期之内。即只有在实行自由市场经济体制的国家或地区,政府适时实施有效宏观干预政策,有较长经济调整时间的基础上,该假说才能成立。否则,对于任何不满足上述三个条件的情况都将会形成不同的理论观点。西部民族地区的贫困状况显然不满足库兹涅茨倒"U"形假说的三个隐含条件,所以不应当只强调市场机制下宏观扶贫效应,而是需要提出特殊的扶贫措施。

从西部民族地区有组织地开展扶贫工作以来,农村贫困人口快速减少,所取得的成就是有目共睹的。但是,随着脱贫人口数量的逐年减少和扶贫投入的不断加大,扶贫成本也越来越高,尤其是近年还一度出现农村绝对贫困人口总量不降反升的特殊现象,西部民族地区的农村反贫困成效受到质疑。回顾我国少数民族农村反贫困历程,一个十分显著的特点就是将扶贫目标定位于区域性反贫困,并以县为反贫困的基本单位。在大面积"普贫"的背景下,以县为单位确实能够提高扶贫效率、减少扶贫成本,但随着我国农村扶贫向纵深发展,农村贫困人口逐渐呈现出"点"状分布的特点。目前全国各省、市均制定了相应的经济发展战略(如甘肃省"十一五"规划中提出"工业强省战略"),在实践中的确推动了地区经济的发展。但是区域内的总体经济发展和产业调整战略缺乏对于极度贫困地区的瞄准性。特别是少数民族贫困地区市场化程度低,存在较明显的市场失灵特征,收入来源主要以农业生产为主,区域内宏观经济政策对少数民族贫困地区的减贫成效不大。此外,各少数民族地区的民族文化差别明显,宏观经济政策对于减贫工作的效果也必然存在较大差异。

第五章 西部民族地区贫困成因对非均衡性的影响分析

地区贫困落后成因研究是多视角的。张保民等在《资源流动与缓贫》中把区域贫困成因归为三种类型：一是自然资源约束型贫困；二是资金约束型贫困；三是知识约束型贫困。针对不同的贫困类型，应当采用不同的措施。本章结合理论分析与实证分析，系统性探讨西部民族地区贫困成因对非均衡性的影响。

第一节 民族地区贫困形成的传统原因

西部民族地区形成贫困的传统原因可以归纳为以下几个方面：①自然条件恶劣。贫困山区，山大沟深，耕地面积小、水土流失严重，生产能力低下；高寒阴湿地区，土地承载力低下，气温低、人口稠密、自然灾害多发，收入不高；干旱地区，十年九旱、降水稀少，农业生产极不稳定。民族地区土地生产能力低下，自然灾害多发。②经济发展滞后。经济总量不足，水平较低；经济结构奇型，多以农牧业为基础，第二产业薄弱；地方财政困难，群众再投入艰难；基础设施建设滞后，交通不畅，物流、信息流交流不畅；群众生活困难，恩格尔系数较高。③社会发展缓慢。人口出生率相对较高，群众受教育程度低下，受制于传统思想束缚严重；长期的贫困形成了故步自封的思想观念，创业发展精神不强。市场化意识不强，迫使政府行政工作常处于"两难境地"，政府在经济生活中发挥的作用显著。④其他方面，如宗教虽然在社会发展的过程有积极的一面，但也存在与社会发展潮流相冲突的方面。传统的婚俗、生育观念等，对贫困地区的发展产生了深刻的影响。还有部分群众，利用自己独特的技术、灵活的经营思想，其经济条件相对较好，但常常由于自然灾害、生活

经济增长与减贫的非均衡性

中的重大事项而致贫。如汶川地震也同时使甘肃省陇南、甘南等地238万人因灾致贫。

一、恶劣复杂的自然环境

自然因素是导致贫困的主要成因。西部民族地区气候复杂,自然灾害频繁,而贫困地区多处于干旱地区,常年久旱,人畜饮水缺乏,农业生产的条件极差,地表水源都不能有效利用。

东乡族自治县有86.96%的耕地面积为山旱地,年均降雨量350毫米,但年蒸发量却是1387毫米。全县大部分地区平均海拔在2000米以上,从地貌上看,山脉无明显走向,基本上以县城锁南坝镇为中心,向四周延伸,属切割破碎的黄土地貌。山坡陡峭,切割较深,悬崖峭壁处处皆是。坡陡沟深,呈"V"字形,"隔沟能说话,握手走半天"是这种状况的真实写照。由于自然因素及人类活动对土壤的影响,土壤表层腐殖质积累较少,土质贫瘠。保肥、保水能力差,抗旱性能更弱。

甘南藏族自治州农业生产光热条件不足,80%以上的耕地在海拔2500米以上,其中,与四川阿坝州、青海果洛藏族自治州、黄南藏族自治州接壤的迭部、玛曲、碌曲、合作、夏河5个县(市)平均海拔在3000米以上。气候条件差,大部分地方只能从事草原畜牧业。同时,大部分地方经常发生干旱、冰雹、霜冻等自然灾害且比较严重,十年九灾。根据2005年的资料,全州近2/3的天然草场出现了不同程度的退化,得不到及时治理,草地草产量较20世纪下降了20%~40%,其中严重退化的草场达1414万亩,占可利用草场面积的36.8%;干旱草场沙化80万亩,已不能放牧。

另外,西部民族贫困地区地形复杂,自然条件恶劣,在这些地区搞交通建设投资大、工期长、效益低,交通不畅严重影响了这些地区与外界的交往。此外,这些地区大多处于边远、偏僻地区,远离大中城市等经济中心,接受大中城市的辐射线弱、冲击波小,故其发展在某种程度上呈自我封闭状态。

二、区域封闭且居住分散

区域封闭也是贫困地区的主要成因。受自然因素的影响,西部民族贫困地区人口密度很低,有限的地区人口便零星分布在某些局部条件相对好的区域。但这种人口分布和布局的状况对西部民族贫困地区经济的发展的影响是巨大的。马克思指出,人口数量和人口密度是社会分工的物质前提。所以,人口居住的极度分散化不会促成社会分工的发育。

西部民族贫困地区不仅每平方公里居住地人口的绝对数值小,居住分散,"三户一村,五户一庄",而且交通阻塞、通信落后,因此,这就更加恶化了居住人口的极度封闭。在人口居住极度分散、交通阻塞、通信落后的西部民族贫困山区,是很难形成经济意义上的社会分工的,因此阻塞的交通、落后的通信,极大地限制了人们从事生产和交换活动的空间地域。而在这十分狭小的空间地域内,居住人口数量稀少且极度分散,以致脱离耕地独立从事手工业的艺匠都难以产生,更不用说专事流通的商人了。

商人的形成需要具备以下条件:首先是需要有消费欲望和支付能力的顾客数量,其次是需要适销对路的商品数量,最后是需要可供商人和顾客进行交易的固定场所。而在相当数量的西部少数民族贫困地区,方圆几里,也只有十几户、几十户人家,有的甚至只有三五户人家,在这种社会经济环境中,为了生存,不管人们的意愿如何,他们都只能采取自给自足的生产方式,不但商品流通难以产生,就连物资交换也不多见,更谈不上频繁。同时,由于人口居住地极度分散,加上交通、通信的极其落后,地域内外的人们连见面都感到困难,更不用说信息的交流、思想的交流和观念的更新。因此,这一状况必然带来区域经济发展的恶性循环。

三、人口增长快、劳动力素质低

从已有的分析中发现,西部民族贫困地区农村居民收入在贫困线以下的家庭规模较大,劳动力负担人口比重较高。在有限的土地上,有限的生活资料下,人口越多,意味着人均消费越少,从而导致人的基本生存条件恶化,无法保证良好的营养,加上有些地区近亲结婚以及水土地质条件造成的地方病,使人身体健康越来越大地受到损害。西部贫困地区往往也是地方病的多发区,主要地方病有地方性甲状腺肿、克山病、大骨节病等,由于地方病流行,造成婴幼儿发育迟缓、智力低下,而进一步造成家庭及社会的负担。

西部民族贫困地区文化、教育、卫生事业发展落后,有的居住分散、偏僻,很大区域范围内根本没有学校,更兼贫困户缺吃少穿,又没钱供子女上学,以致他们被迫过早地参加体力劳动,无法接受教育。因而西部民族贫困地区的人口身体素质和文化科技素质普遍较低,即使外出打工也难以适应一般技术工种的要求。在甘肃少数民族贫困地区的一些山乡,几乎近一半的农民一生从未到达过乡政府以外的地区,一些贫困村,受过初中教育的青年屈指可数,文盲、半文盲率高得惊人,于是,不懂科学文化知识、不懂法律等成为贫困地区的普遍现象。而文盲率和贫困率之间存在着高度正相关关系。

此外,西部民族贫困地区的文盲结构不同于发达地区。由于受几千年封建思想的影响,在西部民族贫困地区,"不孝有三,无后为大"、"男尊女卑"以及"多子多福"等观念极为盛行,加之女孩在结婚后离开娘家等传统习惯,这使女性的地位更加低下。即在男尊女卑的传统观念下,贫困的家庭往往把有限的财力都集中在男性身上(如教育、就医等),女性并没有导致贫困,但却成为贫困的直接承受者。据调查,在这些地区的文盲人口中妇女超过70%。虽然男性、女性享受不了教育的主要原因是贫困,但两者对贫困的影响却大不相同。而妇女受教育后会导致晚婚和总生育率的下降,能够帮助政府实现人口政策、推广医疗保健措施,对农业投入物、信贷和其他生产和社会服务的获得,以及家庭内部的资源分配、消费类型都具有潜在决定性影响。因此,贫困地区妇女在教育方面的不利地位对甘肃少数民族贫困地区的影响是一个长远的不可忽视的因素。

更为严重的是,在西部民族贫困地区,有些贫困人口虽有劳动能力,但由于历史性的贫困,国家年年扶持救济,久而久之形成习惯性懒惰。加上文化低、素质差、不懂科技、思想观念守旧、小农意识浓厚,随着家庭人口不断增加,他们负担过重,进取心逐渐磨灭,得过且过,悲观宿命,缺乏致富动力。

四、农产品价格问题

长期以来,我国农产品的价格一直偏低。加入世界贸易组织(WTO)后,由于我国农业劳动生产率偏低,故很多农产品在国际市场基本没有竞争优势。西部民族贫困地区产业结构的特点是第一产业所占比重较大,因此,价格问题对贫困地区的脱贫有较大影响。一方面国家对农产品实行低价收购政策,另一方面农业生产资料和日用工业品的价格则不断上涨,这就使农民受到"双重伤害"。尤其是对贫困户,农用生产资料的上涨,使购买良种、农膜、化肥、农药等变得更加困难,只能少购买少用、不购买不用,结果是生产水平更低。

第二节　西部民族地区贫困形成的新情况

随着市场经济体制改革的深化与经济增长方式的转变,西部民族地区贫困在这一过程中也逐步显现出一点新的特征。

一、经济增长方式的转变,使贫困地区面临新的矛盾

经济增长方式由粗放型转向集约型是有条件的。基础越好,实力越强的地区,实行转变就越容易。与发达地区相比,西部民族贫困地区不仅存在着经济规模、基础设施、市场体系建设、经济实力和发展阶段的差距,而且经济增长的质量和经济效益也远远不如发达地区。集约型经济要求的是内涵式扩大再生产,高科技含量,高附加值产品,高素质的劳动者,科学化的管理,集约化的经营方式,而这些,贫困地区是无法达到的。对于贫困地区来说,最紧迫的任务是发展,只有保持较快的发

展速度，才不至于差距太大，这就意味着要增加更多的投入，这种内涵式扩大再生产与外延式扩大再生产并举的要求，与转变经济增长方式产生了矛盾。

二、具有公益性质的扶贫工作与市场经济体制不相适应

首先，在经济利益的驱动下，人才、技术、资金等资源流向条件好、回报高的发达地区，西部地区在竞争中处于劣势，西部民族贫困地区更是如此。其次，由于个人和团体主体利益、主体意识日益强化，使社会扶贫济困的责任意识有所淡化，加之社会扶贫没有约束力，使帮扶单位经济投入及重视程度差异也较大。最后，由于市场规律和价值规律的作用增强，使政府行为和行政推动扶贫工作的功能和手段减弱，一些基层组织"啃硬骨头"、"打攻坚战"的意识不强。再加上贫困地区经济实力不足，使扶贫在很大程度上处于"填鸭式救济"的低水平，扶贫优惠政策也难以完全落实。这些问题严重影响着扶贫工作的顺利进行。

三、在扶贫过程中过分依赖政府的介入和扶持

以政府强有力的介入和物质扶持为主的反贫困战略，在一定时期发挥了无法比拟的作用，但它最大的缺点在于忽视了发挥贫困人口自身的作用，没有从根本上打破政府与贫困人口长期以来形成的救助与被救助的关系。贫困人口仅仅是被动接受者，失去了主动权，他们的愿望和意见也往往被忽视，致使扶贫投资效率低下，贫困人口返贫率高。据调查资料显示，西部民族地区利用扶贫资金兴建的国有企业，由于产品品种单一、科技含量低、没有市场竞争力，绝大部分企业处于亏损状态，相当数量的企业已经倒闭。

四、扶贫资金的使用效率低

一方面，扶贫专用资金以种种理由转向别的方面，诸如把扶贫资金转化为财政补贴，扶贫资金的投向是贫困地区而不是贫困户。另一方面，每年面向扶贫的数亿元的贴息贷款事实上是通过价格（利率）补贴把资金价格人为地压低，但调查表明，在市场机制作用的条件下，价格（利率）补贴必然要导致"寻租"现象的出现，使价格（利率）补贴带来的好处主要流向能支付更高租金的利益群体。为了减轻"寻租"对贴息贷款分配的影响，政府有时不得不以某种方式直接介入分配过程，但是由于对贷款对象及其所选择项目缺乏完全、确定的信息，政府直接介入贴息贷款分配必然产生计划经济条件下所发生的各种问题，如扭曲资源配置、导致资源低效甚至无效使用以及挪作他用等。

第三节 扶贫重点的动态聚类分析

以下以甘肃少数民族扶贫重点县为例进行动态聚类分析,这有助于反向说明西部民族地区的贫困成因。

研究依据自然条件、资金条件和知识条件3类因素,选择了7项二级指标,建立了指标评价体系(如表5-1所示),经过五次聚类中心调整(如表5-2所示),最终的聚类结果为:临潭县、迭部县、夏河县、临夏县、和政县、积石山县、康乐县7个地区以自然条件改善为主,舟曲县、卓尼县、广河县、东乡县、永靖县、张家川县6个地区以资金条件改善为主,天祝县以知识条件改善为主(如表5-3所示)。

表5-1 甘肃少数民族扶贫重点分析指标

地区名称	自然条件类因素			资金条件类因素			知识条件类因素
	新修梯田(万亩)	发展集雨节灌(万亩)	移民安置(人)	财政扶贫资金(万元)	以工代赈资金(万元)	扶贫信贷资金(万元)	开展科技培训(万人次)
临潭县	3.47	1.14	7244	2238	109	411	5.02
舟曲县	2.86	1.22	3948	5076	2968	4084	4.73
卓尼县	1.92	0.40	0	7495	419	8411	2.82
迭部县	0.64	0.05	0	2012	0	0	3.02
夏河县	0.20	0	0	1785	94	114	2.73
临夏县	5.21	0.94	0	1457	965	426	4.38
和政县	2.58	0.82	0	1344	240	483	2.85
积石山县	4.01	1.84	500	3322	120	538	3.54
广河县	3.68	0.97	0	3599	1014	5846	5.74
康乐县	3.89	0.98	0	726	0	363	4.89
东乡县	9.83	1.61	2718	4520	86	350	3.64
永靖县	6.35	3.10	8388	1838	942	538	9.98
张家川县	3.32	1.41	0	3847	3000	2030	4.65
天祝县	3.99	1.13	17875	3074	380	668	13.87

资料来源:由甘肃省扶贫办提供。

表 5-2 五次聚类中心坐标

第 0 次调整后各类重心坐标							
组	X1	X2	X3	X4	X5	X6	X7
1	0.0000	0.0000	0.0000	0.1564	0.0313	0.0136	0.0000
2	0.3925	0.3892	0.1063	0.3541	0.2740	0.2326	0.1683
3	0.3936	0.3645	1.0000	0.3469	0.1267	0.0794	1.0000
第 1 次调整后各类重心坐标							
组	X1	X2	X3	X4	X5	X6	X7
1	0.0976	0.0935	0.0000	0.1459	0.0371	0.0237	0.0123
2	0.4417	0.4390	0.1275	0.3968	0.3208	0.2734	0.1983
3	0.3936	0.3645	1.0000	0.3469	0.1267	0.0794	1.0000
第 2 次调整后各类重心坐标							
组	X1	X2	X3	X4	X5	X6	X7
1	0.1690	0.1492	0.0000	0.1094	0.0278	0.0285	0.0577
2	0.4483	0.4527	0.1417	0.4409	0.3564	0.2990	0.1988
3	0.3936	0.3645	1.0000	0.3469	0.1267	0.0794	1.0000
第 3 次调整后各类重心坐标							
组	X1	X2	X3	X4	X5	X6	X7
1	0.2031	0.1929	0.0811	0.1322	0.0295	0.0326	0.0873
2	0.4618	0.4633	0.1088	0.4681	0.3964	0.3303	0.1979
3	0.3936	0.3645	1.0000	0.3469	0.1267	0.0794	1.0000
第 4 次调整后各类重心坐标							
组	X1	X2	X3	X4	X5	X6	X7
1	0.2560	0.2113	0.0675	0.1282	0.0782	0.0356	0.0974
2	0.4535	0.4862	0.1243	0.5195	0.4071	0.3702	0.2051
3	0.3936	0.3645	1.0000	0.3469	0.1267	0.0794	1.0000
第 5 次调整后各类重心坐标							
组	X1	X2	X3	X4	X5	X6	X7
1	0.2759	0.2659	0.0619	0.1647	0.0728	0.0397	0.0939
2	0.4631	0.4683	0.1404	0.5422	0.4683	0.4213	0.2271
3	0.3936	0.3645	1.0000	0.3469	0.1267	0.0794	1.0000

表 5-3 最终的聚类结果

地区名称	初始类别	最后类别	距凝聚点距离
临潭县	2	1	0.1500
舟曲县	2	2	0.3350
卓尼县	2	2	0.9160
迭部县	2	1	0.1310
夏河县	1	1	0.1620
临夏县	2	1	0.1330
和政县	2	1	0.0170
积石山县	2	1	0.1730
广河县	2	2	0.1620
康乐县	2	1	0.0600
东乡县	2	2	0.6500
永靖县	2	2	0.8950
张家川县	2	2	0.3640
天祝县	3	3	0.0000

第四节 基于人口资源视角的西部民族地区贫困状况分析

本节基于人口资源的视角,以甘肃临夏回族自治州的国扶贫困县为例,对相对资源承载力和扶贫绩效进行估算,从而分析造成西部民族地区贫困的长期化问题,提出了改善贫困状况的建议。

一、相对承载力估算

相对资源承载力是计算一个地区可承载的适度人口的一种方法,具体是指通过选定资源承载力的理想状态作为参照区(一般选择全国或上一级行政区划单位),以该参照区人均资源拥有量为标准,将研究区与参照区的资源存量进行对比,从而确定研究区内资源相对可承载的人口数量的研究方法。

第五章 西部民族地区贫困成因对非均衡性的影响分析

本书的相对资源承载力由两部分构成,一部分为相对土地资源承载力,另一部分为相对经济资源承载力。以此二者为依据,加权平均计算出综合资源承载力。通过与实际人口的比较,能够获取不同时间阶段该地区相对于参照区域的承载状态,包括三种类型:超载状态——实际人口大于相对资源承载人口;富余状态——实际人口小于相对资源承载人口;临界状态——实际人口等于相对资源承载人口。

以临夏州7个国扶贫困县(临夏县、康乐县、永靖县、和政县、广河县、东乡县、积石山县)为对象,估算各县的相对资源承载力。采取如下研究步骤:以全国为参照区,计算各县的相对资源承载力;以甘肃省作为参照区,计算各县的相对资源承载力;以临夏全州作为参照区,计算各县的相对资源承载力;将三个参照区的相对资源承载力赋予不同的权重加总求和,最终计算出临夏州各县的相对资源承载力。在此,全国参照区权重为0.2、甘肃省参照区权重为0.3、临夏州参照区权重为0.5来赋值。估算2000~2009年临夏州7个国扶贫困县相对资源和经济承载力(如表5-4所示)。

表5-4的结果显示,除永靖县的相对资源承载力在10年间有较大幅度的增加外,各县的相对资源承载力变化幅度均不大。永靖县于2003年就提出了具有前瞻性的发展思路,即"吃科技饭、发养殖财、种洋百田、挣外地钱、往好处搬",促进了当地经济的发展,提高了承载能力。

表5-4 2000~2009年临夏州7县相对资源承载力

单位:万人

年份	临夏县	康乐县	永靖县	广河县	和政县	东乡县	积石山县
2000	27.66	21.41	23.58	14.98	16.08	21.84	17.31
2001	27.95	21.83	23.47	15.13	16.13	22.43	17.43
2002	27.85	21.70	23.28	14.91	15.79	22.84	17.41
2003	27.75	21.79	28.13	15.33	15.92	23.15	17.58
2004	28.26	21.95	28.66	15.43	16.11	23.24	17.55
2005	26.45	21.19	29.09	14.30	15.58	22.96	17.53
2006	26.43	21.13	28.96	14.26	15.72	22.89	17.47
2007	26.47	21.36	28.84	14.34	15.79	22.84	17.50
2008	27.07	21.37	29.52	14.28	15.87	23.20	17.33
2009	26.77	21.24	29.17	14.19	15.77	23.09	17.27

表5-5显示,除永靖县之外,其余6县存在程度不同的人口超载,而且其中5个县(临夏县、康乐县、广河县、和政县、积石山县)的人口超载情况呈现更加严峻的趋势。

表5-5 2000~2009年临夏州国扶贫困县人口超载情况

单位:万人

年份	临夏县	康乐县	永靖县	广河县	和政县	东乡县	积石山县
2000	9.08	2.33	-3.79	5.07	2.88	4.10	5.07
2001	9.09	2.11	-4.39	5.12	2.95	3.71	5.16
2002	9.47	2.43	-3.30	5.55	3.42	3.55	5.37
2003	9.84	2.47	-7.92	5.16	3.31	3.50	5.23
2004	9.61	2.51	-8.33	5.28	3.27	3.68	5.49
2005	11.01	2.98	-9.07	6.20	3.52	3.69	5.26
2006	10.77	3.17	-9.53	6.64	3.46	3.92	5.43
2007	10.92	2.98	-8.88	6.75	3.47	4.21	5.51
2008	10.56	3.33	-9.68	7.36	3.40	3.98	5.66
2009	11.09	3.48	-9.07	7.71	3.65	3.47	5.91
整体趋势	递增	递增	递减	递增	递增	递减	递增
承载状态	超载+++	超载+	富余	超载++	超载+	超载+	超载++

二、减贫绩效估算

本书采用层次分析法(AHP)建立临夏州扶贫绩效综合评价指标体系。确定指标权重的过程大致分为三个步骤:构造两两判断矩阵、对判断矩阵进行一致性检验、计算各级权重。计算权重的结果如表5-6所示。

依据1~5标度对指标体系中的各个指标的重要性程度进行赋值,采用德尔菲法(Delphi)对各层指标进行打分,综合打分结果得出两个层次四个两两判断矩阵。判断矩阵结构为 $A = \{a_{ij}\}$,且满足 $a_{ij} > 0, a_{ji} = \frac{1}{a_{ij}}, a_{ij} = 1$。判断矩阵的一致性检验指数CR满足:当CR=0时,判断矩阵具有完全一致性;当CR≤0.1时,判断矩阵具有满意一致性;当CR>0.1时,判断矩阵具有非满意的一致性,则应对两两判断矩阵中的数据予以调整或者舍弃。本书构造的三个矩阵CR值分别为:CR_B = 0.0079;CR_{B1} = 0.0177;CR_{B2} = 0.0039;CR_{B3} = 0.0079,因此均具有满意的一致性。

表 5-6　临夏州扶贫绩效综合评价体系各级指标权重值

准则层	权重	目标层	权重
经济子系统	0.539	农民人均纯收入(元)	0.409
		人均农村经济总产值(元)	0.254
		单位面积粮食产量(公斤/亩)	0.168
		人均饲养牲畜头数(头)	0.087
		人均果园面积(亩)	0.082
社会子系统	0.297	贫困发生率(%)	0.258
		钢混砖木结构房屋面积比重(%)	0.150
		安全饮水受益农户比重(%)	0.150
		通电农户比重(%)	0.150
		农村劳动力转移比例(%)	0.081
		通村公路受益农户比重(%)	0.081
		适龄儿童入学率(%)	0.081
		通电话农户比重(%)	0.048
生态子系统	0.164	有效灌溉面积比重(%)	0.539
		耕地受灾面积比例(%)	0.297
		人均造林面积(亩)	0.164

层次分析法的测算结果如表 5-7 所示,除永靖县的总得分大于 0.70 处于"良好"级别以外,其余各县均处于"一般"及一般以下级别。

表 5-7　临夏州各县扶贫绩效综合评价

县别	2005 年得分	评级	2009 年得分	评级
临夏州	0.46	较差	0.61	一般
临夏县	0.37	较差	0.55	一般
康乐县	0.38	较差	0.55	一般
永靖县	0.73	良好	0.87	良好
广河县	0.37	较差	0.55	一般
和政县	0.44	较差	0.58	一般
东乡县	0.42	较差	0.51	一般
积石山县	0.50	一般	0.57	一般

三、基于人口条件的贫困恶性循环

基于农村地区人口发展的基本特征,临夏州存在着人口过度增长、受教育水平低下和身体素质不高三种形成贫困的恶性循环。这三种循环的反复,造成了临夏州农村贫困问题的长期化,制约着脱贫致富,也影响着当地的经济发展。

1. 人口过度增长

人口过度增长,使临夏州原本已经极为匮乏的资源被平均到一个仍在日渐膨胀的分母之上,加剧了人均资源的不足,如耕地、资本总量等。在此种情况下,贫穷的人们会选择生育更多的孩子来争夺更多的资源,使资源承载能力急剧下降,从而进入贫困恶性循环。这种贫困恶性循环造成资源的过度利用,加速了生态环境的恶化。

2. 受教育水平低下

人口受教育水平低下的影响,劳动技术普遍不高、创新动力不足。思想观念守旧落后,接受新事物和思想的能力差,不重视教育性投资,形成的劳动力劳动技能低,技术含量及附加值低,劳动力多从事体力劳动。作为家庭,总希望后代能尽早地投身于家庭劳动之中,获取眼前利益,而且这一观念代际相传,因此步入贫困恶性循环。缺乏一定水平的科学文化知识,缺乏创新性思维,导致生产劳动长期处于低效状态,经济效益始终难以提高。

3. 身体素质不高

人口身体素质不高导致生活成本增高、生产能力的趋低。在农村,劳动力的身体素质是农村收入的主要影响因素,身体素质差的劳动力,就意味着较低的生产能力和较高的生活成本。在收入有限的情况下,一方面,需要承担改善健康状况的医疗支出;另一方面,无力提高经济能力,增加收入。这种循环的结果就是造成劳动力质量持续下降,影响了该地区的产出及贫困群众的脱贫致富。

事实上,这三种循环又存在着相互交错作用,使农村贫困问题陷入了极其复杂的"怪圈"之中。因此如何打破这三种贫困恶性循环,是解决当前临夏州贫困问题的关键所在(如图5-1所示)。

四、小结

本节以临夏州为例,基于人口资源的视角分析了贫困问题。研究认为,西部民族地区要想摆脱农村经济贫困的束缚,必须设计新的人口发展机制,促进人口素质及人力资本的大幅度提高。具体地讲,就是要通过对西部民族地区的人口资源进行有效的调整和配置,打破三种基于人口资源畸形发育的贫困恶性循环,促进人地关系和谐,实现临夏州经济社会健康快速发展。主要措施有:提倡少生优生,减少人口自然增长率;进一步发展教育事业,建立健全教育体系,坚持义务教育,提高教育质量;提升劳动力的劳动技能,增强创新能力,提高财富积累能力;提高社会保障能力,减轻老弱病残生活负担;建立人口发展与当地资源环境相协调的反馈机制,把经济增长的着重点放在第二产业及第三产业发展上来,减轻土地的人口压力。

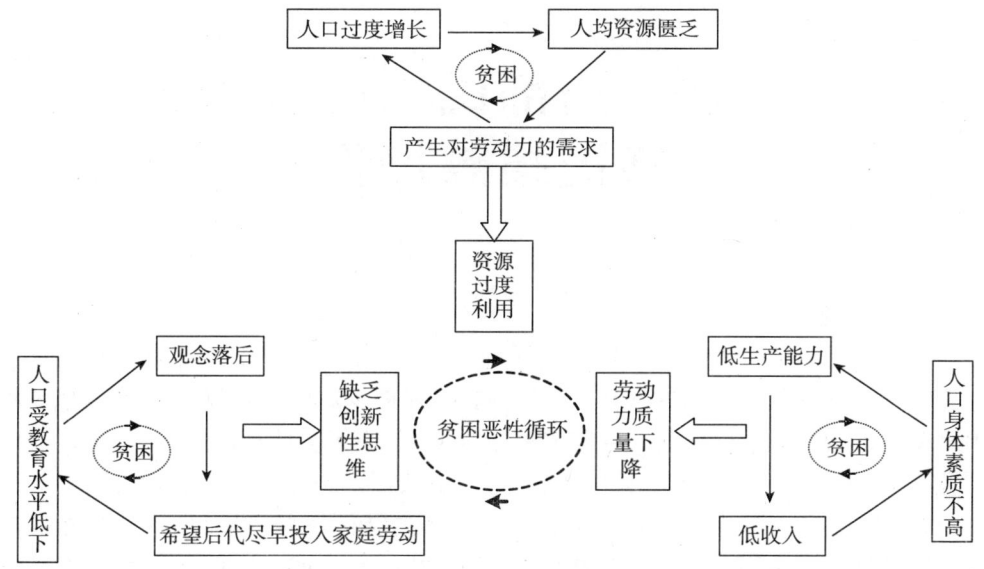

图5-1 贫困恶性循环

人口资源的配置过程主要包括两个方面:一要进行必要的"输血",二要进行"造血"。"输血"包括两个部分:输出与输入。"输出"指的是劳动力转移输出和移民,需要通过人口的城镇化发展,减少农村人口;让更多的人接收现代生活理念,产生提高生活质量的冲动;增强自我发展能力,提高人力资本的水平。"输入"则指各类人才(如教师、医务人员、农牧业技术人员等)的引入。"造血"则指的是通过各种形式的教育,培养出适合当地经济发展需要的人才,增强西部民族地区区域经济的发展活力,提高经济发展质量。

第六章 西部民族地区生态移民绩效评价

生态移民是扶贫开发的一项重要措施。目前,生态移民主要针对生活在西部生态环境极端恶化地区的农牧民,其中许多地方是少数民族聚居区。生态移民将不可避免地会给少数民族的生存与发展带来影响,不但会使移民的生产、生活空间位置发生变化,而且也会使移民的生产、生活方式以及与此相关联的社会结构和文化习俗发生变化。如果由于某些生态移民工程的绩效不好,进而加重了少数民族移民离开故土的负担和对未来生活的困惑,单纯的经济或生态问题就很可能影响民族的团结。因此,合理安置少数民族生态移民,处理好各种社会适应关系,对于少数民族的未来与发展、社会主义和谐社会的建设都具有重要意义。

目前学术界对少数民族生态移民的研究主要有以下两种观点:一种观点认为,生态移民政策的实施有利于少数民族地区经济文化的发展,有利于城镇化及现代化进程,是西部地区脱贫致富奔小康的重要举措,对于实现各民族的共同繁荣和边疆的安全稳定具有重要的战略意义,应大力推进;另外一种观点认为,生态移民政策的实施对少数民族的生产生活方式及文化习俗产生了重大的影响,不利于民族文化的保持和民族关系的稳定,因此应给予高度重视并寻找妥当的解决方法,否则将既损害该民族利益,也不利于和谐社会的构建。鉴于此,生态移民应慎行或采取其他措施以代之。此外,目前对生态移民的研究主要集中于生态移民的概念、意义、方式、问题和对策等宏观理论的探讨上,缺乏对微观生态移民绩效的综合性评判,对少数民族生态移民的研究更是如此。

本章将着眼于微观家庭对生态移民绩效的判断,从经济、生活和社会关系多角度进行考察。同时,为了使研究更具有现实应用价值,以疏勒河项目区为例,阐述移民中存在的关键问题和解决思路。

第一节 迁出地概况

疏勒河项目是利用世界银行贷款建设的集水利工程、移民安置、农经开发、生态保护为一体的大型农业综合项目,也是国家批准立项的地方重点建设项目,总投资26.97亿元。修建以昌马水库为龙头的水利枢纽工程,开发灌溉9.8万公顷土地(其中新开荒地5.46万公顷,改造65.1万亩),计划安置甘肃省临夏、甘南、陇南、定西等4个市(州)岷县、礼县、宕昌、武都、舟曲、临潭、和政、东乡、临夏、永靖、积石山等11个迁出县的移民20万人。到2006年末移民完成,实际安置移民约为6.2万人,开垦耕地约为2万公顷。

疏勒河项目区少数民族移民主要来自东乡族自治县,该县位于甘肃中部、临夏回族自治州东部,是全国唯一的以东乡族为主体的少数民族自治县,也是国家级扶贫开发重点县。全县辖5个镇19个乡229个行政村1893个村民小组。2007年底,全县农村总户数4.92万户,农村总人口26.6万人,农村从业人员13.27万人。总人口中,东乡族占84.14%,汉族占11.57%,回族占4.25%,其他民族占0.04%,是甘肃省3个特有少数民族之一——东乡族的发源地。

一、极端艰苦的自然生态环境

东乡族自治县总面积1510平方公里,人口密度为每平方公里180人。全县总耕地面积36.7万亩,人均1.4亩,其中山旱地占89.6%。全县海拔最低为1736米,最高为2664米。年均降水量350毫米左右,年蒸发量高达1387毫米。地形中间高、四周低,黄河、洮河、大夏河环县而流,境内山峦起伏,沟壑纵横,土地支离破碎,植被稀疏,十年九旱,灾害频繁,自然条件严酷,全县27万多名群众分散居住在1750条梁峁和3083条沟壑中,生产生活条件十分艰苦,素有"陇中苦瘠甲天下,东乡苦瘠甲陇中"之说。因此,这里被联合国定为"最不适宜人类居住的地区"之一。

二、严峻的贫困形势

2006年,全东乡县生产总值4.85亿元,农业总产值3.08亿元,工业总产值1.74亿元,乡镇企业总产值5.4亿元,全社会固定资产投资1.87亿元,社会消费品零售额5750万元,大口径财政收入1580万元,农民人均纯收入1138元,全县农村贫困面为44.08%。尽管经济社会主要指标连年保持两位数的增长,但由于底子薄、总量小,各主要指标仍处于全省、全州末位。全县229个行政村中有192个村属于国家确定重点贫困村,因此,对于整个东乡县而言,贫困面是很大的。

经济增长与减贫的非均衡性

三、恶劣的土地和水源条件

综观东乡族自治县的地理环境,主要困难就在于土地和水源两个基本条件极为恶劣,素有"陇中苦瘠甲天下,东乡苦瘠甲陇中"之说。在东乡族聚居地,自然环境严酷、沟壑纵横、植被稀少、土地支离破碎,农业基础薄弱,再加上自然灾害频繁,如旱灾、涝灾、山洪、山体滑坡、冰雹、暴雨、虫灾等,尤其是旱灾给东乡族人民造成了极大的危害。所谓"山高和尚头,沟深无水流;无风三尺土,下雨满沟泥"正是东乡黄土、干旱、缺少植被的自然景观的真实写照。因为频繁的旱灾,这里的农作物产量非常低,人们摆脱贫困的难度非常大。

从目前东乡族聚居地的实际情况看,一是缺水,二是山坡地耕作起来困难重重,劳动强度大,收益少。这里的自然条件确实不适合从事以种植业为主的农业生产。但从实际情况来看,东乡是一个典型的乡村社会,农业人口占总人口的96.4%,因此第一产业的发展状况在很大程度上决定了东乡的经济发展水平。

1. 东乡族自治县土地状况

一般来说,东乡族自治县农业根据位置、地貌、光热、水资源等情况,可分为三种农业区:川塬灌溉多种经营综合农业区、西南部半干旱沟壑山地农林牧区、东北部干旱沟壑山林农林牧区。东乡现有17个乡为纯山区乡,耕地全部为山地,仅有9个乡镇有部分川地和塬地,其中,耕地资源最好的是河滩乡、大板乡、唐汪乡,这3个乡的川地和塬地占全县总川地和塬地面积的90%以上。

从农业区和耕地构成情况看,川塬灌溉多种经营综合农业区的自然条件最好,西南部半干旱沟壑山地农林牧区次之,东北部干旱沟壑山林农林牧区条件最差,而该区恰恰是东乡族人口最为集中的区域。三个农业区从产业结构上看,川塬灌溉多种经营综合农业区目前主要发展的是高效农业及特色林果业;西南部半干旱沟壑山地农林牧区主要发展的是农业、养殖业、林果业;东北部干旱沟壑山林农牧区主要发展马铃薯和羊产业。

总体上讲,东乡族自治县的农业产量与一般粮食生产区的亩产相比情况较差,相当一部分乡村的亩产量在100公斤以内,而在位处西部的东乡县,庄稼只能达到一年一熟,这样,如此低的产量连农业从事者的口粮都无法保证。但尽管如此,东乡县的种植业结构仍然十分单一,粮食种植面积占各乡农作物种植面积的比重很大。以北岭乡为例,其耕地面积为10394亩,而粮食的种植面积竟然达到9500亩,占耕地面积的91%。也就是说,为了生存,尽管粮食产量低,但人们仍然愿意多种粮食。

2. 东乡族自治县水源状况

据东乡县志记载,自治县境内唯一的河流巴谢河为季节河。黄河、洮河、大夏河流经县境边缘,形成与临夏州临夏市、临夏县和临洮县的界河。全县过境水总量289.6亿立方米。由于地势高、水面低,限制了过境水资源的开发利用,造成干旱缺水、植被稀少、土地支离破碎,自然条件极为严酷。过境水利用量仅为3200立方米,自产地表水总量6407.8万立方米,自产地下水总量601万平方米,其中自产地表水和地下水合计为7008.8万立方米,仅为全县总水量的0.2%,人均325立方米。

总体上来讲,自治县境内水资源缺乏,自产水尤为贫乏。东乡族自治县境内降水的季节分配不均,且变化大,作物生长旺盛期降水量少,以后降水量多,但降水强度大,多以暴雨甚至冰雹等自然灾害的形式出现,流失快,不能很好地被作物吸收利用。比如,每年的4月上旬和5月上旬是东乡夏作物生长发育和秋作物播种的关键期,这一时期平均降水量仅为50.1毫米,占春季总降水量的37.6%,历年都满足不了夏作物的关键期需水量。

此外,自治县内自然灾害频发,也严重影响着农业产量,影响着以农业生产为主要生存依靠的群众生活。干旱、滑坡、冰雹、大雨、暴雨、洪涝和连阴雨、冻害等,都对东乡人民生计造成极大危害。当然,这些灾害当中,最频繁、危害最大的还是旱灾。旱灾是东乡族人民发展生产的最大的瓶颈。

从东乡族的自然资源环境的现状可以看出,东乡族的经济发展所依赖的自然环境是非常严酷的,加上频繁的自然灾害,对以农业为主的东乡族造成了极大的制约。

3. 反贫困与改善生态环境

为了改善生态环境,尽快摆脱贫困,东乡人在政府和社会的支持下采取了许多方法改善生存状况。

(1)退耕还林工程的实施。1999~2006年,东乡族自治县共实施退耕还林工程159208.2亩,其中退耕还林62208.2亩,荒山造林97000亩,封山育林20000亩,涉及东乡县24个乡镇86个村13405户。8年间,东乡县的森林覆盖率由原来的7.2%提高到8%,提高了0.8%。东乡族自治县退耕还林每年实施的情况如图6-1所示。

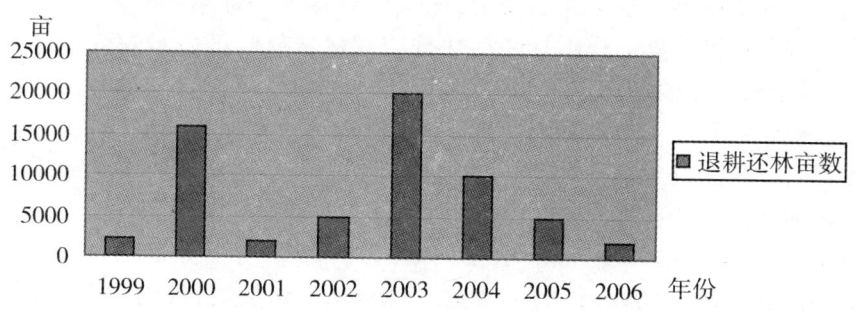

图6-1 1999~2006年东乡族自治县实施退耕还林工程情况

资料来源:由甘肃省扶贫办提供。

经济增长与减贫的非均衡性

由于自然条件限制，东乡县不得不将经济林全部补造成生态林。项目实施区生态条件脆弱，气候干旱，气温冷凉，林木生长缓慢，长成一片具有维护自然生态平衡的林木至少需要 15～20 年的时间，而且长期不能进行砍伐利用，只能进行抚育间伐。可以说，东乡县生态林工程在相当长的时期内不能产生任何经济效益，只有控制水土流失、改善生态环境、防止山体滑坡、保护农田村庄等生态效益。这样，退耕还林的相关补助政策对于退耕还林农户而言就显得非常重要了。作为人均耕地只有 1.4 亩的国家级贫困县，人多地少的矛盾较突出，退耕户主要依靠口粮田和政策补助维持生活，一旦停止补助，粮食生产不足，必将向原来退耕地种粮。同时，东乡县群众的文化水平本来较低，外出打工困难，适宜从事行业也十分有限，劳务收取几乎微乎其微，只能转向农业生产。

（2）移民工作情况。对于东乡恶劣的生存环境，异地扶贫开发移民是比较适应当地实际情况和能从根本上解决当地群众贫困问题的方法。从 1989 年起，东乡的扶贫移民工作就得到了政府和社会等各个方面的支持。同时，在东乡县群众和移民相关部门的努力下，东乡移民在移入地发扬著名的"东乡精神"，自力更生、艰苦地在移入地区进行开发建设和创业。先后在小金湾、古浪、疏勒河、引大灌区建立了移民基地，建成安西县扎花、临泽县新华牛场、独山子等 17 个移民点，累计完成向外移民 8739 户，4.08 万人；开荒及田间配套 11.39 万亩，并建成学校、医院、村委会等完备的社区服务设施，创造了基本的生产生活条件。

自移民工作开始以后，东乡县有近 3 万人移出东乡，其中，"两西"移民和疏勒河移民是两个涉及范围最广、受益人数最多、影响范围最广的项目。

（1）"两西"移民。1986 年以东乡、永靖两个县群众的自发迁移开始，1989 年省上正式将这两个县的移民工作列入"两西"建设项目，统一规划，规模迁移，集中安置，共迁出 11608 人，2162 户。"两西"移民的迁出，缓解了临夏州部分地方人多地少的矛盾和临夏州扶贫工作的压力，同时也对移民安置地区的社会、经济、文化的发展起到了积极的推动作用。许多"两西"移民依靠自己的辛勤劳动，实现了脱贫愿望，开始向小康的目标迈进。

（2）疏勒河移民。疏勒河移民项目是河西走廊疏勒河农业灌溉暨移民安置综合开发项目建设的组成部分，该项目利用世界银行贷款从甘肃省中南部干旱、高寒阴湿山区向疏勒河灌区移民，建设工期为 10 年，涉及临夏州东乡、积石山、永靖、和政和临夏 5 个县，计划移民 3.84 万人。该项目自 1996 年开始启动，东乡县首先在项目实施区分别设立扎花、独山子示范点，截至 2006 年底，共向两个示范点移民 1929 户，10004 人。疏勒河项目中，实行对每个人 1300 元的补助（其中，建房材料费 600 元，生产补贴 150 元，种子化肥 60 元，简单农具补助 90 元），以达到"1 年搬迁，2 年进居，3 年落户"的移民目标。疏勒河移民项目的资金一半出自世界银行贷款,一半由地方政府配套。同时,作为世界银行贷款要求的一部分,移民迁出所遗留土地应不再起耕,全部还林还草。

第二节 移民人口数量与家庭结构

截至 2006 年末,疏勒河项目区共有少数民族移民家庭 3468 户,总人口达 19684 人。其中,东乡族移民家庭 2057 户,占全部少数民族移民家庭比重的 59%,东乡族移民总人口 10771 人,占全部少数民族移民总人数比重的 55%;回族移民家庭 1339 户,占全部少数民族移民家庭比重的 39%,回族移民总人口 8527 人,占全部少数民族移民总人数比重的 43%;藏族移民家庭 65 户,占全部少数民族移民家庭比重的 2%,藏族移民总人口 347 人,占全部少数民族移民总人数比重的 2%;土族移民家庭 7 户,占全部少数民族移民家庭比重不足 1%,土族移民总人口 39 人,占全部少数民族移民总人数比重不足 1%(如图 6-2 和图 6-3 所示)。可见,疏勒河项目区少数民族的主要部分由东乡族和回族构成,二者之和占到全部少数民族移民的 98%。

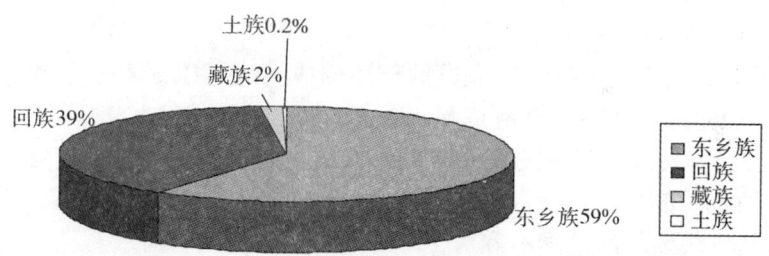

图 6-2 2006 年疏勒河项目区各少数民族移民家庭户数比重

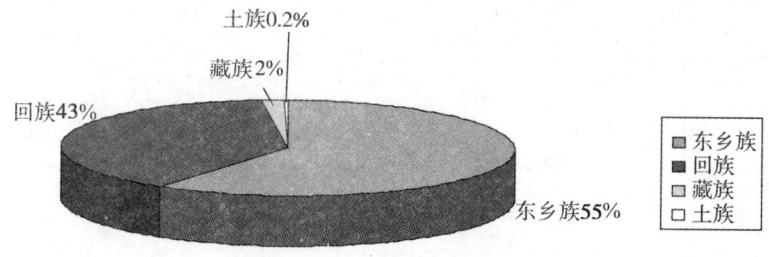

图 6-3 2006 年疏勒河项目区各少数民族移民人数比重

表6-1显示了疏勒河项目区2001～2006年各年累计的少数民族移民情况。从移民人数的分布来看,疏勒河项目区少数民族移民工作主要集中于2001年、2003年、2005和2006年4个年份,其中2001年、2005年以东乡族移民为主,2003年和2006年以回族移民为主。

表6-1 2001～2006年疏勒河项目区少数民族的移民数量情况

年份	东乡族		回族		藏族		土族	
	累计户数（户）	累计人口（人）	累计户数（户）	累计人口（人）	累计户数（户）	累计人口（人）	累计户数（户）	累计人口（人）
2001	457	2505	4	21	41	204	0	0
2002	457	2505	4	21	41	204	0	0
2003	603	3290	990	4788	65	347	7	39
2004	603	3290	1038	4928	65	347	7	39
2005	1747	9096	1201	5844	65	347	7	39
2006	2057	10771	1339	8527	65	347	7	39

表6-2以扎花乡和独山子乡两个典型的少数民族（东乡族）移民定居点为代表,反映了少数民族移民的家族成员的年龄构成情况。以324个家族成员样本分析,其中婴幼儿占全部移民家庭成员人数的28%,中青年占全部移民家族成员人数的68%,老年人占全部移民家族成员人数的4%。中青年人口成为疏勒河移民家庭成员的主要部分。这一数据反映出生态移民中的一个普遍现象,即中青年人对新环境具有较强的适应能力和对生存环境有更大的改善需求。

表6-2 疏勒河项目区少数民族移民的家庭成员构成

迁入地		调查人口（人）	0～12岁			13～59岁				≥60岁
			0～6岁	7～12岁	合计	13～18岁	19～35岁	35～59岁	合计	
扎花乡	总数（人）	264	32	45	77	55	58	66	179	8
	比重（%）	100	12	17	29	21	22	25	68	3
独山子乡	总数（人）	60	6	8	14	12	14	16	42	4
	比重（%）	100	10	13	23	20	23	27	70	7
合计	总数（人）	324	38	53	91	67	72	82	221	12
	比重（%）	100	12	16	28	21	22	25	68	4

在108个家庭户主的调查中，文盲、半文盲人数占54%，小学文化程度占28%，初中文化程度占13%，高中文化程度仅占5%。对于324名家庭成员文化程度的调查中，文盲、半文盲人数占55%，小学文化程度占33%，初中文化程度占9%，高中文化程度仅占3%（如表6-3所示）。移民的文化程度普遍很低，反映出当前少数民族贫困人口的一项重要特征，这也为进一步加强少数民族生态移民的"智力扶贫"措施提出了举证。

表6-3　疏勒河项目区少数民族移民家庭户主与成员的文化程度

迁入地	户主数（个）	文盲、半文盲		小学文化		初中文化		高中文化	
		户主数（个）	比重（%）	户主数（个）	比重（%）	户主数（个）	比重（%）	户主数（个）	比重（%）
扎花乡	48	30	62	6	13	7	15	5	10
独山子乡	60	29	48	24	40	7	12	—	—
合计	108	59	54	30	28	14	13	5	5
迁入地	成员数（个）	文盲、半文盲		小学文化		初中文化		高中文化	
		人数（个）	比重（%）	人数（个）	比重（%）	人数（个）	比重（%）	人数（个）	比重（%）
扎花乡	264	158	60	74	28	24	9	8	3
独山子乡	60	20	34	32	53	6	10	2	3
合计	324	178	55	106	33	30	9	10	3

第三节　少数民族生态移民绩效评价

在某种意义上，生态移民是在生态环境和人类社会的互动过程中产生的社会现象。生态移民既反映了生态环境对人类社会的影响，又反映了人类社会对生态环境问题的对策或对生态环境的能动性行为。可以说，生态环境问题为人类认识生态环境和人类社会的关系提供了机会和素材，而生态移民则集中体现了生态环境和人类社会之间的相互影响、相互作用的关系。

一、理论依据

在生态人类学和移民社会学的视野中，生态移民及其与当地经济和社会发展的绩效评价是研究主题。

1. 生态人类学下的移民绩效评价

生态人类学（Ecological Anthropology），也可称为文化生态学，简单地说，生态人类学是运用人类学的理论和方法研究人类、生态环境及文化之间相互关系的一门新兴边缘学科。一般认为，广义的生态人类学还包括此前出现的环境可能论思想，以及后来的文化唯物主义、系统生态学和民族生态学等多种理论。

随着人们对环境概念的深入认识以及对文化与环境之间互动关系的持续探讨，生态人类学得以不断发展。如刚开始人们把环境局限为自然生态环境，着力研究自然生态环境对文化发展的制约作用，后来又逐渐认识到社会制度环境和精神环境对文化发展的制约。受生态人类学研究的影响，人们倾向于把文化生态理解为对文化与其生态环境之间关系的描述，如有研究者认为："探明文化系统与生态环境系统的耦合关系，即是当今说的文化生态的内涵。"的确，生态环境是文化发展的土壤，没有了生态环境就不会有文化的产生与发展，需要强调指出的是，这里所说的生态环境是包括自然生态环境、社会制度环境、精神环境以及新媒体环境在内的整体环境。也有研究者把文化生态理解为多种类型文化之间的交互作用，把它理解为对文化多元化发展的另一种表述形式，如"'文化生态'这一观念包含着对多样性、差异性、独特性、个体性和自主性的尊重"，"'文化生态'，这一术语力图标识群体成员之间在精神、心理、情感、价值观以及行为等方面的互动关系"。本书认为，只有把以上两种理解联系起来分析，才能对文化生态有一个正确的定位。脱离了文化与生态环境的关系，文化就失去了发展的根本；脱离了文化的多元化，失去了多元文化之间的借鉴、交流与融合，文化发展就失去了驱动力。因此，加强和保护文化生态，就是要保护文化赖以生存的生态环境，就是要保护多元的文化形态、尊重多样的文化价值取向，只有这样，文化才能不断发展与创新。

2. 移民社会学下的移民绩效评价

随着人类社会对人本主义关注的日益提升和对生态环境问题重视程度的不断提高，关于生态环境保护过程中的移民问题的社会学研究发展成为社会学的一门分支学科，即移民社会学。其基本主题是探讨生态环境和人类社会之间的关系，并且围绕生态环境问题来理解个人与社会之间的关系。

在社会学家看来，生态移民是指由于生态环境恶化，导致人们的短期或长期生存利益受到损失，从而迫使人们更换生活地点，调整生活方式的一种经济行为。而阐述该活动的社会特征，并明确提出问题的构成及解决途径，被认为是以人类社会的行为研究为基础的社会学这一学科领域的责任。

考察生态移民，可以有两个基本维度：一是生态环境的维度，主要从生态环境的问题及解决方法入手；二是移民的维度，主要考察移民行为和移民个体。社会学进行生态移民研究，主要从移民的维度探讨生态移民活动的影响，尤其是生态移民与社会和移民个体的相互影响和相互作用。

生态移民的典型过程是把生态移民人口从一个相对封闭、传统的乡土性社区转移到开放、现代的城镇性社区。这一过程中，移民人口必然经历和适应由于生态环境和社会环境差异而引发的社会文化变迁。社会变迁的具体情况和移民个体或家庭的适应，以及在适应社会文化变迁中新社区的形成、构建或发展等方面，自然都属于移民社会学学科应该关注的内容。而作为生态移民过程中移民自身的适应以及社区整合也就成为相关研究的核心议题。本书正是出于这种考虑而做出的。

二、回归分析

为了全面反映影响移民绩效的因素，本书对移民准备、政府管理、生活改善、基础设施、社会关系五个方面进行考察。对于移民绩效的考察，可以有两个基本维度：一是生态环境的维度，主要从移民对生态环境的影响及解决方法入手；二是移民本身的维度，主要考察移民行为和移民个体。社会学进行生态移民绩效研究，主要从移民本身的维度探讨生态移民活动的影响，尤其是生态移民与社会和移民个体的相互影响或相互作用。鉴于这一考虑，本书在测度生态移民绩效时依据的是移民家庭对移民后生活的满意程度。具体而言：移民家庭如果认为搬迁后生活满意度提高，赋值为1；反之，赋值为0。当这一组虚拟变量赋值为1时，表示生态移民绩效是正的。需要说明的是，由于以上绩效的定义主要取决于移民家庭成员对于移民后生活条件改善的一种主观判断，因此本书对于移民绩效的影响因素分析受到移民前生活状况和习惯的影响的可能性较大。故此，本书中的影响因素也在这一方面有所侧重。

(1) 移民准备因素。移民原因，采用1~5赋值，分别代表环境恶化、增加收入、政府要求、其他家庭影响和其他原因。迁移意愿，采用1~5赋值，分别代表很不愿意、不太愿意、无所谓、比较愿意和非常愿意。迁移前生活水平，采用1~5赋值，分别代表下等、中下、中等、中上和上等。

(2) 政府管理因素。对政策了解程度，采用1~5赋值，分别代表不了解、不太了解、一般、比较了解和非常了解。政府移民补贴，采用1~5赋值，分别代表很不满意、不太满意、一般、比较满意和非常满意。

(3) 生活改善因素。包括家庭经济状况、住房状况、饮食质量、工作劳动条件、工作劳动收入5项，采用1~5赋值，分别代表差多了、差一点、差不多、好一点和好得多。

(4) 基础设施因素。包括治安状况、教育条件、交通状况、文化娱乐、购物条件、医疗条件、银行信用、水电状况8项，采用1~5赋值，分别代表差多了、差一点、差不多、好一点和好得多。

(5)社会关系因素。包括家族成员关系、邻里关系、与干部关系3项,采用1~5赋值,分别代表差多了、差一点、差不多、好一点和好得多。

以下重点给出了主要解释变量的描述统计结果和相应的回归分析发现。

1. 描述统计分析结果

为了能够更有效地反映生态移民主观态度的影响,把总样本细分为两个子样本。也同时给出了基于总样本和两个子样本的均值和标准差(如表6-4所示)①。

表6-4　主要变量的描述统计分析结果

主要解释变量	整个样本		子样本1:满意度=0		子样本2:满意度=1	
	样本数=108		样本数=31		样本数=77	
	均值	标准差	均值	标准差	均值	标准差
移民原因	2.5741	1.02496	2.1935	0.60107	2.7273	1.11964
迁移意愿	3.3519	0.96978	2.8710	0.95715	3.5455	0.91112
迁移前生活水平	2.2593	0.64664	2.5161	0.56985	2.1558	0.65020
对政策了解程度	3.1667	0.75505	2.9032	0.53882	3.2727	0.80519
政府移民补贴	4.0463	0.82467	3.6774	0.79108	4.1948	0.79536
家庭经济状况	3.9259	0.70649	3.7419	0.81518	4.0000	0.64889
住房状况	3.8241	1.03967	3.6452	1.01812	3.8961	1.04610
饮食质量	3.7037	0.65936	3.4516	0.62390	3.8052	0.64968
工作劳动条件	3.5556	0.68813	3.3871	0.80322	3.6234	0.62910
工作劳动收入	3.7500	0.77490	3.4839	0.85131	3.8571	0.72028
治安状况	4.1852	0.78714	3.7097	0.86385	4.3766	0.66962
教育条件	4.3148	0.756877	4.1290	0.88476	4.3896	0.69122

① 由于篇幅所限,此处省略了相关分析结果,相关分析中所有回归变量的相关系数都低于共线性存在的门槛值0.7(Lind等,2002),可以认为主要解释变量间不存在共线性问题。

续表

主要解释变量	整个样本 样本数=108		子样本1:满意度=0 样本数=31		子样本2:满意度=1 样本数=77	
	均值	标准差	均值	标准差	均值	标准差
交通状况	4.1019	1.27477	3.5161	1.72957	4.3377	0.95436
文化娱乐	3.7778	0.80109	3.8065	0.83344	3.7662	0.79300
购物条件	3.8426	1.06044	3.2903	1.34644	4.0649	0.83252
医疗条件	3.8148	0.73812	3.4516	0.67521	3.9610	0.71528
银行信用	3.9537	0.77802	3.5161	0.72438	4.1299	0.73181
水电状况	4.1389	0.85880	3.8065	0.90992	4.2727	0.80519
家族成员关系	3.9537	0.80168	3.5806	0.80723	4.1039	0.75367
邻里关系	4.0278	0.70324	3.8710	0.71842	4.0909	0.69171
与干部关系	4.4074	0.76166	4.0968	0.87005	4.5325	0.68026

样本家庭的移民绩效总体较好,这表现为:有71%的移民家庭对移民绩效选择了满意。在整个样本的描述统计中,政府移民补贴、治安状况、教育条件、交通状况、水电状况、与干部关系、邻里关系7个选项的均值高于4,表明移民对这些状况较为满意;其他生活改善、基础设施和社会关系的相应选项均值都高于3.5,这也与总体样本家庭对移民绩效的满意选择是一致的。

子样本1的描述统计结果中,只有教育条件、与干部关系2个选项的均值高于4,表明主要解释变量中的大多数在移民后的情况都低于移民家庭的期望。结合前4个选项,子样本1中的移民的迁移原因主要是生态恶化,迁移意愿不强,迁移前的生活处于中等和中上水平,这一部分家庭在没有实现移民预期的情况下,主观上可能归结为对政策的了解不够。子样本2的描述统计结果中,政府移民补贴、与干部关系、治安状况、教育条件、交通状况、购物条件、银行信用、水电状况、家族成员关系、邻里关系、家庭经济状况11个选项的均值高于4,而这一部分移民家族移民前的生活水平处于下等或中下,迁移原因主要是政策要求,移民意愿强烈,对政策非常了解。比较子样本1和子样本2的描述统计结果,可以反映出疏勒河生态移民项目的一个倾向:移民政策倾向于生活极端贫困家庭。所以在子样本比较中反映出:生活越是贫困的家庭,政府宣传力度越大,更了解政策,移民意愿越强烈。也可以判断出,这一移民工程的生活、生产和基础设置安排也主要是针对极端贫困家庭设计,所以越是贫困家庭,迁移后满意度就可能越高。

2. 回归分析结果

针对移民家庭对移民绩效的满意度状况,表6-5给出了相应的影响因素回归结果。需要注意的是,回归分析中用来解释移民绩效的一些解释变量可能是内生的,如主观心态、社会关系等,因此有关的回归结果可能揭示的是这些因素和移民绩效之间的相关关系而非因果关系。但是,深入研究移民绩效与各种可能影响因素之间的因果关系必须建立在首先识别出相关关系的基础上。研究的贡献正在于讨论了一系列可能影响移民绩效的因素的具体效果,包括外生影响因素的因果关系和可能内生影响因素的相关关系。在此基础上,根据数据的可得性,可以进一步选择那些可能的内生变量、寻找合适的工具变量、探讨因果关系是后期研究中需要关注的。鉴于被解释变量的虚拟变量性质,本书采用了 Logit 回归模型。

采用逐步回归方法,分别对移民准备、政府管理、生活改善、基础设施和社会关系等影响因素作为控制变量组合的不同选择。5 个模型中,显著且稳健的因素包括:移民原因、迁移前生活水平、治安状况、银行信用、邻里关系(如表 6-5 所示)。

表 6-5 Logit 模型的回归结果

主要解释变量	模型 1	模型 2	模型 3	模型 4	模型 5
移民原因	0.896** (0.415)	0.867** (0.394)	0.932** (0.414)	0.820* (0.500)	0.742* (0.560)
迁移意愿	0.767*** (0.258)	0.528* (0.282)	0.460 (0.292)	0.616 (0.392)	0.537 (0.431)
迁移前生活水平	-0.786* (0.420)	-0.690* (0.424)	-0.699* (0.429)	-1.771*** (0.598)	-2.362*** (0.722)
对政策了解程度	—	0.349 (0.351)	0.358 (0.390)	-0.552 (0.533)	-0.704 (0.601)
政府移民补贴	—	0.743** (0.316)	0.703** (0.354)	0.069 (0.515)	-0.053 (0.725)
家庭经济状况	—	—	0.071 (0.467)	0.158 (0.637)	0.869 (0.745)
住房状况	—	—	-0.246 (0.315)	-0.307 (0.406)	-0.400 (0.538)

续表

主要解释变量	模型1	模型2	模型3	模型4	模型5
饮食质量	—	—	0.453 (0.479)	0.502 (0.807)	0.596 (1.056)
工作劳动条件	—	—	−0.240 (0.498)	0.204 (0.791)	0.859 (1.109)
工作劳动收入	—	—	0.147 (0.444)	−0.830 (0.760)	−1.079 (0.802)
治安状况	—	—	—	1.790*** (0.601)	2.624*** (0.836)
教育条件	—	—	—	−0.355 (0.716)	−1.378 (1.099)
交通状况	—	—	—	−0.351 (0.404)	−0.226 (0.549)
文化娱乐	—	—	—	−1.092 (0.608)	−1.564 (0.936)
购物条件	—	—	—	0.964 (0.606)	1.483* (0.809)
医疗条件	—	—	—	0.474 (0.587)	0.957 (0.686)
银行信用	—	—	—	1.896*** (0.741)	2.868*** (0.928)
水电状况	—	—	—	−0.576 (0.554)	−1.407* (0.764)
家族成员关系	—	—	—	—	1.014 (0.781)
邻里关系	—	—	—	—	−2.749** (1.084)
与干部关系	—	—	—	—	0.373 (0.812)
常数项	−1.864 (1.765)	−5.288** (2.281)	−5.753** (2.521)	−6.740* (3.210)	−4.386 (4.398)

续表

主要解释变量	模型1	模型2	模型3	模型4	模型5
卡方值	10.311*	12.931*	15.578**	10.811	7.359
样本个数	108	108	108	108	108

注：*、**和***分别表示在10%、5%和1%的水平下显著，括号内为估计值的标准误差。

模型1中解释变量只包括移民准备因素。移民原因对绩效判断的影响较显著，迁移意愿越强烈对绩效的判断越高，迁移前的生活水平与绩效判断呈较显著的负相关。

模型2中解释变量增加了政府管理因素。移民原因、迁移意愿与迁移前生活水平对绩效判断影响仍然显著，而政府移民补贴与绩效判断表现出较强的正相关关系。

模型3中解释变量增加了生活改善因素。虽然生活改善因素对绩效判断的影响都不显著，但是对迁移意愿的影响也不再显著，表明移民家庭对绩效的判断开始由移民前的预期逐渐转移到依靠实际的生活改善状况。但是模型反映出移民家庭的生活改善状况与移民绩效不存在直接的相关关系，说明移民家族的生活改善将是一个长期努力的过程。

模型4中解释变量增加了基础设施因素。只有治安状况与银行信用与移民绩效呈显著的正相关关系。说明对于新的生态移民家庭，首先关心的是安全问题；其次是如何通过银行信用解决资金缺乏问题，从而恢复生产条件，而此时政府移民补贴的影响已经不再显著。

模型5中解释变量增加了社会关系因素。与模型4相比，其他因素的相关性变量不大，只是增加了邻里关系因素对移民绩效的正相关影响。这也与已有研究中发现邻里关系对移民绩效存在重要影响的结论是一致的。

为了检验以上回归结果的稳健性，本书还进行了一些尝试。首先，分别对2003年以前和2003年以后的子样本进行了回归分析，回归结果保持一致。其次，在总样本回归中还收入了区分两种子样本的虚拟变量与各解释变量的乘积。这些乘积变量并不显著，也不影响主要的回归结果。

三、基于模糊DEA方法综合绩效评价

移民综合绩效评价具有一定的模糊性，大量的指标难以用经典的数学语言来描述。本书尝试采用模糊评判与DEA相结合的方法来评价。

第六章 西部民族地区生态移民绩效评价

1. 指标体系及权重

按照有效性、可操作性和层次性的原则,建立指标体系(如表6-6所示)。

表6-6 移民绩效综合评价指标体系

一级指标	二级指标	三级指标
综合绩效	收入满意体系(A_1)	政府搬迁补贴 A
		家庭经济情况 B
		工作劳动收入 C
	生活质量满意度(A_2)	教育条件 D
		交通状况 E
		文化娱乐条件 F
		购物方便程度 G
		就医条件 H
	家庭邻里关系满意度(A_3)	家庭关系 I
		邻里关系 J

按照一致矩阵法确定各层次各因素之间的权重,即每两个因素两两相互比较,另外选用相对尺度,以尽量减少性质不同的各因素相互比较的难度,方便提高准确度。令:C_1 = 收入满意,C_2 = 生活质量,C_3 = 邻里关系,则两两比较结果如下(如表6-7所示)。

表6-7 二级指标体系间的两两比较

二级	C_1	C_2	C_3
C_1	1	2	2
C_2	1/2	1	3
C_3	1/3	1/2	1

可得成对比较矩阵:

$$K = \begin{bmatrix} 1 & 2 & 2 \\ 1/2 & 1 & 3 \\ 1/3 & 1/2 & 1 \end{bmatrix}$$

运用和积法,首先对以上判断矩阵的每一列元素作归一化处理,求向量 W_i,其次对向量 $W = (W_1, W_2, \cdots, W_i)$ 作归一化处理求出特征向量的近似解,得 $W =$

(0.483737,0.352979,0.163284)即为各二级指标的相对权重。其次计算判断矩阵最大特征根 $\lambda_{max} = \sum_{i=1}^{n} \frac{(bw)_J}{nw_i} = 3.08866$。最后对矩阵方程的一致性进行检验 $CI = \frac{\lambda_{max} - N}{N-1} = 0.04433$,$CR = CI/RI = 0.04433/0.58 = 0.076431$。由于 $CR < 0.10$,所以矩阵通过了一致性检验。

2. 测算结果

移民绩效评价因素集可设计为

$X = \{A_1, A_2, A_3\} = \{$收入满意,生活质量满意,家庭邻里关系满意$\}$

移民绩效评价因素集合设计为

$V = \{$非常满意,满意,一般,不满意,非常不满意$\}$

选取非常不满意、不满意、一般为系统的输入,满意、非常满意为系统的输出,可以得到一个线性规划模型,即:

$$\max 19P_1 + 7P_2$$

$$s.t. \begin{cases} 4q_1 + q_2 + 12q_3 - 7p_1 - 19p_2 \geq 0 \\ 3q_1 + q_2 + 7q_3 - 17p_1 - 15p_2 \geq 0 \\ q_1 + q_2 + 13q_3 - 13p_1 - 15p_2 \geq 0 \\ 4q_1 + 2q_2 + 10q_3 - 7p_1 - 20p_2 \geq 0 \\ 3q_1 + 3q_2 + 12q_3 - 6p_1 - 19p_2 \geq 0 \\ 4q_1 + q_2 + 12q_3 = 1 \end{cases}$$

$q_1 + 3q_2 + 23q_3 - 9p_1 - 7p_2 \geq 0$
$4q_1 + 3q_2 + 13q_3 - 11p_1 - 12p_2 \geq 0$
$4q_1 + 3q_2 + 20q_3 - 9p_1 - 7p_2 \geq 0$
$7q_1 + q_2 + 10q_3 - 15p_1 - 10p_2 \geq 0$
$2q_1 + q_2 + 9q_3 - 5p_1 - 26p_2 \geq 0$
$q_1, q_2, q_3, p_1, p_2 \geq 0$。

同理可得其他 10 个三级指标线性规划的最优目标函数值,分别为:

$\max_1 = 0.831$; $\max_2 = 1.000$; $\max_3 = 1.000$; $\max_4 = 0.926$; $\max_5 = 0.805$; $\max_6 = 0.692$; $\max_7 = 0.755$; $\max_8 = 0.623$; $\max_9 = 0.882$; $\max_{10} = 1.000$。

二级指标利用公式 $\psi_i = \lambda\alpha_i + (1-\lambda)\beta_i$,得分为:

收入满意度 $= (0.4837 + 0.831)/2 = 0.6574$

生活质量满意度 $= 0.353 + (0.926 \times 0.805 \times 0.692 \times 0.755)/2 = 0.5477$

邻里关系满意度 $= (0.1633 + 0.882)/2 = 0.5227$

三级指标的测评结果表明:影响疏勒河项目区少数民族移民绩效的三级因素中,"家庭经济情况"、"工作劳动收入"、"邻里关系"的绩效评价得分最高;"教育条件"、"家庭关系"、"政府搬迁补贴"、"交通状况"绩效评价得分次高;"购物方便程度"、"文化娱乐条件"绩效评价得分较低;"就医条件"绩效评价得分最差,说明要加强医疗设施的建设。

二级指标测评结果表明:各项影响疏勒河项目区少数民族移民绩效的二级因

素均高于0.5,总体上反映了移民绩效较好。其中"收入满意度"得分最高,"生活质量满意度"得分次之,"邻里关系满意度"得分较低,说明改善疏勒河项目区少数民族移民绩效的工作重心应逐步由提高收入和生活质量向改善邻里关系过渡。

第四节 结论及政策启示

在某种意义上,生态移民是在生态环境和人类社会的互动过程中产生的社会现象。生态移民既反映了生态环境对人类社会的影响,又反映了人类社会对生态环境问题的对策或对生态环境的能动性行为。可以说,生态环境问题为人类认识生态环境和人类社会的关系提供了机会和素材,而生态移民则集中体现了生态环境和人类社会之间的相互影响、相互作用的关系。在生态人类学和移民社会学的视野中,生态移民及其与当地经济和社会发展的绩效评价是研究主题。利用上文数据分析结果,可以得出一些提高少数民族生态移民绩效的政策启示。

第一,满足多样性的非自愿移民家庭需求。生态移民工程主要针对生活极度贫困的家庭,越是贫困家庭在移民中的受益可能越多。但并不排除一些状况稍好的非自愿移民家庭也加入移民队伍,而满足这些移民家庭的需求应该更能体现出在社会大环境下一般农村家庭的发展期望,这也将是移民绩效得以提高的动力。

第二,在移民初期,政府的大力宣传和帮扶是十分必要的。但是当移民逐步安定以后,工作的重心就应当转移到为移民的生活和生产创造条件上来。应当结合地区经济发展规划、产业发展政策、人力资源开发计划等,逐步使移民工作由扶贫开发的特殊轨道,纳入区域社会经济发展规划的正常轨道中来。

第三,应当重视为移民提供安全、心理和社交方面的保障。人是环境的产物,生态移民离开的不仅是原有的住房、土地,更是离开了多年来已然构建起来的社会关系。对于少数民族移民,更有民族、信仰、习俗等形成的羁绊。所以在保障移民生命财产安全的基础上,还要为移民提供良好的民族教育,保证民族宗教、习俗得以顺利传承。

第四,加强基础设施建设,多渠道提供资金支持。新的移民安置点基础设施普遍较差,有的出现不通电、不通水等问题;划分给部分移民的土地沙化、盐碱化严重,土地平整改造量大,且十分贫瘠,投入高、产出低,群众口粮不足。有的群众生产缺农具、耕畜,自我发展生产的能力比较弱,缺乏"造血"功能,仍需要一定程度的"输血"扶贫。要多渠道提供资金支持,综合利用中央财政、地方财政、金融市场、吸引投资、NGO帮扶等手段。同时,还应做好扶贫资金的监管,使每一分钱都能真正为扶贫做出贡献。

第七章 西部民族地区公共服务均等化估算与效率

公共服务均等化是"十二五"时期我国西部民族地区社会建设发展的重要目标。本章在已有相关研究成果的基础上，通过构建包括 7 个二级指标、22 个三级指标的公共服务均等化水平评价指标体系，综合利用变异系数、因子分析、聚类分析、数据包络等方法对西部民族地区的公共服务投入、产出、均等化水平及效率进行了测度和评价。

第一节 引言

改革开放以来，我国经济持续快速增长，经济发展方面取得的成就助推了我国社会建设的发展，尤其是市场化进程中政府职能的转变，极大地推动了公共服务事业的发展。但与此同时，公共服务领域市场机制的引入、公共服务资金的部分个人化以及各地方政府财政投入有别，也导致公共服务领域出现了地区之间、城乡之间、不同人群之间公共服务提供和享有的不均等问题。如今，在人们生活水平普遍提高，对公共服务要求相应提高的同时，人们对公共服务相关领域的不均等也产生了不满。这一现象，在西部民族地区尤为明显，已经成为影响西部民族地区全面小康社会建设与和谐社会建设的重要问题。

目前，社会各界对公共服务的关注程度空前提高，这一方面反映了经济发展取得巨大成就之后，人们的消费结构有了变化；另一方面也反映出在共同富裕的社会主义发展目标的指导下政府在公共服务中的价值取向的相应调整。关于公共服均等化,学界已经展开并正在进行着卓有成效的研究,业已取得诸多积极成果,如安体富(2008)构建出的公共服务均等化水平指标体系,马海涛等人(2011)构建出公共服务均等化目标模式指标体系等,涉及西部地区公共服务均等化问题的研究也不少(王韬,2009;刘斌等,2010;李振海等,2011)。这些已有成果对我国公共服务均等化具有十分重要的指导意义,但也存在一定的不足。从涉及西部民族地区公共服务均等化的研究来看,就明显存在以下几个方面的不足:首先,在研究对象上,学者们一般只是侧重于研究西部地区的公共服务均等化水平与中部地区、东部地区的差距,而对西部民族地区内部公共服务均等化问题的研究还不是很深入;其次,已有的研究虽然对西部民族地区公共服务均等化问题开展了探索性研究,但仅仅限于研究西部民族地区的某一个地区或某一个省份,对整个西部民族地区公共服务均等化水平问题的综合研究还比较缺乏;最后,在研究方法上,已有的研究中定性研究的比较多,定量研究的比较少,而综合利用多种定量分析方法进行研究的则更少。上述不足,也是本书得以进行下去的理由。

本书选取了内蒙古、广西、云南、贵州、西藏、甘肃、青海、宁夏和新疆9个省(区)作为样本进行研究。鉴于西部各省(区)民族地区的社会经济发展水平不一致,西部各省(区)在地理、文化、历史以及资源禀赋等方面差异较大,单纯用地方政府财政能力的高低或个别公共服务水平评价指标来估计其公共服务均等化状况很难真实反映不同民族地区的居民所享有的公共服务水平之间存在的差异,因此本书在考察西部民族地区公共服务的非均衡状况时,将综合考虑民族地区的社会经济发展水平差异来选择公共服务均等化评价指标,并对西部各省(区)民族地区之间的公共服务投入及产出间存在的差异状况进行研究,进而测算公共服务均等化的减贫效率。

第二节 公共服务均等化水平评价指标体系

在借鉴已有研究成果的基础上,结合西部民族地区统计数据资料收集的实际情况,构建出如下公共服务均等化评价指标体系(如表7-1所示)。

表7-1 西部民族地区公共服务均等化评价指标体系

一级指标	二级指标	三级指标
西部民族地区公共服务均等化水平评价指标体系	公共服务投入指标	
	基础教育	人均经费投入(元)
	医疗卫生	人均经费投入(元)
	一般公共服务	人均经费投入(元)
	环境保护	人均经费投入(元)
	社会保障	人均经费投入(元)
	公共文化	人均经费投入(元)
	公共安全	人均经费投入(元)
	公共服务产出指标	
	基础教育	小学师生比
		初中师生比
	医疗卫生	每万人拥有卫生技术人员数(人)
		每万人拥有医疗机构床位数(张)
	交通、通信	每万人拥有公共部门运营汽车数(辆)
		移动电话普及率(百人/部)
		固定电话普及率(百人/部)
	环境保护	工业废水排放达标率(%)
		工业固体废物综合利用率(%)
	社会保障	基本医疗保险参保率(%)
		失业保险参保率(%)
		养老保险参保率(%)
	公共文化	每万人拥有文化馆、图书馆等数量(个)
		广播节目综合人口覆盖率(%)
		电视节目综合人口覆盖率(%)

第三节 西部民族地区公共服务投入省际差异分析

公共服务投入的多与少,很大程度上决定于当地社会经济发展水平尤其是财政收入状况。公共服务投入的差异首先由社会经济发展水平的差异决定,因此,本书在对西部民族地区公共服务投入省际差异开展研究时,先考察各民族省份的社会经济发展水平差异,再测度民族地区的公共服务投入的省际差异。

一、西部民族地区社会经济发展水平的省际差异

由于各民族地区的社会经济条件、资源禀赋等方面存在较大的差异,本书选取了全国及西部10省区(1991~2010年)的GDP、人均GDP和财政支出三个指标来衡量西部民族地区各省区经济社会发展水平的差异(如表7-2所示)。本书采用均值和变异系数对西部民族地区各省区经济社会发展水平差异进行比较。①均值方面:从GDP总量比较,西部各民族地区的GDP均值均小于全国的GDP均值,GDP均值最大值和最小值比值为32.69,说明西部民族地区各省区社会经济发展差异很大;从人均GDP比较,人均GDP高于全国平均水平的省区仅为1个,贵州省民族地区人均GDP(最低)还不足5000元;从财政支出总量比较,西部各民族地区均低于全国平均水平,说明西部民族地区公共服务的财政支出总量不足,这与西部民族地区社会发展相对落后的现实相符。②变异系数方面:除云南、新疆的人均GDP变异系数小于全国以外,其他省区民族地区均大于全国水平,表明民族地区人均GDP的不平等状况突出。在财政支出上,除了云南比较均衡以外,其他省区民族地区财政非均衡状况非常明显,说明我国民族地区公共服务支出存在着严重的不稳定性和内部非均衡性。

表7-2 西部民族地区社会经济发展水平差异比较(1991~2010年)

指标	GDP(亿元)			人均GDP(元)			财政支出(万元)		
	均值	标准差	变异系数	均值	标准差	变异系数	均值	标准差	变异系数
全国	143284.32	110592.85	0.77	11071.55	8163.80	0.74	2004834500	206685850.7	1.03
内蒙古	3174.70	3359.08	1.06	13229.45	13742.75	1.04	5632032.50	6459288.98	1.15
广西	3208.60	2533.76	0.79	6878.15	5262.56	0.77	5254401.65	5488137.28	1.04
贵州	1567.73	1265.21	0.81	4195.35	3398.27	0.81	4192365.25	4595277.35	1.10
云南	2722.95	1930.79	0.71	6212.70	4141.68	0.67	6676662.30	6079889.02	0.91
西藏	179.61	146.34	0.81	6574.30	4925.10	0.75	1468487.25	1576334.84	1.07
甘肃	1470.98	1119.76	0.76	5735.05	4265.77	0.74	3730675.00	4132966.92	1.11
青海	431.30	367.10	0.85	8058.30	6449.45	0.80	1545285.25	1880089.06	1.22
宁夏	500.25	458.94	0.92	8498.15	7183.04	0.85	1329543.10	1506653.75	1.13
新疆	1927.76	1463.93	0.76	9722.20	6576.95	0.68	4295974.15	4670458.55	1.09

资料来源:根据《中国统计年鉴》(2008~2011年)计算得到。

二、西部民族地区公共服务投入的省际差异

西部民族地区公共服务投入的差异主要体现在两个方面,一是公共服务投入总量上的省际差异,二是各个公共服务项目投入总量上的省际差异(如表7-3所示)。从公共服务总投入的变异系数比较,除云南、内蒙古、宁夏三个省(区)略高于全国公共服务总投入均等化的平均标准外,其他省(区)均达不到全国的投入均等化标准,新疆、西藏、贵州等落后地区的投入非均衡状况特别明显。从公共服务各项目投入的均等化分析比较,西部民族地区公共服务项目投入非均衡状况为:首先为社会保障最不均衡,其次为基础教育和公共安全,再次为一般公共服务,复次为公共文化和医疗卫生,最后为环境保护。各公共服务项目投入最不均衡的省(区):一般公共服务项目投入最不均衡的为内蒙古,公共服务总支出、社会保障和基础教育项目投入最不均衡的为青海,公共安全项目投入最不均衡的为新疆,环境保护和医疗卫生项目投入最不均衡的为广西,公共文化项目投入最不均衡的为宁夏。

表7-3 西部民族地区公共服务投入的变异系数比较

指标	公共服务总支出	一般公共服务	基础教育	公共安全	环境保护	社会保障	公共文化	医疗卫生
全国	0.6574	0.1229	0.2333	0.2022	0.3706	0.2241	0.2560	0.3715
内蒙古	0.6388	0.1687	0.3062	0.2913	0.2352	0.2941	0.3044	0.4397
广西	0.7114	0.1351	0.2711	0.1767	0.5706	0.3216	0.1705	0.4830
贵州	0.7076	0.1460	0.2250	0.2478	0.2992	0.3067	0.2047	0.4077
云南	0.6360	0.1186	0.2871	0.2337	0.3921	0.2610	0.2353	0.3680
西藏	0.7106	0.1565	0.2589	0.3253	0.4147	0.2626	0.2699	0.3292
甘肃	0.6703	0.1344	0.2423	0.2699	0.2855	0.2894	0.2830	0.3777
青海	0.8329	0.1153	0.3553	0.3439	0.3172	0.6216	0.3278	0.2963
宁夏	0.5940	0.1289	0.2415	0.3202	0.3687	0.2505	0.4360	0.4519
新疆	0.7034	0.1240	0.3214	0.3804	0.3418	0.3121	0.1696	0.3544

资料来源:由《中国统计年鉴》和西部9个省(区)《统计年鉴》(2008~2011年)计算得到。

第四节 西部民族地区公共服务产出省际差异测度

由于西部民族地区各省(区)在自然环境、社会历史以及经济社会发展等方面存在很大差异,导致了西北民族地区各省(区)的人口分布状况不一致,利用均值、变异系数度量西部民族地区的公共服务产出均等化水平存在缺陷,因此本书采用因子分析方法对西部民族地区公共服务产出均等化水平进行综合测算。

一、公共服务产出水平

在对西部民族地区的经济社会发展水平差异和公共服务投入均等化状况进行研究的基础上,本书对西部民族地区公共服务产出水平进行计算,结果见表7-4。

表7-4 西部民族地区公共服务产出水平

一级指标	西部民族地区公共服务产出指标体系														
二级指标	基础教育		医疗卫生		交通、通信			环境保护		社会保障			公共文化		
三级指标	X_1	X_2	X_3	X_4	X_5	X_6	X_7	X_8	X_9	X_{10}	X_{11}	X_{12}	X_{13}	X_{14}	X_{15}
全国	17.70	14.98	43.70	32.70	138.94	63.36	19.45	95.32	67.14	13.26	9.97	19.17	0.15	96.78	97.62
民族地区	17.85	15.74	37.67	35.41	167.57	58.50	24.83	76.01	51.46	29.58	6.37	10.77	0.40	93.23	95.00
西藏	15.84	14.92	34.40	30.20	215.37	52.50	16.51	29.48	37.05	12.87	3.43	3.20	1.08	90.28	91.41
内蒙古	12.59	8.52	22.00	40.38	176.32	93.44	15.46	90.20	56.30	35.83	9.34	17.44	0.51	96.60	95.38
新疆	14.45	12.48	56.32	53.28	229.68	63.00	25.40	57.33	47.54	26.19	8.26	11.90	0.15	94.90	95.28
广西	19.50	19.90	36.00	27.85	73.70	42.88	14.42	97.06	66.65	8.02	4.62	9.86	0.09	95.00	97.00
宁夏	20.00	16.00	46.99	37.38	430.27	82.90	17.10	78.70	57.49	88.32	10.27	19.12	0.44	92.92	95.95
青海	19.50	14.96	42.41	35.59	196.91	81.96	18.64	60.00	42.55	76.37	6.61	14.47	0.83	95.00	95.02
甘肃	17.00	17.00	38.04	37.06	84.38	30.83	15.63	83.32	47.61	5.08	6.42	6.68	0.12	93.47	93.72
云南	18.30	17.30	30.80	24.50	109.94	27.66	40.81	91.80	51.00	9.01	4.55	6.89	0.10	95.40	96.4
贵州	21.90	19.52	29.47	30.26	82.01	56.46	68.90	77.30	50.90	8.43	4.38	7.39	0.06	87.50	92.5

注:表中数据为2007~2010年的均值。数据由《中国统计年鉴》(2008~2011年)、西部9省(区)《统计年鉴》(2008~2011年)、全国及西部9省(区)《国民经济和社会发展统计公报》(2007~2010年)统计整理而得。表中 $X_1 \sim X_{15}$ 分别代表:小学师生比、初中师生比、每万人拥有卫生技术人员数(人)、每万人拥有医疗机构床位数(张)、每万人拥有公共部门运营汽车数(辆)、移动电话普及率(百人/部)、固定电话普及率(百人/部)、工业废水排放达标率(%)、工业固体废物综合利用率(%)、基本医疗保险参保率(%)、失业保险参保率(%)、养老保险参保率(%)、每万人拥有文化馆和图书馆等数量(个)、广播节目综合人口覆盖率(%)、电视节目综合人口覆盖率(%)。

二、测算结果

利用因子分析方法,对西部民族地区公共服务产出(2007~2010年)的截面数据进行因子分析。因子分析碎石图表明提取4个公共因子对原变量的信息描述具有显著作用,因子贡献率为84.572%(如表7-5所示)。

经过正交旋转后,各因子的情况为:第1因子主要体现了"基本医疗保险参保率"、"失业保险参保率"和"养老保险参保率"三项指标,可以命名为"社会保障类因子";第2因子主要体现了"工业废水排放达标率"和"工业固体废物综合利用率"两项指标,可以命名为"环境保护类因子";第3因子主要体现了"小学师生比"和"初中师生比"两项指标,可以命名为"基础教育类因子";第4因子主要体现了"每万人拥有卫生技术人员数"和"每万人拥有卫生机构床位数"两项指标,可以命名为"医疗卫生类因子"。

表7-5 因子方差贡献率

序号	初始特征值			提取因子载荷			旋转因子载荷		
	总计	方差贡献率%	累计方差贡献率%	总计	方差贡献率%	累计方差贡献率%	总计	方差贡献率%	累计方差贡献率%
1	5.221	34.807	34.807	5.221	34.807	34.807	4.089	27.258	27.258
2	3.987	26.583	61.390	3.987	26.583	61.390	3.766	25.109	52.368
3	2.113	14.089	75.479	2.113	14.089	75.479	3.089	20.595	72.962
4	1.364	9.093	84.572	1.364	9.093	84.572	1.741	11.609	84.572

西部民族地区各省(区)的因子得分情况如表7-6所示。其中:内蒙古在"环境保护类"和"社会保障类"两项因子的得分较高;新疆在"社会保障类"和"医疗卫生类"两项因子的得分较高;宁夏、青海在"社会保障类"和"基础教育类"两项因子的得分较高;甘肃在"医疗卫生类"一项因子的得分较高;云南在"环境保护类"和"医疗卫生类"两项因子的得分较高;贵州在"基础教育类"和"医疗卫生类"两项因子的得分较高;广西在"环境保护类"和"基础教育类"两项因子的得分较高;西藏各项因子的得分都较低。

表7-6 西部民族地区各省(区)因子得分情况

项目地区	社会保障类因子得分	环境保护类因子得分	基础教育类因子得分	医疗卫生类因子得分	均等化综合因子得分	综合因子得分排名	综合因子得分分类
西藏	-0.3059	-0.4384	-0.0957	-0.0974	0.0316	5	第二类
新疆	0.2935	-0.1700	-0.1824	0.1025	-0.7675	7	第二类
青海	0.3350	-0.3004	0.1254	-0.0580	0.6063	4	第一类
内蒙古	0.1712	0.1309	-0.2272	-0.0808	0.7230	1	第一类
宁夏	0.5938	-0.0287	0.1584	0.0049	0.6712	2	第一类
甘肃	-0.3623	-0.0442	-0.0713	0.0114	-0.5181	6	第二类
云南	-0.3791	0.0977	-0.0262	0.1179	-1.2843	8	第三类
贵州	-0.2393	-0.2142	0.1847	0.1050	-1.5146	9	第三类
广西	-0.3591	0.3300	0.1368	-0.0522	0.6235	3	第一类

利用层级聚类分析模型对西部民族地区各省(区)的均等化综合因子得分情况进行分类,聚类分析结果为(见表7-6):内蒙古、宁夏、广西、青海的均等化综合因子得分最高,属于第一类型地区;西藏、甘肃、新疆的均等化综合因子得分次之,属于第二类型地区;云南、贵州的均等化综合因子得分最低,属于第三类型地区。西部九省(区)的公共服务均等化综合因子得分排名既与公共服务人均投入的排名比较接近,又与人均GDP(1991~2010年均值)的排名较为接近,这不仅反映了公共服务均等化水平与投入直接相关,还反映出公共服务均等化水平与社会经济发展水平直接相关。

第五节 西部民族地区公共服务均等化效率的DEA评价

在分别对西部民族地区公共服务投入、产出的均等化状况进行研究的基础上,本书利用数据包络分析(DEA)方法,实证考察西部民族地区的公共服务均等化效率状况。已有的研究成果表明,"基于相对指标的效率分析,既不涉及提高服务的成本因素,也不涉及公共服务的质量因素,因而能够相对准确、客观地评价公共服务效率。"因此,本书采用相对指标基础上的效率分析对西部民族地区的公共服务效率进行评价,即本书所要评价的西部民族地区公共服务效率为:单位投入所产出的公共服务效果。

一、DEA 方法及数据说明

DEA 方法,即数据包络分析方法,是一种用于凸性有效前沿面估计的非参数线性数学规划方法,最早由 Farrell(1957)提出,后经 Charnes(1978)和 Cooper(1984)等人研究,逐步得到发展和完善。DEA 方法本身可以分为投入导向模型和产出导向模型两种效率评价方法,依据是否可引入规模报酬的假定又可分为不变规模报酬(CRS)方法和可变规模报酬(VRS)方法。公共服务均等化一直受到投入的制约,而当前中国的公共服务提供规模相对不足,因此本书采用 VRS 方法对西部民族地区公共服务均等化效率进行测算。

选取内蒙古、广西、云南、贵州、西藏、甘肃、青海、宁夏和新疆 9 个民族地区和全国作为本书公共服务均等化效率分析的样本。基于以上各省(区)的数据资料收集的具体实际,本书只对公共服务均等化的公共文化、环境保护、基础教育、社会保障和医疗卫生 5 个方面的均等化效率进行测算。投入量为公共服务项目人均经费投入,产出量为各公共服务项目的产出指标(如表 7-1 所示)。用于 DEA 分析的数据来源于《中国统计年鉴》(2008~2011 年)、西部 9 省(区)《统计年鉴》(2008~2011 年)、全国及西部 9 省(区)《国民经济和社会发展统计公报》(2007~2010 年)。

二、测算结果

利用 DEAP 2.1 软件分别对 2010 年西部民族地区及全国的公共文化、环境保护、基础教育、社会保障、医疗卫生的投入产出数据进行计算后,得到全国的公共文化、环境保护两项公共服务均等化综合效率的评价结果(如表 7-7、表 7-8 所示)。

表7-7 公共文化和环境保护的投入产出效益的 DEA 评价[各省(区)]

指标	公共文化				环境保护			
	技术效率	纯技术效率	规模效率	规模报酬	技术效率	纯技术效率	规模效率	规模报酬
全国	0.812	1.000	0.812	drs	0.617	1.000	0.617	drs
西藏	0.725	1.000	0.725	drs	0.158	0.284	0.556	irs
新疆	0.478	0.489	0.978	drs	0.335	0.470	0.713	irs
青海	1.000	1.000	1.000	—	0.105	0.164	0.638	irs
内蒙古	0.844	1.000	0.884	drs	0.200	0.215	0.929	irs
宁夏	0.777	0.787	0.998	drs	0.197	0.229	0.863	irs
甘肃	0.675	0.681	0.991	irs	0.329	0.383	0.858	irs
云南	0.872	0.964	0.905	drs	0.509	0.538	0.946	irs
贵州	0.893	0.937	0.954	irs	0.473	0.593	0.796	irs
广西	1.000	1.000	1.000	—	1.000	1.000	1.000	—
平均效率	0.808	0.886	0.920		0.392	0.448	0.792	
最小值	0.478	0.489	0.725		0.105	0.164	0.556	
最大值	1.000	1.000	1.000		1.000	1.000	1.000	
变异系数	0.194	0.200	0.102	—	0.691	0.681	0.194	

注:drs 为规模报酬递减,irs 为规模报酬递增,—为规模报酬不变。

表7-8 基础教育、社会保障和医疗卫生的投入产出效益的 DEA 评价[各省(区)]

指标	基础教育				社会保障				医疗卫生			
	技术效率	纯技术效率	规模效率	规模报酬	技术效率	纯技术效率	规模效率	规模报酬	技术效率	纯技术效率	规模效率	规模报酬
全国	0.705	0.777	0.908	irs	1.000	1.000	1.000	—	0.973	1.000	0.973	drs
西藏	0.258	0.317	0.812	irs	0.200	0.365	0.549	irs	0.273	0.290	0.940	irs
新疆	0.386	0.521	0.741	irs	0.708	0.749	0.946	irs	1.000	1.000	1.000	—
青海	0.529	0.529	1.000	—	0.279	0.302	0.926	irs	0.471	0.472	0.998	drs

续表

指标	基础教育				社会保障				医疗卫生			
	技术效率	纯技术效率	规模效率	规模报酬	技术效率	纯技术效率	规模效率	规模报酬	技术效率	纯技术效率	规模效率	规模报酬
内蒙古	0.369	0.572	0.646	irs	0.544	0.556	0.980	irs	0.768	0.805	0.954	irs
宁夏	0.564	0.580	0.971	drs	1.000	1.000	1.000	—	0.778	0.803	0.968	drs
甘肃	0.644	0.739	0.872	irs	0.511	0.589	0.868	irs	0.829	0.883	0.939	irs
云南	0.829	0.883	0.938	irs	0.441	0.592	0.744	irs	0.613	0.710	0.864	irs
贵州	0.885	1.000	0.885	drs	0.686	0.953	0.720	irs	0.765	0.851	0.898	irs
广西	1.000	1.000	1.000	—	0.845	1.000	0.854	irs	1.000	1.000	1.000	—
平均效率	0.617	0.692	0.877	—	0.621	0.711	0.858	—	0.747	0.781	0.953	—
最小值	0.258	0.317	0.646	—	0.200	0.302	0.549	—	0.273	0.290	0.864	—
最大值	1.000	1.000	1.000	—	1.000	1.000	1.000	—	1.000	1.000	1.000	—
变异系数	0.392	0.326	0.132	—	0.447	0.378	0.172	—	0.318	0.302	0.047	—

注：drs 为规模报酬递减，irs 为规模报酬递增，— 为规模报酬不变。

1. 公共文化的均等化效率

从技术效率看，达到 DEA 有效的是全国和广西，而其他民族地区均未达到 DEA 有效。这表明西部民族地区只有广西较好地实现了公共文化投入与产出之间的效率绩效。技术效率最低的为新疆，较低的为西藏和甘肃，技术效率低于平均值的民族地区有 4 个。此外，西部民族地区公共文化服务提供技术效率值的变异系数为 0.194，表明各民族地区在公共文化提供技术效率方面存在差异。

从纯技术效率分析，达到 DEA 有效的为全国、西藏、青海、内蒙古和广西，而其他民族地区均未达到 DEA 有效。纯技术效率最低的民族省（区）为新疆，其次是甘肃。各民族省（区）的纯技术效率值的极差为 0.511，变异系数为 0.2，说明各民族地区间存在公共文化投入产出上的差异。

从规模效率看，达到 DEA 有效的为青海、广西两个省（区），其他民族地区和全国为规模无效，规模效率最低的为西藏。全国及西部民族地区间的规模效率无显著差异，差异系数仅为 0.102。

从规模报酬情况看，达到 DEA 有效的仅为青海、广西，全国及其他民族地区为规模无效。从规模报酬所处阶段分析,贵州、甘肃两省(区)需要扩大公共文化投入规模。

2. 环境保护的均等化效率

从技术效率看,达到 DEA 有效的为广西,而全国和其他民族地区均未达到 DEA 有效。这表明西部民族地区只有广西较好地实现了环境保护投入与产出之间的效率绩效。技术效率最低的为青海,较低的为宁夏和西藏。此外,西部民族地区环境保护服务提供技术效率值的变异系数为 0.691,表明各民族地区环境保护技术效率之间存在显著差异。

从纯技术效率分析,达到 DEA 有效的为全国和广西,而其他民族地区均未达到 DEA 有效。纯技术效率最低的民族省(区)为青海,民族地区纯技术效率低于平均值的省(区)为 5 个。各民族省(区)的纯技术效率值的极差为 0.836,变异系数为 0.681,说明各民族地区间存在环境保护投入产出上的显著差异。

从规模效率看,达到 DEA 有效的为广西,其他民族地区和全国为规模无效,规模效率最低的为西藏。全国及西部民族地区间的规模效率无显著差异,差异系数仅为 0.194。

从规模报酬情况看,达到 DEA 有效的仅为广西,全国及其他民族地区为规模无效。从规模报酬所处阶段分析,除广西外,其他民族地区需要扩大环境保护的投入规模。

3. 基础教育的均等化效率

从技术效率看,达到 DEA 有效的为广西,而全国和其他民族地区均未达到 DEA 有效。这表明西部民族地区只有广西较好地实现了基础教育投入与产出之间的效率绩效。技术效率最低的为西藏,较低的为内蒙古和新疆,技术效率低于平均值的民族地区有 5 个。此外,西部民族地区基础教育服务提供技术效率值的变异系数为 0.392,表明各民族地区基础教育提供技术效率方面存在差异。

从纯技术效率分析,达到 DEA 有效的为贵州和广西,而全国和其他民族地区均未达到 DEA 有效,纯技术效率最低的民族省(区)为西藏。各民族省(区)的纯技术效率值的极差为 0.683,变异系数为 0.326,说明各民族地区间存在基础教育投入产出上的差异。

从规模效率看,达到 DEA 有效的为青海、广西两个省(区),其他民族地区和全国为规模无效,规模效率最低的为内蒙古。全国及西部民族地区间的规模效率无显著差异,差异系数仅为 0.132。

从规模报酬情况看,达到 DEA 有效的仅为广西和青海,全国及其他民族地区为规模无效。从规模报酬所处阶段分析,除青海和广西外,其他民族地区需要大力扩大基础教育投入规模。

4. 社会保障的均等化效率

从技术效率看,达到 DEA 有效的为全国和宁夏,而其他民族地区均未达到 DEA 有效。这表明西部民族地区只有宁夏较好地实现了社会保障投入与产出之间的效率绩效。技术效率最低的为西藏,较低的为青海和云南,技术效率低于平均值的民族地区有 5 个。此外,西部民族地区社会保障服务提供技术效率值的变异系数为 0.447,表明各民族地区社会保障提供技术效率之间存在差异。

从纯技术效率分析,达到 DEA 有效的为全国、宁夏和广西,而其他民族地区未达到 DEA 有效。纯技术效率最低的民族省(区)为青海,其次是西藏。各民族省(区)的纯技术效率值的极差为 0.698,变异系数为 0.378,说明各民族地区间在社会保障投入产出上存在差异。

从规模效率看,达到 DEA 有效的为全国和宁夏,其他民族地区为规模无效。规模效率最低的为西藏。全国及西部民族地区间的规模效率无显著差异,差异系数仅为 0.172。

从规模报酬情况看,达到 DEA 有效的仅为全国和宁夏,其他民族地区为规模无效。从规模报酬所处阶段分析,除宁夏外的其他民族地区需要扩大社会保障投入规模。

5. 医疗卫生的均等化效率

从技术效率看,达到 DEA 有效的为新疆和广西,而全国和其他民族地区均未达到 DEA 有效。表明西部民族地区只有广西和新疆较好地实现了医疗卫生投入与产出之间的效率绩效。技术效率最低的为西藏,较低的为青海,技术效率低于平均值的民族地区有 3 个。此外,西部民族地区医疗卫生服务提供技术效率值的变异系数为 0.318,表明各民族地区医疗卫生提供技术效率之间存在差异。

从纯技术效率分析,达到 DEA 有效的为全国、新疆和广西,而其他民族地区未达到 DEA 有效。纯技术效率最低的民族省(区)为西藏,其次是青海。各民族省(区)的纯技术效率值的极差为 0.71,变异系数为 0.302,说明各民族地区间在医疗卫生投入产出上存在差异。

从规模效率看,达到 DEA 有效的为新疆、广西两个省(区),其他民族地区和全国为规模无效,规模效率最低的为云南。全国及西部民族地区间的规模效率无显著差异,差异系数仅为 0.047。

从规模报酬情况看,达到 DEA 有效的仅为新疆和广西,而全国及其他民族地区为规模无效。从规模报酬所处阶段分析,贵州、云南、甘肃、内蒙古和西藏几个省(区)需要扩大医疗卫生投入规模。

整体而言,除了广西的公共服务均等化达到效率绩效外,其他民族地区的公共服务均等化效率均比较低,其中公共服务均等化效率比较低的省(区)为经济社会发展比较落后的西藏、青海。

第六节　研究结论与对策

一、研究结论

本书通过对西部民族地区的经济社会发展水平、公共服务投入状况、公共服务产出水平和公共服务均等化的效率进行实证研究,得出如下结论:

第一,公共服务投入方面,西部民族地区的投入水平普遍低于全国平均水平,而且民族地区各省(区)间存在显著差异。此外,民族地区各省(区)内部的公共服务投入在具体公共服务项目投入上存在结构性差异。

第二,公共服务产出方面,西部民族地区公共服务均等化水平低于全国平均水平,且各民族地区的均等化水平差异比较大、各公共服务项目产出水平也存在显著性差异。此外,从各公共服务项目指标方面来看,西部民族地区除了基础教育达到全国平均标准外,其他公共服务项目产出水平均低于全国平均标准。

第三,公共服务均等化效率方面,西部民族地区只有广西达到公共服务均等化的效率绩效,其他民族地区均未达到公共服务均等化的效率绩效,民族地区间公共服务均等化的效率之间存在显著性差异,而且各公共服务项目间的均等化效率也存在显著性差异。特别像西藏、青海等经济社会发展水平很低的民族地区人均公共服务经费投入虽然高,但公共服务产出水平却很低,公共服务均等化的效率非常低。

二、均等化的对策

为了提高西部民族地区公共服务均等化水平,提升民族地区公共服务投入产出效率,逐步缩小西部民族地区与中部地区、东部地区的经济社会发展差距以及地域之间、城乡之间的贫富差距,促进西部民族地区的健康可持续发展,本书针对西部民族地区公共服务均等化存在的问题提出以下几点政策建议:

第一,深度挖掘优势资源,加快经济社会发展,稳步增加公共服务投入,着力优化公共服务投入结构和规模。目前,受经济社会发展水平的制约,西部民族地区存在公共服务投入规模不足、投入结构不合理等问题。西部民族地区拥有丰富的矿产、动植物等资源,因此西部民族地区各级政府要充分挖掘自身的资源优势,大力发展经济,为扩大公共服务投入创造有利条件,并在财政支出方面分阶段、有步骤地加大公共服务方面的支出。同时,西部民族地区各级政府要树立公共服务投入的全局观念,努力促进各公共服务项目投入的均衡发展。

第二,构建公共服务城乡均衡保障机制,优化公共服务资源配置,着力提高公共服务均等化水平。本书分析显示,西部民族地区的公共服务均等化水平比较低,这在很大程度上是由西部民族地区公共服务资源配置不均衡造成的。由于城乡二元体制的因素,我国的公共服务资源大多配置到城市地区,广大农村能配置到的公共服务资源极其稀少。西部民族地区由于经济社会发展水平落后、城市化水平低等原因导致公共资源配置过度倾斜于城市,而农村的公共服务资源总量较少,造成城市化水平较低的民族地区人均公共服务经费投入虽高,但人均公共服务产出却极低。因此,政府要着力破除公共服务均等化的体制机制障碍,在公共服务资源配置上改变"重城市、轻农村"的配置方式,按照人口分布状况合理配置公共服务资源。同时,地方政府要加大对农村和特殊人群的公共服务力度,解决地区之间、省(区)际之间公共服务资源配置的问题。

第三,统筹民族地区区域公共服务协调发展,着力优化公共服务内部结构,大力提升公共服务均等化效率。本书分析显示,西北民族地区公共服务均等化存在严重的省(区)际差异,公共服务各方面的均等化也存在严重的差异。西藏、青海、甘肃、贵州、云南等民族地区由于经济社会发展水平落后,财政税收收入总量较少,公共服务需求量大而供给不足,致其公共服务均等化水平和均等化效率低下。中央政府及民族地区各级政府要统筹民族地区区域公共服务的协调发展,着力优化公共服务内部结构,大力提升公共服务均等化效率。首先,中央政府要继续加大西部民族地区公共服务项目的转移支付力度,缩小西部民族地区公共服务投入水平与全国平均水平的差距。其次,我国应探索建立公共服务的省(区)际帮扶机制,从制度和政策上鼓励和支持发达地区省(区)、民族地区较好省(区)对公共服务均等化水平极低的民族地区进行资金帮扶、人才支出、经验输出,提高民族地区整体公共服务均等化水平,缩小公共服务均等化差距。最后,西部民族地区各省(区)要改变过去公共服务均等化只重视基础教育、医疗卫生和社会保障方面,不重视公共安全和环境保护等方面的做法,着力优化公共服务均等化内部结构,同时借鉴发达地区或公共服务均等化水平比较高的省(区)的先进经验或做法,不断提高自身公共服务均等化的效率。

第四,坚持公共服务市场化方向,完善市场化方式,从追求效率到追求公平。改革开放以来,随着社会主义市场经济的建立和完善,我国政府对公共服务事业进行探索性改革,允许民间资本进入一些可以由市场提供的公共服务领域,如教育领域、卫生领域。公共服务供给方式的多元化,一方面使公共服务事业取得了发展,另一方面却因非公有制企业过度追求经济利益而使得公共服务的供给存在追求高效率而不顾公平的问题。因此,政府要在坚持公共服务市场化方向的同时,坚持公共服务资源取得的社会化、供给的市场化,正确引导民间资本进入公共服务领域,同时加强对非公有制企业的监督管理,促进公共服务市场化由追求效率向效率与公平兼顾的转变。

第八章 西部民族地区农业女性化减贫效应分析

农业女性化是符合农村家庭现实条件下的最优决策。合理的创业导向有助于从根本上解决西部民族地区留守妇女的地位和福利问题。本章用非线性规划方法构造了家庭收益决策的概念模型,阐述了农业女性化现象的内生绝对优势与外生比较优势的形成机理,并就外生比较优势的改变——创业导向问题,以甘肃省贫困地区为例进行了实证研究。

第一节 问题的提出

农业女性化是农村留守妇女问题派生出的一个概念。由于城乡分割的二元制度因素的影响,自20世纪80年代以来,农村劳动力开始大规模地向城市流动。但是,由于城市生存空间的限制、人口的压力、户籍制度的制约,农民举家迁入城市不现实,制度的差距转换成空间的距离。随着中国各省、自治区、直辖市普遍以第二、第三产业作为发展重点,农业(种植业)的产业比重逐步下降,农村剩余劳动力逐渐向非农转移,出现了男性劳动力转移到工业、建筑业等第二产业,农村留守妇女主要从事农业生产活动,即所谓的"农业女性化"现象。农业女性化作为独立的研究视角,关注焦点主要在于农村妇女地位以及对妇女福利的影响方面。大部分的观点认为农业女性化对妇女地位的提高和生存状况的改善明显不利。例如,陈凤兰等(2008)认为农业女性化是社会排斥的结果,农业女性化容易导致农村务农女性的自我排斥、经济排斥和社会地位排斥的产生以及性别排斥的进一步加剧,从而形成社会排斥系统的恶性再循环。罗忆源等（2004）、周福林（2006）、邱红等（2009）的研究均认为"男工女耕"的分工模式并没有从根本上改善农村妇女的家庭地位，而只是再现了性别不平等关系。由于男性掌握着农业生产的技术、知识、信息、社会关系等关键因素，因此女性在农业生产中的作用更多地体现在她们对农田的管理上，而决定农业生产大事的主体仍然是男性。在家庭中，留守妇女分享不到实际的权利，起到的作用只是辅助性的，她们的地位并没有得到根本改变，丈夫仍然是"管理者"、"指挥者"，而留守妻子只是"生产者"、"配合者"。

对于家庭组织及其分工决策对农民收入的影响，受到国内一些研究者的关注。钱忠好（2008）发现，家庭成员之间的劳动配置决策是相互依存和相互影响的，家庭在进行决策时，往往是利用家庭成员的比较优势，在农业生产和非农产业之间合理配置劳动力资源，实现家庭收入的最大化。此外，李楠（2009）在贝克尔的理论框架下，建立了一个农村留守妇女的家庭决策模型，研究了农村留守妇女家庭劳动时间配置与家庭福利之间的关系。研究显示，家庭综合收入最大化是家庭福利最大化的关键，在当前约束条件下，女方选择留守，丈夫外出打工是家庭福利最大化的无奈选择。何军等人（2010）的实证研究也表明，农业女性化现象具有一定的刚性，男性劳动力"回流"以及男性劳动力外出打工时间的长短，并不能显著影响女性从事劳动生产的比重和女性在农业生产诸方面的决策逐渐占据主导地位。郭剑雄等人（2010）对农户家庭的适应性行为进行的研究表明，人口生产偏好的逆转提高了家庭成员的专业化技能，农户人均收入水平主要决定于其家庭劳动力资源在工资率不同的就业机会中的选择性配置，家庭劳动分工的发展成为农户跳出长期以来由于低技能和低分工被动维系的"马尔萨斯陷阱"的重要契机。

与上述研究不同，本书重点考察了贫困地区农业女性化、留守妇女的创业导向和家庭收益的关系。张平等人（2009）的研究发现，在一定区域内部促进宏观经济增长的产业政策对贫困地区人口收入增加的作用有限①，存在经济增长与减贫的非均衡性。本书希望证实的一个理论假说是：即使贫困地区的劳动人口能够逐步转移到第二、第三产业，即从事与区域发展战略相适应的工作，对于解决上述非均衡性问题所起的作用仍然有限，因为从事第一产业更具有比较优势；而更有效的一项解决思路是，进行合理的家庭劳动分工（如提倡农业女性化），并提供更有针对

---

① 如甘肃省"十一五"期间提出的"工业强省"战略，但是张平等人（2009）的实证研究表明这一战略对于减少甘肃民族地区贫困人口的作用极为有限。

性的创业导向措施。为了证实上述假说,本书应用了新兴古典经济学提倡的分工思想,利用非线性规划方法构造以家庭收益决策为核心的概念模型,阐述农业女性化现象的经济内生绝对优势与外生比较优势的形成机理;并就外生比较优势的改变——创业导向问题,以甘肃省贫困地区为例进行了实证研究。

第二节 家庭决策的模型分析

本书主要以分工理论作为研究的主要理论依据。分工作为"一种特殊的、有专业划分的、进一步发展的协作形式","劳动生产力上最大的增进,以及运用劳动时所表现的更大的熟练、技巧和判断力,似乎都是分工的结果"。在经济学的研究领域中,分工的功效是少有的或没有争议的问题之一。早期的相关研究主要关注于分工的自然起源与效率,斯密(1776)认为,分工起因于交换能力,是经济增长的源泉,分工的程度总要受交换能力大小(即市场广狭)的限制。杨格(1928)发展了斯密定理,认为市场范围和分工演进互相促进,导致报酬递增,从而推动了经济进步。此外,杨格对市场规模的定义不仅限于斯密提出的人口和运输条件的范畴,而且扩大到商品、交易的种类以及价格水平,阐明了内生的分工演进机制和分工的网络效应。虽然马歇尔之后的古典经济学家将分工视为一个外在的公共场所,但其研究重心仍然在于分工对经济增长和福利的含义,并将其作为全面考察经济增长和繁荣的基础。

新兴古典经济学主要进一步阐述了分工理论,杨小凯等人(1991、1998、2003)认为,分工产生于分工收益和分工交易费用两难冲突最优折中的结果。分工的起源取决于两点:财富的积累和交易费用。当财富积累到一定程度,可以弥补交易费用带来的风险时,在交易收益的驱动下,人们会选择专业化。贝克尔等人(2000)把分工作为内生变量用于解释经济增长,认为在一般情形下,劳动分工主要取决于工人的协调成本和社会知识水平,"知识与专业化分工之间不是单向决定的,而是相互促进的,正是二者之间存在的正反馈机制导致了经济的内生增长"。

家庭分工理论始于贝克尔。贝克尔(1998)认为,家庭之所以亘古既有、绵延长存,其原因在于家庭生产是以明确细致的分工协作为基础的;家庭成员之间的分工仅部分地取决于生理上的差异,主要是基于经验和人力资本的不同;分工的程度决定着产出效率的高低。艾利思(2006)也注意到,家庭内女性和男性之间的劳动分工是社会地而非生物学地决定的,认为此类分工将不断演化。总体上,没有任何一个经济学分支不会因为对分工的深入分析而得益。

一、内生绝对优势模型

利用杨小凯(1998)提出的分工优势的模型原理,构造一个农村夫妻双方外出或留守,问题的家庭收益决策模型,用于处理夫妻双方的外出或留守的选择。模型的假设如下:

第一,只存在两个决策者,即丈夫和妻子;

第二,只存在两种选择,即外出或留守;

第三,夫妻双方外出或留守,具有相同的劳动产出率;

第四,外出和留守的选择之间存在连续的可替代性;

第五,不存在规模收益;

第六,不存在技术进步。

设下标 1、下标 2 分别表示丈夫和妻子;x^P、y^P 分别表示外出和留守时的产出;l 表示劳动的投入量;$a > 1$ 代表专业化经济程度参数,用来衡量劳动的边际产出。建立一组夫妻双方的生产函数:

$$x_1^P = l_{1x}^a \qquad y_1^P = l_{1y}^a, \qquad l_{1x} + l_{1y} = 1 \qquad (8-1)$$

$$x_2^P = l_{2x}^a \qquad y_2^P = l_{2y}^a \qquad l_{2x} + l_{2y} = 1 \qquad (8-2)$$

式(8-1)、式(8-2)表明,夫妻双方外出或留守的劳动边际产出相等,且外出和留守的劳动付出总和为 1。于是,夫妻双方有相同的外出和留守选择的转换函数:

$$(x_i^P)^{\frac{1}{a}} + (y_i^P)^{\frac{1}{a}} = 1 \qquad (8-3)$$

式(8-3)的转换函数表示了夫妻双方外出和留守选择的机会成本,即在劳动总量一定的约束条件下,外出与留守难以两全其美。将式(8-3)的 y_i^P 用 x_i^P 来表示:

$$y_i^P = [1 - (x_i^P)^{\frac{1}{a}}]^a, \quad x_i^P, y_i^P \in (0,1) \qquad (8-4)$$

求 y_i^P 对 x_i^P 的一阶导数:

$$\frac{dy_i^P}{dx_i^P} = -[(x^P)^{-\frac{1}{a}} - 1]^{a-1} < 0 \qquad (8-5)$$

式(8-5)表示了夫妻双方在外出与留守选择中的边际转换率。

求 y_i^P 对 x_i^P 的二阶导数:

$$d(\frac{dy_i^P}{dx_i^P}) = \frac{a-1}{a}[(x^P)^{-\frac{1}{a}} - 1]^{a-1}(x^P)^{-\frac{1}{a}-1} > 0 \qquad (8-6)$$

式(8-6)大于 0,表示了夫妻双方在外出与留守选择中的边际转换率是递增的,即随着外出或留守的选择增加,将有需要减少更多的留守或外出来替代。夫妻双方外出与留守的边际转换曲线如图 8-1 所示。

图 8-1 中,曲线 aa′为丈夫或妻子单个人对于外出打工与留守务农选择时的转换曲线;曲线 bb′为不进行严格分工,即夫妻双方不完全外出或留守时加总的转换曲线;曲线 bcb′(不包括两个端点)为家庭存在分工时的转换曲线,曲线 bc(不包括 b 点)和曲线 cb′(不包括 b′点)都表示有一人处于完全的专业化,即只从事外出或留守,c 点表示夫妻双方均处于专业化,即一人外出、一人留守时的情况。区域 bcb′表示夫妻双方分工后高于不分工的收益部分,即夫妻双方做出一方外出、一方留守的决策具有更大的家庭收益。这一现象,在经济学中被解释为内生绝对优势。如果考虑到规模经济,则分工后的家庭收益将会更大。

二、外生比较优势模型

基本模型中严格假定丈夫和妻子在外出打工和留守务农两种工作的劳动边际产出相等,且各自从事外出打工和留守务农工作的劳动边际产出也相等,这使得基本模型的解释能力有限。在中国农村的贫困地区更一般的情况是,丈夫在外出打工和留守务农两种工作上都存在绝对优势。如果考虑到妻子在农村家务劳动中的主要作用,以及女性外出工资收入较男性更低的情况①,丈夫外出打工比留守务农具有比较优势。换言之,妻子留守务农比外出打工具有比较优势。这时,可以把基本模式的这一假设条件改变为:

$a_{1x} > a_{2x}, a_{1y} > a_{2y}$;且 $\dfrac{a_{1x}}{a_{2x}} < \dfrac{a_{1y}}{a_{2y}}$,如图 8-2 所示。

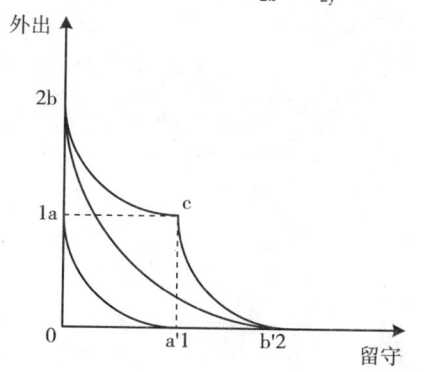

图 8-1 转换曲线与内生绝对优势

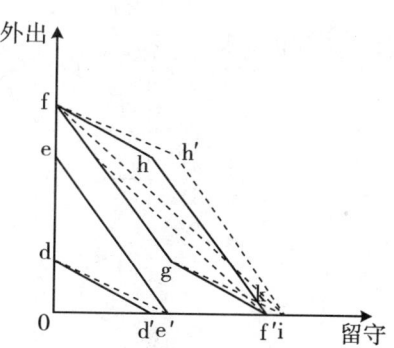

图 8-2 外生比较优势与家庭收益改善

---

① 女性工资低于男性,既受"重男轻女"的传统因素影响,也是由于在贫困地区普遍存在女性的受教育程度低于男性的既成事实造成的。

图 8-2 中，dd′为妻子个人对于外出打工与留守务农选择时的转换曲线，ee′为丈夫个人对于外出打工与留守务农选择时的转换曲线。由于存在 $\frac{a_{1x}}{a_{2x}} < \frac{a_{1y}}{a_{2y}}$，则曲线 ee′比 dd′的斜率更大。fgf′为不进行分工情况下加总的转换曲线。fhf′为严格分工情况下加总的转换曲线，fhf′包括的面积即为严格分工条件下的生产凸集，因为将点 f 和 f′连接的线均在这一生产集合中，因此出现了规模经济。这一分析表明，家庭决策中，丈夫外出打工比留守务农具有比较优势（妻子留守务农比外出打工具有比较优势）的情况下，按照李嘉图式的分工方式"两利相权取其重，两害相权取其轻"，仍然可以取得分工收益，还可以存在规模经济。这种分工方式的收益被称为"外生比较优势"。

进一步分析外生比较优势改变的情况。如图 8-2 所示，如果通过外部条件的改变，使妻子留守务农的劳动边际产出提高，由 d′移动到 e′，de′成为提高后妻子个人对于外出打工与留守务农选择时的转换曲线，fgi 成为提高后的不进行分工情况下加总的转换曲线。fhi 为提高后严格分工情况下加总的转换曲线，fh′i 包括的面积即为提高后严格分工条件下的生产凸集，同样存在规模经济，而且增加了 fhkih′包括的面积的决策集合，即家庭的总收益提高了。使妻子留守务农的劳动边际产出提高，就是外生比较优势的改变。

三、家庭决策的博弈分析

以一个简化后的纳什均衡来说明上述过程（如图 8-3 所示）。作为一个简化的家庭决策的博弈模型，利益矩阵的前项表示丈夫的收益，后项表示妻子的收益。

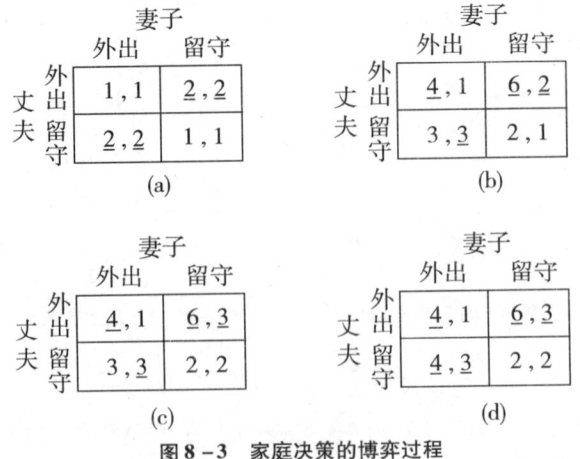

图 8-3 家庭决策的博弈过程

图 8-3(a)表示基本模型的情况。丈夫和妻子在外出打工和留守务农两种工作的劳动边际产出相等,且各自从事外出打工和留守务农工作的劳动边际产出也相等,双方都选择外出或留守时的家庭收益总和为 2,而分工以后的收益总和为 4。这可以被解释为分工后能够更加关注于一种工作,心无旁骛,所以劳动边际产出随之提高,是内生绝对优势带来的结果。这时,在(留守,外出)或(外出,留守)两种策略选择下都形成了纳什均衡。

图 8-3(b)表示有相对比较优势时的情况。丈夫不论选择外出还是留守都有比妻子更高的劳动边际产出,但是选择外出的比较优势为 4,选择留守的比较优势为 2,这样丈夫选择外出比留守更有比较优势,而妻子选择留守比外出也同样有比较优势。这时,策略(外出,留守)形成了纳什均衡。分工后比分工前丈夫选择外出打工的收益提高了 2,包括了没有规模经济下的分工收益,以及规模经济收益,家庭的收益总和为 8。造成这一相对比较优势的原因显然是外部的,如传统、制度和生理等因素,可以称之为外生相对优势。

图 8-3(c)表示使外生比较优势发生改变的情况。使妻子留守的收益增加,和丈夫选择留守时的收益相同都为 2,而妻子在分工后留守收益更是增加为 3。这时,仍然会在策略(外出,留守)上形成纳什均衡,但是家庭的收益总和由 8 增加到 9。

图 8-3(d)表示了另一种外生比较优势改变的情况。因为一项使妻子留守收益增加的措施也同时能使丈夫在选择留守时的收益增加①,如妻子的留守收益由 2 增加到 3 的同时,丈夫的留守收益也由 3 增加到 4,和选择外出的收益相同。这时,形成了(留守,外出)和(外出,留守)两种策略选择下的纳什均衡。但是与图 8-3(a)的情况不同,选择(留守,外出)时的家庭收益总和为 7,低于选择(外出,留守)时的家庭收益总和 9。虽然同样符合纳什均衡,但是对于任何一个家庭的理性选择(使经过多次重复的决策)都应是(外出,留守)。

改善妻子留守收益的措施可以有很多,而且在改善妻子留守收益时并不排除同时可以改善丈夫留守时的情况,这样对家庭的收益总和的增加是有利的②。

本书将增加留守收益的措施称为"创业导向",即由特色产业发展、农业科技培训、农业基础设施建设和农民生活条件改善等构成,为农村(包括贫困地区)留守劳动力(或留守妇女)提供创业条件和思路的综合性举措。

当然,使外生比较优势改变还可以通过妻子外出收益的提高,如为妇女提供同

---

① 如特色农业产业发展、农业科技培训、农业基础设施、农民生活改善可以同时提高夫妻双方选择留守时的劳动边际产出。

② 假使增加妻子收益的措施使丈夫的留守收益能够超过外出收益,这时虽然可能形成(留守,留守)或(留守,外出)的纳什均衡策略,但是家庭收益的总和还是增加的。

等的就业机会和待遇。但从目前中国的实际情况看不是短期能解决的,这需要解决好城乡的二元经济结构问题和产业结构的优化和升级。此外,贫困地区妇女的文化程度普遍较低也是一个大障碍。所以,从时效和难度考虑,为农村留守劳动力提供更有针对性的创业导向应该是目前中国新农村建设和减贫的主要思路。

第三节 实证分析

本节以甘肃省贫困县(区)为例进行实证分析。

一、产业优化与调整的可行性

甘肃省是国家扶贫大省,有43个国扶贫困县、22个有重点乡村的非重点县,3个"三西"县。2008年底的贫困人口(1196元以下)有442.4万人①。甘肃省也是全国药材主要产区之一,传统大宗中药材种类有当归、党参、黄(红)芪、甘草、大黄、丹参、赤芍、升麻、柴胡、地骨皮、茵陈等,其中当归、党参、板蓝根、大黄和干草等品种产量约占全国的比例分别为95%、75%、65%、50%和25%,是甘肃省最具优势的中药材品种②。其中岷县、陇西县、渭源县分别被中国农学会命名为"中国当归之乡"、"中国黄芪之乡"、"中国党参之乡";西和县被称为"中国半夏之乡";礼县铨水村素有"大黄之乡"之称。甘肃已初步形成了陇南山地亚热带和暖湿带栽培区、陇中陇东黄土高原温带半干旱栽培区、青藏高原东部高寒阴湿栽培区、河西走廊温带荒漠栽培区的布局结构。比较甘肃省的中药材主产区和扶贫重点地区分布,在中药材种植方面享有较高声誉的岷县、陇西县、渭源县、西和县、礼县等区县均属于甘肃省43个国扶贫困县之列。

实际上,在甘肃省的其他特色农产品,如马铃薯、高原夏菜等主产区也存在着类似情况。这种现象一方面说明甘肃省的特色农业产业尚未做大做强,农民对产业发展繁荣的分享有限。但从本书的研究视角来看,也恰好能够证明贫困地区同样具备产业优化升级和结构调整的条件③。

二、家庭收益因素的变化趋势

采用的截面数据来源于"十一五"甘肃省贫困人口建档立卡行政村的监测数

---

① 资料来源:甘肃省扶贫办提供。
② 资料来源:甘肃省农牧厅2008年度调研成果汇编。
③ 对于生态极端恶劣的地区,只能通过移民搬迁解决贫困问题。

据汇总。总体回归模型为：

$$Allincome = \alpha Ouincome + \beta Grainincome + \gamma Train + \delta X + \varphi Y + \varepsilon \quad (8-7)$$

其中，Allincome 是被解释变量，表示行政村人均纯收入。贫困人口的划分标准是依据人均纯收入，这一变量同样也能够反映家庭收益。Outincome（表示人均外出打工收入），Grainincome 表示人均粮食种植收入。Train 表示科技培训人口比重。X 代表一组产业结构优化变量，包括 Cropsincome（表示人均经济作物收入）、Cultincome（表示人均养殖业收入）。Y 代表一组农业基础条件和生活水平变量，包括 Water（表示解决人畜饮水的村的比重）、Road（表示能通行农用车的村的比重）、School（表示2.5公里内有小学的村的比重）、Hospital（表示有医疗卫生点的村的比重）。

考虑到要体现分工水平，进一步选择了外出劳动力人数占全部劳动力总数比重介于 30% ~ 45%①的县级行政区作为样本来源。表 8 – 1 反映了各变量的基本情况。

表 8 – 1　各变量的描述统计特征

变量名称	极大值	极小值	均值	标准差	样本数
Allincome（元）	3601	715	1564.7417	664.44825	30
Outincome（元）	750	150	407.2987	158.69594	30
Train（%）	96.97	1.36	11.5220	18.82068	30
Grainincome（元）	909	200.5	476.6850	186.90767	30
Cropsincome（元）	2560	87.43	356.7957	463.13450	30
Cultincome（元）	2450	85	326.2470	445.99521	30
Water（%）	100	0.95	61.0176	27.23935	30
Road（%）	100	1.42	76.7919	28.80122	30
School（%）	100	2.37	79.4387	28.60105	30
Hospital（%）	100	0.47	67.2353	30.47956	30

---

①　统计分析发现：外出打工比例小于30%，则人均纯收入主要体现为从事种植业收入；外出打工比例大于45%，则人均纯收入主要体现为外出打工收入。所以为了表现家庭成员的分工情况，选择了外出打工人数占全部劳动人口比例为 30% ~ 45% 的县级行政区。

表 8-2 为回归分析的主要结果。

表 8-2　回归分析的主要结果

	模型1	模型2	模型3	模型4	模型5
Outincome	1.310**	1.063**	0.405	0.378	0.358
	(1.967)	(1.697)	(0.775)	(0.793)	(0.715)
Grainincome		1.332***	1.161***	0.959***	0.934***
		(2.466)	(2.915)	(2.580)	(2.427)
Cropsincome			0.507*	1.189***	1.234***
			(1.203)	(2.555)	(2.536)
Cultincome			0.467*	0.441*	0.363
			(1.003)	(1.037)	(0.815)
Train(%)				-18.77***	-20.094***
				(-2.609)	(-2.640)
Water(%)					0.258
					(0.149)
Road(%)					-2.210
					(-0.654)
School(%)					1.155
					(0.345)
Hospital(%)					0.343
					(0.032)
B	1008.752***	486.660*	506.248**	590.761**	790.071***
	(3.479)	(1.421)	(1.825)	(2.315)	(2.578)
Adj. R²	0.080	0.206	0.586	0.655	0.642
F Value	3.867**	5.281***	12.682***	13.537***	7.575***

注：***、**和*分别表示在1%、5%和10%的显著性水平,括号中的数字为双尾检验的t值。

模型1表示只考虑外出打工收入时,人均外出打工收入与人均纯收入存在正相关,回归系数为1.310,通过5%的显著性检验。

模型2表示加入人均种植业后,人均粮食种植收入与人均纯收入正相关,回归系数为1.332,通过1%的显著性检验;人均外出打工收入仍然与人均纯收入正相关,但回归系数下降为1.063,通过5%的显著性检验。说明人均外出打工收入对人均纯收入的一部分贡献被人均粮食种植收入所替代,但大体上二者的贡献还是相当的,相差只有0.269。这时,已出现了分工的内生绝对优势,也应当存在农业女性化,但数据并不支持农业女性化一定意味着产出率下降的论断。

模型3表示加入代表产业调整的变量后的情况。这时,人均外出打工收入对人均纯收入的贡献有很大的下降,且已经不再显著;人均粮食收入对人均纯收入的贡献仍然显著,回归系数略下降为1.161;代表产业调整的变量对人均纯收入的贡献通过10%的显著性检验,回归系数分别为0.507和0.467。产业调整,可以看做对外生比较优势的一种改变,这时外出打工已没有优势,所以可能出现家庭中夫妻双方都留守的决策结果。

模型4表示加入科技培训变量后的情况。这时,人均外出打工收入对人均纯收入的贡献进一步下降,且不显著。人均粮食收入对人均纯收入的贡献仍然显著,但是下降到了第二位,回归系数为0.959;人均经济作物收入对人均纯收入的贡献上升到第一位,回归系数为1.189,显著性水平也明显提高,说明科技培训的收益主要反映在经济作物种植上;养殖业收入对人均纯收入影响的变化不大。值得注意的是,科技培训对人均纯收入有较大的负相关关系,回归系数为-18.77,且通过1%的显著性检验。这可以解释中国当前政府主导下的科技培训机制,即经济发展越落后的地区,可能获得的科技培训机会也就越多。

模型5表示加入代表农业基础条件和生活水平的一组变量后的情况。虽然农业基础条件和生活水平的变量与人均纯收入不存在线性关系,没有通过显著性检验,但是人均粮食收入和人均经济作物收入的回归系数都有上升;至于人均养殖业收入贡献不再显著,可以解释为由甘肃省农业产业的发展方向引起的,种植业比养殖业更具有产业发展优势。这个模型也进一步明确了农业基础条件和农民生活水平的改善应当作为创业导向的内容。

三、案例——魏岭乡小山口村的实践

甘肃省兰州市南部山区常年干旱少雨,农业生产条件差,生活着1.2万名贫困农民,其中有2000多名特别贫困农民。处于这一地区的魏岭乡,农民经济收入主要依靠传统的煤矿开采。随着煤矿煤炭资源日趋枯竭,部分煤矿面临关停局面,这极大地影响了当地农户的经济收入和生活水平。魏岭乡因地处采煤沉陷区,近年来地基不断下沉,多数住宅变成危房,部分耕地因沉陷不能耕种,生态环境不断恶化,1570户群众赖以生存的基本条件不复存在,生产生活举步维艰。当地男性农民主要在乡镇煤矿小企业工作,农业生产主要由留守妇女完成,具有典型的农业女性化特征。该乡2009年男性外出劳动力1350人,留守妇女劳动力达3305人。留守妇女的年龄和文化结构如表8-3所示。

表8-3 魏岭乡的女性劳动力的年龄和文化结构情况

年龄	16~30岁	30~50岁		50岁以上
	991人(29.98%)	1542人(46.66%)		772人(23.36%)
文化程度	文盲、半文盲	小学文化程度	初中文化程度	高中文化程度
	137人(4.15%)	794人(24.02%)	1797人(54.37%)	577人(17.46%)

地方政府考虑到魏岭乡有马铃薯、百合等经济作物。2007年,该乡小山口村被列为农村建设试点村,投资939.37万元分别于2007年、2008年各建成日光温室100亩;投入120.3万元完成自来水入户工程,解决了全村人畜饮水问题;投入148.6万元硬化村级主干道3条2500米、小街巷12条2000米;投入76万元,建成了文化活动中心及灯光文体广场、寓教于乐的文化长廊、图书阅览室、老年活动中心;成立了老年基金会,为失去劳动能力的老年人每月发放40~50元补助金;成立了村卫生所和幼儿园;对留守妇女科技培训5期共300人次。目前,这种综合性的就业导向措施已初见成效,2009年大棚收益360万元,销售数量160吨,实际利润260万元。

第四节 结论与启示

在中国城乡二元经济结构仍然存在、农村外出务工人员男女工作机会和待遇尚不平等的情况下,农业女性化现象符合家庭收益最大化的决策。虽然大量的研究认为这一现象不利于农村留守妇女地位和福利的改善,但是本书的研究结论是:农业女性化符合内生绝对优势和外生比较优势条件下的家庭决策过程,是理性的选择结果。即使考虑非经济因素,农业女性化仍然可以是最优决策,因为有针对性的创业导向措施能够从根本上改善留守妇女的地位和福利。创业导向应当是新农村建设中的一项系统性工程:一是由政府牵头、全员参与建设具有高收益、低能耗和高科技含量的农业产业项目;二是加强科技培训教育,提高留守妇女的素质和能力;三是改善创业的基础设施条件,如道路、交通等;四是解决妇女创业的后顾之忧,如老人、孩子的生活保障、学习场所、卫生医疗等。

张平等人(2009)的研究认为贫困地区经济增长与减贫的非均衡性问题是由四

个原因造成的:一是贫困地区的劳动力素质不高或缺乏流动性,不能分享经济繁荣的好处;二是人民生活水平的普遍提高使得贫困线也随之提高,一部分潜在贫困人口成为了现实贫困人口;三是一些地区迁入贫困移民以后,人均纯收入下降,成为新的贫困地区;四是受传统观念和习惯的影响,一部分缺乏自主脱贫主动性的人,脱贫后又重新返贫。本书的研究有助于进一步形成一致性的减贫思路:即使贫困地区的劳动人口能够在短时期内转移到第二、第三产业,或从事与区域发展战略相适应的工作,对于解决经济增长与减贫的非均衡性问题所起的作用仍然有限。因为本书的研究表明:一旦形成有利的农业产业结构调整,人均外出打工收入对人均纯收入的贡献立刻下降,说明贫困地区的农业劳动力就业的比较优势仍然体现在农业方面;如果能够进一步改善科技培训、农村基础条件和农民生活水平等条件,人均外出打工收入对人均纯收入的影响就不再显著。由于外出打工人员本身的知识、技能水平不高,家庭决策的结果即使是夫妻分工,如果考虑非经济因素,分工后的总体收益不一定会提高,这也是为什么大量研究认为留守妇女的地位和福利下降的原因。只有当有利的农业产业发展和农村生活条件形成后,才能将农业女性化的地位变被动为主动,获得内生经济优势和外生经济优势。同时,有利的农业产业发展和农村生活条件本身就是增加留守妇女的非经济性收益,从而获得地位的提高和福利的改善,这也应该是解决贫困地区经济增长与减贫非均衡性问题的一项基本思路。

第九章 西部民族地区牧区劳动力转移问题分析

牧区、牧业、牧民问题是"三农"问题的重要组成部分,同时又有很多特殊性。近年来,"三农"问题的研究一直是国家和学术界关注的一个焦点问题。但是目前对于"三农"问题的研究多数局限在以种植业为主的农业社区的农业、农村、农民问题上,而对以畜牧业为主的牧业社区的牧业、牧区、牧民问题关注相对较少。与农区相比,牧区在自然、经济条件方面有很大的差别,例如,地处边疆,少数民族聚居,如:牧区资源丰富,自然条件复杂;自然灾害多,生产不稳定;畜牧业历史悠久,商品经济不发达;交通、通信不便,文教科卫落后。另外,牧区在我国的国民经济和社会发展中具有十分重要的地位和作用,如:牧区是牛、羊生产的重要基地;是毛纺、皮革等工业原料和出口畜产品的基地;是工业品的广阔市场,这对启动市场、扩大内需、促进国民经济发展将有着重要作用;牧区蕴藏着开发的潜力;发展牧区经济是加强民族团结、巩固边防的基础;发展牧区畜牧业有利于保护生态环境;等等。社区发展的核心理念是社会进步、消除贫困、共同富裕。进行"三牧"问题的研究,对于促进牧业社区的发展,缩小西部地区与全国的差距,实现均衡发展和社会的整体进步具有重要意义。本章以甘肃牧区为例,分析牧区劳动力的转移问题。

第一节 农村剩余劳动力测算

首先界定两个概念,农业剩余劳动力与农村剩余劳动力。前者仅指存在于农林牧渔业的剩余劳动力,后者则不仅包括农业剩余劳动力还包括农村第二、第三产业所存在的剩余劳动力。学术界常说的农村剩余劳动力其实就是指农业剩余劳动力,即超出农业发展所需要的劳动力,边际产量较低甚至为零的劳动力。

一、关于农村剩余劳动力的测算方法

关于如何对农村剩余劳动力的数量进行测算,国内学者以国内外关于农村剩余劳动力理论研究为依据,将理论与中国的实际相结合研究出与我国现实相适应的不同的测算公式。常用方法概括起来有以下几种:

1. 国际比较法

钱纳里等人于20世纪70年代对100多个国家产业结构的演进过程进行了实证研究,得出了与人均GDP水平相对应的各产业的产值和就业比重。国内学者将其看成一个国际标准,由此引申出了一种测算农业剩余劳动力的方法,即用中国农业部门的劳动力总数与相同GDP水平上的国际标准进行比较,算出中国剩余劳动力的数量。谢文斗、袁志刚等人都用这种方法估算全国农业剩余劳动力总规模。

2. 抽样统计法

中国社会科学院王诚提出了一个计算农村隐蔽失业量的公式:

$$RDU = RE - TVE - PE - IE - FE - CE$$

其中,RDU是农村隐蔽失业量;RE是农村总就业(从业)量;TVE是乡镇企业可容就业量;PE是私营企业可容就业量;IE是个体劳动就业量;FE是流入城市岗位就业量;CE是农业资源可容就业量。

3. 地劳比例法

宋林飞以劳动力合理负担耕地法来判断农业中是否存在剩余劳动力,于1982年提出其测算农业剩余劳动力的公式:

$$G = (A - F)/A$$

其中,G为农业剩余度;A为农业总劳动力;F为农田耕作所需要的劳动力;F = 总耕地/(x亩/劳动力);"x亩/劳动力"表示每个劳动力全年能耕作的土地面积,其中x = L/D,D表示每亩需要的劳动力日数;L表示每个劳动力全年所能完成的劳动日数。宋林飞的判别标准及测算方法充分考虑了农业劳动时间存在季节差异,非常符合农业生产的实际,并且容易量化分析。

4. 平均劳动生产率法

中国社会科学院发展研究所提出计算农业劳动力需要量的公式为:

农业劳动力需要量 = 农业增加值/(国内生产总值/社会劳动者人数)

农业剩余劳动力 = 农业劳动力总量 − 农业劳动力需要量

即每个农业劳动者至少要达到社会平均劳动生产率,低于社会平均劳动生产率的农业劳动力就是剩余劳动力。

5. 比例测算法

其公式为：

L' = F × S

其中,L'为农业剩余劳动力;F为农林牧渔业劳动力,即广义农业劳动力;S为农业劳动力剩余率,S的计算公式为:S = L[,1] – G[,1]。L[,1]为第一产业从业劳动力占从业劳动力合计的比重,G[,1]为第一产业增加值占国内生产总值比重。

6. 城乡收入差距法

侯风云在其论文《中国农村劳动力剩余规模估计及外流规模影响因素的实证分析》中以城乡收入差距是农村劳动力转移的动力为依据,将农村人均纯收入与城镇低水平收入人群进行比较得出低于城镇较低收入水平的农村劳动力数量,使其定义为农村剩余劳动力。这里作者将城镇低收入人群定义以在制造业和餐饮业从业人员的平均人均收入为基数,而这种方法测算出我国农村剩余劳动力数量与国家统计局公布的数量及其他测算数量接近或一致,因此同样有一定的借鉴意义。

综上所述,尽管农村剩余劳动力的测算方法各不相同,计算结果也有差异,但这并不影响说明问题和得出结论的一致性。

二、甘肃牧区农村剩余劳动力测算

甘肃牧区与全国的农村平均水平相比较而言,由于其地理位置属于边远地区,相比人口密度小,那么本地区农村是否存在剩余劳动力就成为劳动力多渠道就业问题的前提。本地区是属于半农半牧区且草场面积大于耕地面积,大部分牧区人口密度较小但是局部牧区人口密度已高出了农业发展所需要的劳动力,即大部分剩余劳动力存在于农业中的种植业。也就是剩余劳动力存在的范围是局部的,整体上若按国内学者所采用的地劳比例判别标准进行估算,则本地区无论是人均耕地面积还是人均草场面积都在我国的平均数量之上。因此对于甘肃农村牧区剩余劳动力进行测算不能采取地劳比例的方法测算,那样是得不出问题的关键的。基于上述考虑,本书采用以上所列方法中的第五种方法和第六种方法为依据进行测算。

1. 基于比例法的计算结果

比例测算法是谢文斗在其1997年发表的《中国农业剩余劳动力再探讨》一文中采用过的方法。这一方法是通过对于在农业(农林牧渔)从业人员比重与农业产值占国内生产总值比重的差额测算出农业剩余劳动力规模。这一方法对于甘肃牧区这种具有典型经济特征的农村牧区农业剩余劳动力的测算具有一定的借鉴意义,计算结果如表9-1所示。

表 9-1 基于比例法的甘肃牧区剩余劳动力计算结果

县区	第一产业从业人员数(万人)	第一产业从业人员比重(%)	第一产业产值占GDP比重(%)	S值	初步计算剩余劳动力(万人)	调整系数	调整后的剩余劳动力(万人)
瓜州县	5.02	81.8	17.24	64.56	3.24	0.84	2.73
肃北县	0.28	84.8	2.15	82.65	0.23	0.11	0.02
阿克塞县	0.14	73.7	4.73	68.97	0.10	0.23	0.02
永登县	13.6	55.7	12.51	43.19	5.87	0.61	3.60
环县	12.85	75.9	17.58	58.32	7.49	0.86	6.45
华池县	5.24	85.9	5.22	80.68	4.23	0.26	1.08
永昌县	7.43	69.1	23.51	45.59	3.39	1.15	3.90
靖远县	17.01	74.7	35.57	39.13	6.66	1.74	11.59
漳县	4.94	50.9	39.36	11.54	0.57	1.93	1.10
岷县	16.47	73.4	38.45	34.95	5.76	1.88	10.83
民勤县	9.6	79.3	44.15	35.15	3.37	2.16	7.29
天祝县	7.34	71.2	17.09	54.11	3.97	0.84	3.32
肃南县	0.97	74.6	17.55	57.05	0.55	0.86	0.48
山丹县	3.95	46.1	21.69	24.41	0.96	1.06	1.02
合作市	1.8	87.4	8.06	79.34	1.43	0.39	0.56
迭部县	1.76	84.2	27.08	57.12	1.01	1.33	1.33
玛曲县	1.81	92.3	30.8	61.50	1.11	1.51	1.68
碌曲县	1.41	92.8	33.65	59.15	0.83	1.65	1.37
夏河县	2.92	77.9	33.31	44.59	1.30	1.63	2.12
卓尼县	3.83	82.7	31.47	51.23	1.96	1.54	3.02

注:调整系数 = 各地区第一产业占GPD比重/全省第一产业占GDP比重。2009年全省第一产业占GDP比重按照《甘肃统计年鉴》(2010)数为20.43%。

按照比例法计算甘肃牧区第一产业剩余劳动力的大概规模为63.53万人,即这些劳动力资源高出第一产业产值所能够承受的范围,其对于第一产业生产的边际贡献为零或负值。

2.基于城乡收入差距法的计算结果

(1)理论说明与数据的确定。农民的经济行为是一种理性行为,他们的经济活动以追求利润最大化为目标。在追求收入最大化过程中,农民受比较利益的驱使,在不同的地区和行业之间通过选择来配置自身的劳动力。在农业就业收入小于农村第二、第三产业及城市(三元经济结构)就业收入水平的情况下,农业劳动力就表现出向其他产业或地区移动的倾向。在其他条件允许的情况下,这种移动倾向就会变成现实的移动行为。为此,本书选择城镇较低素质的劳动力人均收入,例如,初中文化程度的劳动力的人均收入,并将农业劳动力的人均收入与城市较低素质劳动力的收入相比较(就目前农村的教育水平而言,农村劳动力的文化素质只能与城市劳动力较低素质相比较)。也就是说,以城镇较低收入水平作为参照,不定期估计农业劳动力人均收入低于这一水平的人数。随着进入城市的农民工的素质不断提高,以及他们在使用上所具有的独特优势,迫使城市下岗劳动力不断地调整自己的地位,从而使这两个不同群体从收入上和用工条件上不断接近。这时,城市较低素质劳动力的就业收入便可能成为农业劳动力追求的实际目标。

在选定城镇较低收入水平作为参照时,本书选择城镇集体单位的制造业和批发零售业及餐饮业职工的平均收入。这是基于三点考虑:第一,这些行业是较低文化素质的劳动力能够从事的行业;第二,这些行业也是农村劳动力比较容易进入的行业和领域;第三,统计数据易于得到。

将农村劳动力收入与城镇集体单位制造业和批发零售业及餐饮业就业收入进行比较,从农民的自身利益出发,农民劳动力要素实现最优配置的均衡条件是:

$$MR_1 = MR_2 \tag{9-1}$$

$$AP_1 = AP_2 \tag{9-2}$$

其中,MR_1、AP_1定义为农业劳动力的边际收益、平均价格;MR_2、AP_2定义为城镇集体单位制造业和批发零售业及餐饮业劳动力的边际收益、平均价格。如果等式两边近似相等,则劳动力得到了合理配置;差额越大,劳动力剩余越多。这也是造成劳动力向城镇流动的根本原因。

本测算方法中对于农业劳动力数量估计的测算公式为:

$$R_{lt} = (1 - MR_1/MR_2) \times 100\% \tag{9-3}$$

$$L_{lt} = L_t \cdot R_{lt} \tag{9-4}$$

式(9-3)、式(9-4)中,MR_1、MR_2同上;R_{lt}为t年农业剩余劳动力的比例;L_{lt}为t年农业剩余劳动力的数量,L_t为t年农村劳动力数量。

(2)测算结果。选择2009年各县区城镇集体单位中的建筑业、批发和零售业以及食宿餐饮业三个行业对学历、技能要求较低的行业工资均值为标准。测算结果如表 9-2 所示。

表 9-2 基于城乡收入差距法的甘肃牧区剩余劳动力计算结果*

县区	第一产业从业人员数（万人）	低收入行业劳动力边际收益（元）	农业劳动力边际收益（元）	农业劳动力剩余率（%）	剩余劳动力（万人）
瓜州县	5.02	17201.84	9322.40	63.22	3.17
肃北县	0.28	17201.84	11013.23	56.55	0.16
阿克塞县	0.14	17201.84	11708.92	53.81	0.08
永登县	13.6	13914.57	4567.65	77.72	10.57
环县	12.85	14602.70	3204.52	85.11	10.94
华池县	5.24	14602.70	3833.92	82.18	4.31
永昌县	7.43	27405.00	7739.10	80.84	6.01
靖远县	17.01	11201.42	4723.68	71.38	12.14
漳县	4.94	10135.30	3440.65	76.96	3.80
岷县	16.47	10135.30	3291.06	77.96	12.84
民勤县	9.6	10543.83	6861.03	55.84	5.36
天祝县	7.34	10543.83	3522.94	77.33	5.68
肃南县	0.97	14861.93	8967.68	59.05	0.57
山丹县	3.95	14861.93	7086.33	67.64	2.67
合作市	1.8	11612.67	3497.56	79.56	1.43
迭部县	1.76	11612.67	3420.58	80.01	1.41
玛曲县	1.81	11612.67	4970.58	70.95	1.28
碌曲县	1.41	11612.67	4352.58	74.56	1.05
夏河县	2.92	11612.67	3493.02	79.59	2.32
卓尼县	3.83	11612.67	3015.17	82.38	3.16

注：* 按照《甘肃统计年鉴》(2010)，2009 年每户家庭平均人口为 3.99 人，劳动力比重为 0.68。

按照比例法计算甘肃牧区第一产业剩余劳动力的规模约为 88.95 万人。即若采用城乡收入差距法测算甘肃牧区农业剩余劳动力的结果较比例法测算的数量多些。

3. 小结

对两种算法的测算结果平均后，甘肃牧区的农村剩余劳动力规模为 75 万人左右（如表 9-3 所示）。比例法的测算结果较大表明：甘肃牧区的劳动力移民由城乡经济不平等形成的拉力大于地区第一产业承载力有限形成的推力。这一现象对于在解决甘肃农村劳动力剩余问题、合理开拓劳动力就业渠道、制定剩余劳动力相关转移政策方面,具有重要的参考与借鉴意义。

表9-3 两种算法综合后的甘肃牧区剩余劳动力计算结果*

县区	比较法测算的剩余劳动力人数(万人)	城乡收入差距法测算的剩余劳动力人数(万人)	两种测算方法之差(万人)	平均剩余劳动力人数(万人)
瓜州县	2.73	3.17	0.44	2.95
肃北县	0.02	0.16	0.14	0.09
阿克塞县	0.02	0.08	0.06	0.05
永登县	3.60	10.57	6.97	7.09
环县	6.45	10.94	4.49	8.70
华池县	1.08	4.31	3.23	2.70
永昌县	3.90	6.01	2.11	4.96
靖远县	11.59	12.14	0.55	11.87
漳县	1.10	3.80	2.70	2.45
岷县	10.83	12.84	2.01	11.84
民勤县	7.29	5.36	-1.93	6.33
天祝县	3.32	5.68	2.36	4.50
肃南县	0.48	0.57	0.09	0.53
山丹县	1.02	2.67	1.65	1.85
合作市	0.56	1.43	0.87	1.00
迭部县	1.33	1.41	0.08	1.37
玛曲县	1.68	1.28	-0.40	1.48
碌曲县	1.37	1.05	-0.32	1.21
夏河县	2.12	2.32	0.20	2.22
卓尼县	3.02	3.16	0.14	3.09
总计	63.51	88.95	25.44	76.23

注:*按照《甘肃统计年鉴》(2010),2009年每户家庭平均人口为3.99人,劳动力比重为0.68。

第九章 西部民族地区牧区劳动力转移问题分析

第二节 劳动力就业分析

2009 年末甘肃牧区常住人口为 360.88 万人,人口自然增长率为 7.35‰,其中女性为 173.67 万人,男性为 187.21 万人,分别占总人口的 48.12% 和 51.88%;农业人口占比较大,2009 年甘肃牧区农业人口总数为 300.05 万人,占总人口的 83.14%(如表 9-4 所示)。

表 9-4 2009 年甘肃牧区人口基本情况

单位:万人,‰

地区	年末常住人口	女性	农业人口	非农业人口	人口自然增长率
肃南县	3.66	1.74	2.52	1.14	6.72
山丹县	19.73	9.59	12.78	6.95	5.77
瓜州县	12.11	5.61	9.53	2.58	5.17
肃北县	1.21	0.50	0.65	0.56	5.68
阿克塞县	0.83	0.33	0	0	7.73
环县	33.56	16.16	31.05	2.51	7.59
华池县	12.97	6.19	11.07	1.90	7.72
民勤县	30.31	14.66	26.44	3.87	6.60
天祝县	21.60	10.24	17.53	4.07	6.96
永登县	48.60	23.69	41.29	7.31	5.82
漳县	19.20	9.22	17.39	1.81	6.10
岷县	44.41	21.24	40.73	3.68	6.68
合作市	8.56	4.10	3.00	5.56	6.78
卓尼县	10.12	4.89	8.49	1.63	8.47
迭部县	5.38	2.63	3.62	1.76	8.11
玛曲县	4.78	2.26	3.91	0.87	13.42
碌曲县	3.36	1.66	2.64	0.72	9.82
夏河县	8.11	3.99	6.42	1.69	8.44
靖远县	46.34	22.55	41.43	4.91	7.26
永昌县	26.04	12.42	19.56	6.48	6.10

资料来源:《甘肃统计年鉴》(2010)[M].北京:中国统计出版社,2010.

2009年甘肃牧区劳动力总量为168.05万人,大部分劳动力就业集中在第一产业,第一产业劳动力就业数量达到118.37万人,占总体劳动力数量的70.44%,第二、第三产业就业数量为49.68万人,占总体劳动力数量的29.56%(如表9-5所示)。

表9-5 甘肃牧区劳动力及其就业基本情况

单位:万人,%

地区	劳动力数量	第一产业从业数量	第一产业从业数量比例	第二、第三产业从业数量	第二、第三产业从业数量比例
瓜州县	6.14	5.02	81.8	1.12	18.2
肃北县	0.33	0.28	84.8	0.05	15.2
阿克塞县	0.19	0.14	73.7	0.05	26.3
永登县	24.40	13.60	55.7	10.80	44.3
环县	16.93	12.85	75.9	4.08	24.1
华池县	6.10	5.24	85.9	0.86	14.1
永昌县	10.76	7.43	69.1	3.33	30.9
靖远县	22.78	17.01	74.7	5.77	25.3
漳县	9.70	4.94	50.9	4.76	49.1
岷县	22.44	16.47	73.4	5.97	26.6
民勤县	12.10	9.60	79.3	2.50	20.7
天祝县	10.31	7.34	71.2	2.97	28.8
肃南县	1.30	0.97	74.6	0.33	25.4
山丹县	8.56	3.95	46.1	4.61	53.9
合作市	2.06	1.80	87.4	0.26	12.6
迭部县	2.09	1.76	84.2	0.33	15.8
玛曲县	1.96	1.81	92.3	0.15	7.7
碌曲县	1.52	1.41	92.8	0.11	7.2
夏河县	3.75	2.92	77.9	0.83	22.1
卓尼县	4.63	3.83	82.7	0.80	17.3

资料来源:《甘肃统计年鉴》(2010)[M].北京:中国统计出版社,2010.

一、就业状况与经济增长

在甘肃牧区经济发展历程中,大量的劳动力从事农业生产,使农业获得了长足发展,进而推动了本地区经济增长,这一点是无可置疑的。但是随着工业化的进程和实现农业的现代化,以及随着人口的增长,农村大量劳动力滞留在农业生产上,反而降低了农业生产效率。据统计,近几年第一产业在地区国内生产总值中的比重逐渐下降,对国内生产总值的贡献份额不断缩小,而第二产业、第三产业比重上升,贡献份额逐渐增大,正在对经济发展起着拉动作用。

通过对 2009 年三次产业产值比重与就业比重进行比较,可以看出:第一产业就业人员比重最大,却在经济增长中的贡献份额最小,表明这期间大量的劳动力投入第一产业却创造了较小比例的经济增长。大量的劳动力滞留在农村牧区,农村牧区剩余劳动力未能实现有效转移,导致第一产业效率低下,制约了经济的快速发展。从产值比例看,各县区产值中第一产业产值所占比重逐年下降,其比重低于第二、第三产业。因此可看出本地区三次产业产值比例与所容纳的劳动力比例严重失调,第一产业从业人员过多,已超出其所需要的范围,存在大量的隐性失业人员。正因为农村牧区劳动力未能充分就业导致农业产值增长缓慢甚至停滞,从经济学的角度看,农村劳动力的转移其实是农村劳动力自身资源的一种优化配置,因此转移这部分剩余劳动力不仅不会对农业产值增长产生不利影响,反而会促进农业产值增长且加快农民增收。经济增长与劳动力充分利用是正相关关系,而劳动力的充分就业一方面是指具有劳动能力的人都有工作,另一方面是指劳动力在社会经济不同产业之间的合理配置,使其为经济做出应有的贡献。

二、就业状况与产业结构调整

农村剩余劳动力转移是发展中国家工业化进程中不可逾越的阶段,其实质是就业结构变动对产业结构变动的调适,它具有工业化、资源配置优化和国民致富的意义。发达国家经验说明,工业化实现的就业比重标准是农业从业人员就业比重降到 10% 左右。

通过将农村剩余劳动力转移到非农产业,实际上是通过调整农村劳动力资源在不同产业之间的分布而提高劳动生产率。甘肃牧区由于属于高寒和干旱少雨地带,无霜期短而农闲时间较其他地区要长一些,农村牧区劳动力相对剩余率较高,因此农村牧区剩余劳动力的转移对于本地区农牧民增收即地区经济发展具有重要的意义。

农村牧区剩余劳动力的转移促进地区经济发展是通过劳动力在不同产业之间的流动来实现的。劳动力作为重要的生产要素,它在不同产业之间的流动推动了产业结构的转变,而且通过产业结构的变化促进了经济增长。对于产业结构变化和经济增长的相互作用已经被经济发展的实践所证实,现阶段我国的产业分类是以三次分类法为标准分为第一、第二、第三产业,因而我国产业结构的调整也将是三次产业之间及产业内部的调整。在衡量产业结构是否合理及所存在的问题上可采用产业结构偏离度与比较劳动生产率两个指标来说明。三次产业结构和劳动效率的差别、产业间的比较可以反映出各产业效率的差别和产业结构是否合理。产业偏离度越小,比较劳动生产率越高,说明劳动效率越高。

产业结构偏离度指标是劳动力结构与产值结构之间的一种不对称状态的指标,用以描述不同时期或不同地区在产业结构效益上存在的差距。

产业结构偏离度 = 劳动力投入份额 - 产值份额

比较劳动生产率指标主要用于对某一地区各个产业的效益进行比较,测定在经济结构变动中各产业份额变动的方向。

比较劳动生产率 = 产值份额/劳动力投入份额

下面采用产业结构偏离度和比较劳动生产率指标来分析甘肃牧区劳动力从业及产业之间的联系,测出其产业偏离度与比较劳动生产率进而解释本地区产业结构发展阶段。产业结构的转换不仅受到经济发展阶段、经济增长速度的影响,而且也受到各个生产要素的影响,产业结构是否合理反过来又会影响经济的健康平稳运行和经济增长的质量。测算结果如表9-6所示。

表9-6 甘肃牧区劳动力就业及产业结构状况测算

地区	第一产业		第二、第三产业	
	产业结构偏离度(%)	比较劳动生产率	产业结构偏离度(%)	比较劳动生产率
瓜州县	64.56	0.21	-64.56	4.49
肃北县	82.65	0.02	-82.65	5.58
阿克塞县	68.97	0.05	-68.97	2.80
永登县	43.19	0.14	-43.19	1.26
环县	58.32	0.21	-58.32	3.15
华池县	80.68	0.06	-80.68	6.09
永昌县	45.59	0.31	-45.59	2.24
靖远县	39.13	0.55	-39.13	2.95
漳县	11.54	0.65	-11.54	1.04
岷县	34.95	0.62	-34.95	2.76
民勤县	35.15	0.79	-35.15	3.83
天祝县	54.11	0.21	-54.11	2.47

续表

地区	第一产业		第二、第三产业	
	产业结构偏离度(%)	比较劳动生产率	产业结构偏离度(%)	比较劳动生产率
肃南县	72.45	0.02	-72.45	2.94
山丹县	24.41	0.28	-24.41	0.86
合作市	79.34	0.09	-79.34	6.94
迭部县	57.12	0.37	-57.12	5.33
玛曲县	61.50	0.45	-61.50	11.99
碌曲县	59.15	0.51	-59.15	12.89
夏河县	44.59	0.50	-44.59	3.52
卓尼县	51.23	0.46	-51.23	4.78

甘肃牧区各县(区)的三次产业结构偏离度和比较劳动生产率差异很大,第一产业一直表现出很大的正向偏离度,第一产业的比较劳动生产率极低,这说明该地区的第一产业集中了太多数量的劳动力,使生产效率降低;第二、第三产业表现出很大的负向偏离度,偏离度绝对值增加较快,比较劳动生产率较高,这表明第二产业生产效率高,但其所吸收的劳动力比重不高。

总的来看,本地区三次产业生产效率的差别比较大,产业结构关联度不高,农业中滞留了大量剩余劳动力,经济效益低下。第二、第三产业吸收劳动力能力有限,制约了农村剩余劳动力的有效转移,这又反作用于产业结构,产业结构的不均衡发展,整体效益水平偏低,产业结构转换受到阻碍,不能更好地发挥促进地区经济发展的作用。

三、牧区劳动力就业特点

根据以上对甘肃牧区劳动力就业的基本情况的分析,可以看出该地区劳动力就业具有如下特点:

1. 第一产业就业比率偏高,劳动力输出比例偏低

2009年全牧区从事农林牧渔业的劳动力为118.37万人,占牧区劳动力总量的70.44%。从事农林牧渔业的劳动力大部分又集中在种植业和牧业,牧区的富余劳动力也大体集中在这两个行业。从事非农产业的劳动力为49.68万人,占牧区劳动力总量的29.56%,从事农业和非农产业的比例大体为2.38:1。

由于受经济、交通条件等因素的限制,农村牧区劳动力的思想保守,认识和接受外界新生事物慢,严重地制约着农村劳动力转移。农业突出的季节性特征,农村劳动的转移有相当一部分是季节型和兼业型的,劳动者需要经常往返于农村家庭

和非农业就业地点之间,经常长距离流动,交通困难,交通费用过高,必然会加大农村劳动力输出就业的成本,导致一部分收益的损失,甚至使实现转移的就业机会白白浪费掉。由于主观上的认识不足和客观上种种不利因素的限制,劳动力输出比例偏低。因此,甘肃牧区农村劳动力输出比例很低,与全区及全国的比例相比偏低,对于提高农牧民收入、加快农业产业结构调整方面还没能够起到有效的作用。

2. 各县区间劳动力就业状况存在较大差异

总体上甘南纯牧业县区第一产业从业人员比率高于河西、陇中、陇南的半农半牧业县区。其中,玛曲、碌曲二县的第一产业从业人员比率最高,达92%以上;山丹、漳县、永登三县的第一产业人员比率最低,分别为46.1%、50.9%和55.7%。

甘肃牧区上述劳动力就业特点可以由其地理位置、自然资源、产业结构的不同而形成的不同的生产方式加以解释,即农耕文化和游牧文化这两种不同经济文化体的积淀。

农耕文化因其自身的特征,人口较多且所需要的劳动力也较多,但由于现阶段本地区与全国其他农区一样可开垦的耕地已经到了顶点,几乎没有继续扩大耕地面积的可能,而且由于生态环境的恶化,近些年,国家一直采取退耕还林、还草的政策,因此在耕地面积不变的情况下,人口的不断增长及乡村劳动力资源的不断增长会更加加重农业的就业压力甚至农业产值增长也将是缓慢的。与大部分贫困农区一样,本地区的农业生产方式长时间处于一种状态,采取传统的耕作方法,农业生产的技术投入非常低,甚至大部分农民不接受先进生产技术,仍然"靠天吃饭",这种生产方式既需要大量的劳动力也无法快速提高农民收入、加快农业的发展。解决这一问题的主要措施之一就是让一部分农民离开土地,从事劳动生产率高于农业的其他任何非农产业,也就是转移农村剩余劳动力。

与此相反,游牧文化的积淀——畜牧业,由于人口的增长、牲畜的增多,对于草场掠夺性的放牧导致草场退化甚至很大一部分草场已经沙化而无法放牧,近些年国家也一直在控制草场的放牧量,按草场合理载畜量来保护草场。但是从总体上看,牧区的人口远低于农区这一特点应从牧业自身原有的生产特征解释,现代的围栏式圈养畜牧业与传统纯粹意义上的游牧有很大的区别。现在的畜牧业虽然某种意义上说仍然属于游牧,但与传统游牧相比,其游牧范围及游牧时间上远远小于传统游牧,可以说,现在的圈养畜牧业相比而言需要的劳动力相对高于传统游牧畜牧业,但与种植业相比所需的劳动力较低。

因此,一方面从种植业和畜牧业自身的生产特点不难得出从业劳动力数量的差别。另一方面还可从农民和牧民的收入差别可知种植业劳动生产率远低于畜牧业劳动生产率,也就是畜牧业对于劳动力的利用效率高于种植业。因此本地区农村牧区剩余劳动力的大部分存在于种植业,而这一点同样可从乡村劳动力从业比例中得出。

3. 农村牧区劳动力自身的技能、智力、文化素质与市场需求不相适应

据抽样分析，甘肃牧区农村劳动力大部分属于社会中文化水平最低的人口。随着经济社会的快速发展，社会对于劳动力的需求条件越来越高，而农民文化程度、文化素质低造成接受新的脱贫致富知识能力、技能经验差，缺乏创新精神。这严重阻碍了农村劳动力转移和农村经济发展。农村劳动力大多只凭借传统的简单经验去耕作土地，即使具有初中、高中文化程度的劳动力，多数也没有掌握技能和技术，而现代的非农业部门对劳动者的要求较高，因此，劳动力素质低导致农村劳动力基本上只能从事传统的交通运输业、批发零售贸易业、建筑业的小工以及低层的服务业，而难以进入较高层次的新兴产业。

4. 组织化程度低，盲目性高，输出缺乏可持续性和确定性

据抽样分析，甘肃牧区的外出劳动力大部分是由亲朋好友介绍而转移的，政府在农村牧区劳动力转移上的组织力度远远不够。由于农村牧区劳动力市场尚不健全，组织化程度低，大部分农村牧区劳动力向外转移以自发为主，盲目性和无序性较大，一些权益不能得到保障。而且多数转移劳动力保留着农民身份，职业稳定性差，缺乏可持续性和确定性。农牧民不离开土地一方面是因为没有任何保障，因此政府统一组织转移则可避免农民这一心理顾虑，可鼓励他们离开土地从事非农产业。

5. 体制存在缺陷，就业结构转换难

要想富裕农民，必须减少农民。虽然近些年来逐步消除了城市面向农民高筑的户籍壁垒和一些不合理规定，城乡二元结构对农村劳动力转移的制约有所减弱。但农村劳动力的自由流动仍然存在诸多障碍。农民进城务工或定居还享受不到失业、医疗和养老等社会保障，也无法获得与当地居民同等的子女就学、医疗保健等公共服务。目前一些地区和单位为了腾出岗位，帮扶城市特困下岗失业人员再就业，清退了包括农民工在内的临时用工人员，使一些农民工失去了就业机会，城市企业在用工制度上存在的对农民工的歧视并未根除。而"遍地开花"的小城镇由于规模小、基础设施落后、综合效益差，承载劳动力的能力有限，农村劳动力就业结构转换难。

第三节 促进劳动力多渠道就业的对策

由于受传统落后就业观念的影响，西部民族地区牧区做好农牧民转移和多渠道就业具有复杂性和长期性，实现农牧民转移就业不可能一蹴而就。地区应结合实际，完善措施，保障农牧民转移就业能够得到健康发展。

经济增长与减贫的非均衡性

一、重视促进牧区劳动力就业的重要意义

改革开放以来的实践证明,发展以劳动力就业为主要导向的劳务经济,已经成为广大农牧业地区最具潜力和最有活力的经济增长点,成为广大农牧民最直接、最有效的增收主渠道,对全面建设小康社会具有重大的经济意义和政治意义。

首先,发展劳务经济是解决牧区发展的重要途径。甘肃省牧业地区劳动力数量充足,缺点是资本、技能、就业不足。而在牧区就业机会相对较少,出路在于扬长避短,通过发展劳务经济引导劳动力向第二、第三产业和城镇有序、有效转移。劳务经济的兴起,为解决牧区发展特别是增加农牧民收入找到了一条现实而有效的途径。

其次,扩大劳务经济是统筹城乡发展、加快牧区城镇化进程的客观要求。当前牧区经济发展中存在两个紧密联系、互相制约的问题。一个是由于城镇化水平低、城市人口少,大量农产品销售不畅;另一个是农牧民收入和购买力低、有效需求不足,农村消费很难启动,城市工业品市场萎缩,处于相对过剩状态。解决的办法在于调整城乡结构,促进城镇化发展,而牧区富余劳动力向非农产业和城镇转移,是工业化和现代化的必然趋势。

最后,劳务经济的发展不仅大量地创造物质财富,促进了城乡物质文明建设,而且有效地改造了牧区外出就业人员的精神世界,促进了牧区政治文明和精神文明建设,推动了社会的全面进步。大量外出就业人员脱离了落后的小农经济的生产生活方式,受到了现代工业和城市文明的熏陶,接受了市场经济的思维方式,学到了技术和本领,提高了综合素质,成为适应现代社会的崭新劳动者。

二、努力提高劳动者的文化素质和劳动技能,拓宽就业渠道

随着市场经济体制的不断深入,社会各方面对劳动力素质的要求越来越高,对技能水平的掌握和运用、信息的收集、就业的要求等都需要一定的文化素质。因此采取措施,多渠道、多形式地加强牧区劳动力的文化教育,定期、定向加强技能培训,提高牧区劳动力的就业能力,以增强牧区劳动力的适应能力,扩展其就业空间。

首先要统筹牧民培训工作,制订培训计划,要重点支持农牧民外出前的培训。其次充分利用现有教育、培训基地师资,发挥现有培训资源的作用,充分调动各类培训机构、用人单位、各种专门人才的积极性,多渠道、多层次、多形式开展农牧民工培训。最后按照不同区域、不同行业要求,面向不同培训对象,采取不同的培训内容和形式。对外出就业的牧区劳动力进行基本技能和技术操作规程的培训。利用广播、电视等远程教育和短期培训班等方式,充分发挥现有教育资源作用,鼓励各类培训机构与劳务市场和用工单位签订合同,以需定培,定向培训。要以市场需

求为导向,以提高就业能力和就业率为目标,坚持技能培训与素质教育相结合,培训与就业相结合,增强培训的针对性、适应性和实效性。

三、积极推进牧区产业结构调整,挖掘农牧业内部就业潜力

20世纪80年代初期,农牧业是西部牧区劳动力就业主要场所,而在80年代中后期,由于多种经营的发展和乡镇企业的异军突起,牧区非农产业成为牧区劳动力就业和转移的主要渠道,农牧业对牧区劳动力就业的作用转而保持稳定。进入90年代以后,农产品供求关系从长期短缺转变为供求平衡、丰年有余,农牧业就业绝对数量开始减少。从近几年实践来看,通过发展农牧业设施,通过发展劳动密集型农产品生产、农牧业产业化经营和延长农牧业产业链,农牧业吸纳就业的能力和潜力又有所恢复和提高。现阶段解决牧区劳动力转移和就业问题,要进一步挖掘和充分利用好这种潜力。

四、发展第二、第三产业,继续拓宽牧区劳动力就业渠道

改革开放以来,以乡镇企业为主体的牧区第二、第三产业一直是牧区劳动力就业和转移的主要场所。20世纪80年代中期以后,大量的农牧业劳动力进入这个领域就业。其后受到国民经济增长速度缓慢的影响,以乡镇企业为主体的牧区第二、第三产业吸纳就业的能力有所下降。到90年代中期,乡镇企业获得了二次创业的机会,吸纳就业的潜力又一次得到充分发挥。总体上看,尽管乡镇企业就业的增长率年度间波动很大,但总量一直都是扩张的趋势。在现阶段,牧区第二、第三产业将继续为牧区劳动力转移和就业做出巨大贡献。

五、加速城市和小城镇发展,统筹城乡经济社会发展

城市化是转移牧区劳动力的根本途径之一。西部牧区城市化水平与全国平均水平相比较为落后。由于城市化不发展,第二、第三产业很难分享聚集效应,制造业"小而全"、"大而全",布局分散、重复建设的格局和外部不经济的问题就难以解决,地区经济的"增长极"就难以形成,地区经济的合理结构和产业结构的高度化就缺乏动力和必要的依托,就业潜力巨大的第三产业吸纳就业的能量就难以释放,城乡就业矛盾就难以缓解,牧区剩余劳动力的转移就会受到阻滞,传统农牧业的生活方式、消费方式就难以改变。因此,只有城市的率先发展,才能产生巨大的物流、人流,才能有二次分配和二次消费,才会带动服务业的繁荣,农牧民才能找到就业机会。因此必须加快推进城镇化,尽快让更多的农牧民变成市民。

发展小城镇是推进城镇化的重要途径。小城镇是城镇化的一条重要途径。现阶段转移牧区劳动力,小城镇仍将担当重要角色。首先要按照统一规划、合理布局

经济增长与减贫的非均衡性

的要求,抓紧编制小城镇发展规划,并将其列入国民经济和社会发展计划。重点发展现有基础较好的建制镇。完善城镇功能,提高城镇建设水平,更多地吸纳牧区人口。优先扶持县、乡(镇)所在地、乡镇工业小区、交通要道和贸易集散地的牧区小城镇建设,建成工业主导型、商品化牵引型、古镇风貌型、农业开发型、旅游开发型、交通枢纽型、资源开发型、文化促进型等各具特色的小城镇。重点支持区位优势和发展潜力比较明显的县城加快发展,以资源开发和项目建设为依托,有重点地进行小城镇建设。要从实际出发,因地制宜,加强生态保护和治理,积极发展生态经济和生态旅游小城镇建设,通过合并乡镇,吸引牧民到城镇定居。其次要引导乡镇企业逐步向小城镇集中,培育小城镇经济。要制定鼓励乡镇企业向小城镇集中的政策,通过集体建设用地流转、土地置换、分期缴纳土地出让金等形式,合理解决乡镇企业进镇的用地问题,降低企业搬迁的成本。最后要制定优惠政策,鼓励多渠道、多形式投资兴办小城镇基础设施和公用事业。各级政府对小城镇基础设施建设,要给予必要的支持。

六、建立灵活的土地草场集中与流转制度

目前,牧区劳动力转移就业大多数是兼业性转移,土地草场仍然是他们维持家庭生计的最大保险,他们对拥有土地草场有很强烈的愿望,希望能够长期保留自己承包经营的土地。为了让农牧民能够放心地转向非农产业和城镇就业,在没有其他手段可以代替土地作为农牧民的基本生活保障之前,必须贯彻落实《牧区土地承包法》,长期稳定牧区土地草场承包关系。

《牧区土地草场承包法》明确家庭承包经营的承包期耕地 30 年不变,草地 30~50 年不变,林地 30~70 年不变。贯彻落实这些规定,关键是把土地承包落实到具体农户和具体地块,与农户签订承包经营合同,向承包户发放承包经营权证书,排除对土地承包经营权的各种干扰和侵害。同时,要建立土地流转机制,确保农牧民对承包土地草原的收益。牧区土地流转是经济发展和牧区劳动力转移的客观要求和必然反映。随着牧区经济的发展,大量牧区劳动力转移到非农产业就业,牧区土地流转将成为新阶段的牧区土地制度建设的一个重要方面,速度会加快、面积会增加、范围会扩大,需要解决的问题很多。从长远看,关键是要按照市场经济体制的要求,建立起合理的土地流转机制,发挥市场配置牧区土地资源的基础性作用。

七、改革户籍管理制度,搞好进城农牧民社会服务

要加大户籍制度的改革力度,尽快消除城乡分割体制的滞后影响,加速农牧民市民化进程。虽然市场机制在劳动力配制方面的作用日益加大,但迄今尚未形成城乡统一的劳动力市场,城乡劳动力市场仍然存在着由制度性因素造成的分割性。

为此，必须继续推进户籍制度改革，加快建立城乡统一的劳动力市场，使农牧民加快市民化步伐。改革户籍管理制度，一是要逐步实现城乡身份权益均等；二是建立以居住地划分城镇人口和农村人口，以实际职业划分农业人口和非农业人口的制度；三是长期在城镇工作、居住，有相对稳定收入来源的务工经商户，本人申请，自愿退出耕地的，原则上均应批准接纳为城镇户口；四是凡有能力在城镇购置住房和有一定投资能力的，要求到城镇安家落户的，也应予以批准。户籍制度改革的目的是要尽快形成城乡结合、产业联动和利益驱动的合理运行机制。户籍制度改革的核心内容是剔除黏附在户籍关系上的种种社会经济差别，真正做到城乡居民在发展机会面前地位平等，获得统一的社会身份。户籍制度改革的背后是城市用工制度的改革和城市旧的福利体制的改革。在就业制度上，应该建立"企业自主用人，劳动者自由择业"的市场化的就业制度。要建立新的人口登记和管理制度，对人口实行开放式的户口制度。任何人无论是从牧区迁移到城市，或是从一个牧区迁移到另一个牧区，只要符合一定的条件和要求，如有稳定的收入来源，居住时间达到一定年限等，就可以依法获得合法的居住身份，并依法享受相应的权利和承担相应的义务。

八、各级政府搞好组织、引导、调控、服务工作

各级政府要搞好组织、引导、调控、服务工作。首先，政府在制定产业政策时，要对牧区劳动力就业做出总体统筹计划，指导牧区劳动力在一定的就业空间进行合理流动。要积极支持农牧民进入城乡劳动力市场，让市场分化农牧民。其次，政府要通过不断完善劳动力供求信息的收集与发布手段，使市场信号更好地发挥引导劳动力就业的作用，减少劳动力就业中的盲目性。再次，劳动力进入市场，既要遵循价值规律、供求规律，又要求政府完善调控手段。要借助于政府运用计划、财政、信贷、价格、税收等经济杠杆和必要的户籍管理、土地制度等手段，确保劳动力的合理就业，保证城乡经济协调稳定发展。最后，牧区劳动力同农牧业经济一样，在市场经济条件下，同样表现为"弱质"。因此，政府要一方面积极为劳动者创造新的就业机会，建立较为完备的劳动力供求机制；另一方面帮助农牧民摆脱几千年自然经济和几十年产品经济的影响，提高牧区劳动力的素质，主动适应市场。

要增强组织化程度，做好劳动力转移工作，为牧区剩余劳动力提供正确的市场导向，及时准确地提供切实可行的用工信息。要建立为农牧民外出提供服务的民间中介咨询组织或政府劳务信息服务机构，尽量帮助农牧民减少外出的盲目性。加大就近、就地和异地转移的力度，有组织、有计划、全方位、多渠道合理开发和配置劳动力资源。各级政府应列出专项资金，成立劳动力输出扶助基金会，每年安排专项资金对外出务工和在外地定居的贫困农牧民，以借款方式给予单程路费扶持，

经济增长与减贫的非均衡性

必要时给予一定补助;对在省内外兴办经济实体,自谋职业的,各级政府可根据实际情况,协助提供小额贷款。各地应制定具体办法,鼓励乡镇工作人员组织和带领农牧民外出务工并取得劳务报酬,在完成一定量劳务输出任务、维护输出人员合法权益的前提下,可同时享受原工作单位的工资福利待遇。

要加强管理,维护牧区劳动力的合法权益。建立流动就业管理组织,在牧区外出劳动力相对集中的地区设立诸如办事处的组织,为牧区劳动力提供就业信息和法律法规咨询服务,帮助解决劳务、劳资纠纷,使牧区劳动力朝着健康有序的方向转移。要切实解决拖欠农牧民工资、工伤事故和职业病防护没有保障的问题,保护农牧民工的合法权益。一是鼓励多部门、多渠道、多形式为农牧民工提供法律服务,调解劳动纠纷,协调处理外出就业人员的伤、残、病、亡事故,维护农牧民工的合法权益。二是要严厉查处拖欠和克扣农牧民工资的行为。要责令用人单位及时补发拖欠和克扣农牧民的工资,并依照有关法律法规予以相应处罚。对拖欠和克扣农牧民工资数量大、时间长、性质恶劣的用人单位,要依法追究刑事责任。三是切实加强劳动合同管理,用人单位必须与农牧民签订劳动合同。

第十章 西部民族地区企业创新能力调查与评价

西部地区是我国经济发展中的一个重要组成部分,认真研究西部地区尤其是民族地区的区位特征及优势,探索其发展之路,是十分紧迫和重要的。目前,西部民族地区经济社会发展比较落后,一些地方才初步达到小康水平,正在向初步小康社会过渡,加快西部民族地区经济社会的发展无疑是现代化进程中的一项艰巨的历史任务。要实现西部民族地区跨越式的发展,必须发挥科技创新在推进国民经济和社会发展中的决定性作用。

对于西部民族地区的科技创新发展,从内部来看,科技制度改革虽然进展顺利但却亟待深化,其中最突出的问题是创新系统的整合效率过低。经济虽然取得了高速发展但仍以外延增长为主,经济发展与科技创新能力之间还没有形成内在的共生关系。科技创新的储备不足,创新乏力。从外部来看,改革开放30多年来,西部民族地区科技创新投入虽然已经有了极大的增加,但增加的比例和数量仍然很低。据统计资料显示,1990~1996年,全球订立的3984个技术联盟中,西部少数民族地区参与订立的战略技术联盟则没有。对专利尤其是高技术领域的专利拥有量少,有资料显示,在生物工程领域,美国拥有世界专利总量的59%,欧洲19%,日本17%,而西部少数民族地区拥有量不到3%。

虽然西部少数民族地区科技发展较为滞后,但科学技术仍然具备一定的基础,科学技术作为第一生产力,仍是西部民族地区经济社会发展的决定力量。虽说西部少数民族地区科技创新力量相对较弱,但也具备一定的基础和条件,并且已经涌现出许多引人注目的科技创新成果,显示出巨大的效益,具有很大的推动和带动功能。据有关统计,2003年西部民族地区科研机构总数为1697个,科技活动人员为737116人,其中科学家和工程师46150人,占科技活动人员比重的6.3%。从西部民族地区科学技术的地位和科技创新的作用看,科技创新和科技进步正成为西部

经济增长与减贫的非均衡性

民族地区经济社会发展的强大动力。而且,西部民族地区科学技术发展水平与发达国家、与我国先进地区存在的差距,正好给科技创新提供了更大的创新空间,也使科技创新能够发挥更大的促进作用。

第一节 西部民族地区企业技术创新的基本情况

本次调查选定了甘南藏族自治州和临夏回族自治州的100家企业,共发放调查问卷100份,其中甘南藏族自治州发放问卷60份,临夏回族自治州发放问卷40份。最终根据问卷问题回答的一致性原则,选择出用于分析的有效问卷75份,其中甘南藏族自治州返回问卷41份,临夏回族自治州返回问卷34份。有效问卷占全部问卷总比重的75%。

这项问卷调查的样本分布于20余个行业,其中大型企业6家、中小型企业69家。样本企业中涉及国有企业7家、集体企业8家、股份制企业20家、民营企业40家。该调查问卷准确反映了企业总体的技术创新特征,并突出了中小型企业制造业和服务业企业的技术创新特征。问卷采用非按比例分层抽样,在样本企业中,中小型企业、制造业和服务业企业占有较高的比重。这一样本基本上能够反映西部民族地区企业构成和技术创新的现实情况。

一、技术创新投入

问卷中涉及技术创新投入状况的7个问题的调查结果如下:

(1) 建立研发机构情况。有研发机构、能独立从事研究开发的占14.67%;有研发机构、不能独立从事研究开发的占38.67%;没有研发机构的占46.66%。

(2) 是否有必要建立研发机构。认为很有必要的占43.9%;认为完成部分工作有必要的占21.95%;认为可有可无的占8.54%;认为基本没必要的占24.39%;认为完全没有必要的占1.22%。

(3) 研发经费来源。本企业积累占66.27%;政府拨款占6.02%;合作方投入占19.28%;其他占8.43%。

(4) 研发费用占销售收入比重。大于50%的占4.71%,30%~50%的占9.41%,10%~30%的占10.59%;5%~10%的占16.47%;5%以下的占58.82%。

(5) 从事研发的人员占全部人员的比例。30%~50%的占4.84;10%~30%的占11.29%;5%~10%的占22.58%;5%以下的占61.29%。

(6) 用于技术改造和引进的费用占全部销售收入的比例。30%~50%的占6.67%;10%~30%的占13.33%;5%~10%的占28.33%;5%以下的占51.67%。

(7)每个研发项目的投入费用。50万元以上的占8.47%;20万~50万元的占6.78%;10万~20万元的占16.95%;10万元以下的占16.95%;5万元以下的占50.85%。

技术创新投入情况表明:西部民族地区企业独立研发的能力较低,仅有不足15%的企业有独立研发能力;对研发的必要性有了一定的认识,有65%的企业都认为有必要建立研发机构;企业从事的研发经费主要来自企业积累;研发费用占销售收入的比重普遍较低,近60%的企业研发投入不足5%;研发人员比重普遍较低,超过60%的企业研发人员比重低于5%;技术改造和引进费用比重普遍较低,10%以下的占80%;平均每个研发项目的投入费用偏少,超过50%的企业研发投入不足5万元。

二、技术创新管理

问卷中涉及技术创新管理状况的4个问题的调查结果如下:

(1)企业领导对技术创新的态度。非常重视占25.33%;有一定的重视占37.33%;一般占29.33%;不重视占8.01%。

(2)是否有完备的创新激励机制。非常完备占4.17%;有一定制度占45.83%;在计划当中占30.56%;没有占19.44%。

(3)是否有对高技术人才的长久吸引力。有,非常强占16.44%;有,吸引力一般占43.84%;目前暂没有这一能力占39.72%。

(4)企业技术创新的目的。认为是开发新产品的占36.13%;认为是降低成本的占34.23%;认为是改善职工工作条件的占6.31%;认为是减少企业生产污染的占16.22%;认为是维持企业生存的占8.11%;认为是其他占110.01%。

技术创新管理情况表明:西部民族地区超过60%的企业领导对技术创新较为重视;有76%的企业有一定的技术创新激励机制;有超过60%的企业认为有对高技术人才的长久吸引力;有超过70%的企业认可技术创新可以开发新产品和降低成本。

三、技术创新开展

问卷中涉及技术创新管理状况的7个问题的调查结果如下:

(1)推动企业技术创新动力。满足市场需求占44.09%;应对竞争对手占22.58%;新科技出现占5.38%;政府政策支持占10.75%;企业生存必需占17.2%。

(2)阻碍企业开展技术创新的主要原因。缺乏人才占29.63%;缺少资金占59.26%;其他原因占11.11%。

(3)企业主要从事技术创新的类型:基础性研究占8.24%;应用性研究占16.47%;试验性研究占3.53%;产品改良占36.47%;技术改良占35.29%。

(4)企业的研发人员能力。比较强占12.68%;一般占38.03%;不足占

12.68%；很差占 36.61%。

（5）企业的生产技术装备。国内先进水平占 6.76%；地区先进水平占 28.38%；一般水平占 40.54%；较陈旧占 24.32%。

（6）企业高级研发人员占全部研发人员的比重。大于 20% 占 1.37%；10%~20% 占 2.74%；5%~10% 占 6.85%；低于 5% 占 23.29%；基本没有占 65.75%。

（7）企业的研发成果转化为产成品的平均时间。3 个月以内占 5.36%；半年以内占 44.64%；一年以内占 33.93%；二年以内占 10.71%；二年以上占 5.36%。

技术创新开展情况表明：绝大多数企业的技术创新由市场和需求推动，占总数的 65% 以上；资金和人才因素排在阻碍企业开展技术创新活动的前两位；产品和技术改良占到全部的 70% 以上；研发人员能力普遍不强；技术装备较为陈旧；高级研发人员比重极低；成果转化较快。

四、技术创新产出

问卷中涉及技术创新产出状况的 5 个问题的调查结果如下：

（1）推动企业技术创新成功的最重要内部因素。高层领导的支持占 37.11%；高水平人才占 21.65%；部门间的合作占 12.37%；研发梯队占 2.06%；激励制度占 8.25%；其他占 18.56%。

（2）推动企业技术创新成功的最重要外部因素。与其他企业的合作占 29.17%；政府的支持占 29.17%；与科研院所的合作占 15.63%；与大学的合作占 10.42%；获得一定的咨询服务占 3.13%；其他占 12.48%。

（3）引起企业技术创新失败的前三个原因：技术不足占 25.35%；资金不足占 41.55%；组织混乱占 1.41%；领导不支持占 14.78%；合作方出现问题占 4.23%；市场预测不准确占 4.93%；其他原因占 7.75%。

（4）企业拥有专利的数量。两项以上发明专利占 3.03%；一项发明专利占 10.61%；两项实用新型专利占 1.52%；一项实用新型专利占 1.52%；目前还没有的占 83.32%。

（5）企业技术创新的主要方式。自主开发占 20.69%；与高校合作占 3.45%；与企业合作占 22.99%；与科研院所合作占 9.2%；国内引进占 18.39%；国外引进占 4.6%；参与政府的科技创新计划占 20.68%。

技术创新产出情况表明：高层领导支持、高水平人才是推动企业技术创新成功最重要的内部因素；与其他企业合作、政府支持是推动企业技术创新成功最重要的外部因素；技术不足、资金不足和领导不支持排在引起企业技术创新失败原因的前三位；有 83.33% 的企业没有专利；企业技术创新主要以自主开发、与企业合作、国内引进、参与政府科技创新计划为主。

五、技术创新转化

问卷中涉及技术创新转化状况的 4 个问题的调查结果如下：

（1）企业对技术创新成果的市场需求预测程度。较准确占 33.43%；一般占 49.28%；不太准确占 18.84%；很不准确占 1.55%。

（2）企业研发部门与销售部门之间的沟通渠道。非常畅通占 2.89%；较畅通占 27.54%；一般占 49.28%；不太畅通占 17.39%；基本没有沟通占 2.9%。

（3）企业技术创新成果的销售额占企业全部收入的比例。50% 以上占 1.64%；30%~50% 占 4.92%；10%~30% 占 14.75%；5%~10% 占 22.95%；不足 5% 占 55.74%。

（4）企业的技术创新成果通常的选择。自己生产产品占 89.09%；出售技术的使用权占 1.82%；将技术所有权转让占 3.64%；暂时不使用，先申请专利占 3.64%；部分技术创新成果一直没有很好利用占 1.81%。

技术创新转化情况表明：企业对创新成果的市场需求预测程度一般；研发部门与销售部门间沟通一般；创新成果的销售额占企业全部收入的比例过低；企业的技术创新成果以自己生产产品为主，技术创新成果的市场化率很低。

六、技术创新合作

问卷中涉及技术创新合作状况的 8 个问题的调查结果如下：

（1）企业是否有技术创新的合作行为。有占 50.67%；没有占 49.33%。

对无合作创新企业的调查：

（2）合作技术创新和自主创新的比较。合作创新效果好占 16.11%；差不多占 36.11%；自主创新效果好占 13.89%；与企业本身有关占 5.56%；不能判断占 28.33%。

（3）企业没有技术创新合作行为的主要原因。合作创新效果不好占 4.26%；风险太大占 6.39%；合作方不好寻找占 31.91%；行为不容易控制占 2.12%；缺乏管理制度和管理模式占 10.64%；成果不好分配占 4.26%；缺乏激励机制占 2.12%；自身企业缺乏技术实力占 10.64%；没有资金占 27.66%。

（4）企业参与合作技术创新的必要条件。认为自身企业的技术实力强占 17.39%；认为对合作方非常熟悉占 10.87%；认为之前有一定的合作经验占 8.7%；认为合作方的信誉很好占 8.7%；认为有充足的资金占 54.34%。

（5）企业理想的合作技术创新伙伴。认为是本行业中的企业的占 60%；认为是其他上下游企业的占 12.5%；认为是高校的占 2.5%；认为是科研院所的占 17.5%；认为是政府部门的占 7.5%。

对有合作创新企业的调查结果如下:

(6)企业合作技术创新和自主创新的比较。认为合作创新效果好的占73.86%;认为差不多的占10.53%;认为自主创新效果好的占5.26%;认为与企业本身有关的占10.35%;认为不能判断的无。

(7)企业目前合作技术创新伙伴。本行业中的企业占55.56%;其他上下游企业占9.26%;高校占3.7%;科研院所占24.07%;政府部门占7.41%。

(8)合作的最长时间与最短时间(如图10-1所示)。

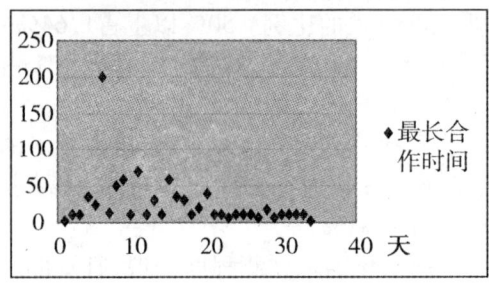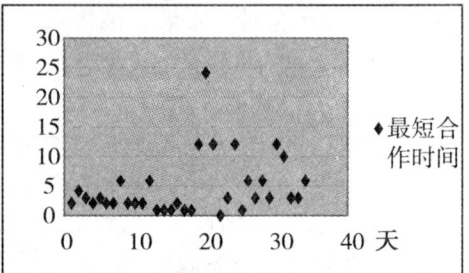

图10-1　企业合作技术创新的最长时间和最短时间的散点图

技术创新合作情况表明:对于无合作的企业,对合作创新与自主创新无法判断,而对于有合作的企业,认为合作创新效果明显好于自主创新;无合作企业认为没有合作的主要原因是合作方难找、资金缺乏,无合作企业认为参与合作的必要条件是资金充足;而无合作和有合作创新的企业均认为本行业中企业是理想的合作伙伴,科研院所其次,高校最少;根据图10-1可以发现,企业合作技术创新的最长时间在12个月左右,最短时间在2个月左右。

第二节　西部民族地区企业技术创新的影响因素分析

利用企业技术创新相关问题研究中已经识别出来的影响因素,构造了西部民族地区企业技术创新影响因素指标体系(如表10-1所示)。

表 10 – 1　甘肃省少数民族地区企业技术创新影响因素指标体系

	贵企业该项技术创新的结果为:1. 成功(　)　2. 失败(　)						
	各类因素在技术创新中的重要性评分						
	1分	2分	3分	4分	5分	6分	7分
高层领导的支持							
技术创新经验							
技术创新方式选择							
本企业技术能力							
技术本身的难度							
合作伙伴的信息							
技术的前景							
企业文化							
管理措施							
研发人员待遇							
政府的支持							
资金							
激励机制							

注:表中的量化处理借用了已有研究中 1~7 分的评价方法(如郭小川,2002)。

一、分析方法说明

根据研究问题的特殊性,选取了 α 信度分析、因子分析和 logistic 回归模型的综合分析方法,分析原理如下。

1. α 信度分析模型

信度主要表现为测验结果的一贯性、一致性、再现性和稳定性。一个好的测量工具,对同一事物反复多次测量,其结果应该保持不变才可信。信度分析主要用于问卷调查的有效性分析。信度只受随机误差影响,随机误差越大,测验的值越低。因此,信度也可视为测量结果受随机误差影响的程度。系统误差产生恒定效应,不影响信度。

在测量学中,信度被定义为一组测量分数的真变异数与总变异数(实得变异数)的比率,即:

$$r_{xx} = \frac{S_T^2}{S_X^2}$$

其中,r_{xx} 为信度系数,S_T 为真变异数,S_X 为总变异数。

在实际测量中,因为真值是未知的,故信度系数不能由以上公式直接求出,而只能根据一组实得分数(测得值)做出估计。

信度估计的方法采用 α 信度系数。这是目前最常用的信度系数,它表明量表中第一题项得分间的一致性。该方法适用于项目多、重记分的测验数据或问卷数据。α 信度系数可以解释在分数的变异中,有多大比例是由真分数所决定的,从而反映受随机误差影响的程度,反映出测试的可靠程度。可以把 α 信度系数视为相关系数,它的取值范围从 0 到 1。

2. 因子分析模型

因子分析就是寻找潜在的起支配作用的因子模型的方法,探讨在存在相关关系的变量之间,是否存在不能直接观察到,但对可观测变量的变化起支配作用的潜在因子。

设有原始变量 $X_1, X_2, \cdots, X_m$。原始变量与潜在因子之间的关系可以表示为:

$$\begin{cases} X_1 = b_{11}z_1 + b_{12}z_2 + \cdots + b_{1m}z_m + e_1 \\ X_2 = b_{21}z_1 + b_{22}z_2 + \cdots + b_{2m}z_m + e_2 \\ \cdots \\ X_m = b_{m1}z_1 + b_{m2}z_2 + \cdots + b_{mm}z_m + e_m \end{cases}$$

其中,$z_1 \sim z_m$ 为 m 个潜在因子,是各原始变量都包含的因子,称为共性因子;$e_1 \sim e_m$ 为 m 个只包含在某个原始变量之中的,只对一个原始变量起作用的个性因子,是各变量特有的因子,称为特殊因子。共性因子与特殊因子相互独立。找出共性因子是因子分析的主要目的。

3. logistic 回归模型

技术创新的特点是因变量只有两个值,成功(1)或者失败(0)。这就要求建立的模型必须保证因变量的取值范围在 0~1。可是,大多数模型的因变量值常常处于一个实数集中,与因变量只有两个值的条件相悖。因为一般回归分析中所要求的前提条件是要直接预测因变量的数值,要求因变量呈正态分布,并且各组中具有相同的方差—协方差矩阵。

为此,我们引入一种对因变量数据假设要求不高,并且可以用来预测具有两分特点的因变量概率的统计方法——Binary Logistic 回归模型。

在 Logistic 模型中,利用逻辑回归可以直接预测观测量相对于某一事件的发生概率。对于包含一个以上自变量的模型可以写作:

$$\text{Prob(event)} = \frac{e^z}{1+e^z} = \frac{1}{1+e^{-z}}$$

其中,$z = B_0 + B_1 X_1 + \cdots + B_p X_p$(P 为自变量的数量)

第十章 西部民族地区企业创新能力调查与评价

某一件事情不发生的概率为：

Prob(no event) = 1 – Prob(event)

在线性回归模型的建立过程中适用最小二乘法，而在进行逻辑的拟合过程中使用最大似然法和迭代法。

建立模型后，需要知道模型对于总体样本的拟合情况。在一般情况下，模型对样本的拟合度比对总体的拟合度要好。我们在建立模型的过程中，利用其中的一部分数据来建立一个模型，再将它应用到另一部分数据中去，从而了解模型对数据的拟合情况。

使用基于卡方分布的 Wald 统计量进行检验。当自由度为 1 时，Wald 值为变量系数与其标准误差比值的平方。对于两类以上的分类变量来说，Wald 统计量为 $W = BV^{-1}B$，此处 B 为极大似然估计分类变量系数的向量值，V^{-1} 为变量系数渐近方差—协方差矩阵的逆矩阵。

二、模型测算结果

利用上述模型对合作创新相关问题测算结果如下：

1. α 信度分析结果

表 10-2 数据为信度分析的样本情况描述表，此分析共有样本数 70 个，有效样本数为 70 个，占全部样本总数的 100%，无效样本数为 0 个。

表 10-2 样本描述

统计量		个数	占全部样本比重(%)
样本数	有效	70	100
	无效	0	0
	合计	70	100

α 信度系数得分为 0.812 分，符合 0.80~0.85 的信度要求[①]，表明调查所得分数的 81.2% 的变异来自真分数的变异，仅有 18.8% 的变异来自随机误差。说明调查问卷的设计是合理的。

2. 因子分析结果

由于调查问卷中涉及的变量数多达 13 个，如果直接进行回归分析，变量间存在干

---

① 对于人的能力性格测评的信度系数得分要求为 0.9 分以上，而一般性问题测评的信度系数得分要求为 0.80~0.85 分。

扰,结果是不理想的①。所以需要先进行降维处理。表10-3为基本统计变量情况。

表10-3 基本统计变量描述

变量名称	均值	标准差
高层领导的支持	5.9571	1.36664
技术创新经验	5.3000	1.18383
技术创新方式选择	4.8714	1.35048
本企业技术能力	5.0429	1.20909
技术本身的难度	4.8429	1.26989
合作伙伴的信息	4.7429	1.25900
技术的前景	4.6286	1.50527
企业文化	4.1143	1.58382
管理措施	5.3143	1.17391
研发人员待遇	5.6143	1.24287
政府的支持	6.3571	1.34095
资金	6.6286	0.93517
激励机制	5.6286	1.18164

表10-4显示了相关矩阵的特征值情况。表明前3项因子的单个解释比重均在15%以上,计积比重能够解释全部数据的67.550%,说明提取3项因子是较为合理的。

表10-4 相关矩阵的特征值

因子	各因子特征值	解释方差的比重(%)	解释方差的累计比重(%)
1	4.569	35.150	35.150
2	2.173	16.717	51.867
3	2.039	15.683	67.550
4	0.938	7.213	74.762
5	0.719	5.533	80.295
6	0.648	4.985	85.280
7	0.486	3.735	89.015
8	0.373	2.866	91.881
9	0.278	2.139	94.021
10	0.250	1.919	95.940
11	0.221	1.697	97.637
12	0.165	1.271	98.908
13	0.142	1.092	100.000

---

① 本书中曾经尝试不经过因子分析直接进行回归分析,结果为各变量的显著性均很低,说明需要进行降维处理。

表10-5 显示了进行正交旋转后的因子载荷情况。本书选择了每项因子载荷得分前两位的变量,作为回归分析变量,即因子1中的"本企业技术能力"、"合作伙伴的信息",因子2中的"研发人员待遇"、"激励机制",因子3中的"政府的支持"、"资金"。

表10-5 正交旋转后的因子载荷情况

变量名称	因子1	因子2	因子3
高层领导的支持	0.278	-0.548	0.484
技术创新经验	0.760	-0.265	0.265
技术创新方式选择	0.823		0.143
本企业技术能力	0.893		
技术本身的难度	0.711	0.288	
合作伙伴的信息	0.827		-0.176
技术的前景	0.783	0.124	-0.154
企业文化	0.500	0.385	0.210
管理措施	0.448	0.688	
研发人员待遇		0.768	
政府的支持		0.138	0.891
资金			0.848
激励机制		0.742	0.424

3. Logistic 回归分析结果

利用上述6个影响技术创新结果的变量构造二项逻辑回归模型。引入虚拟变量"成功"与"失败",给定的编码方式为,"成功"编码值为"1"、"失败"编码值为"0"。同时考虑到在因子得分中"合作类"变量的得分普遍较高,引入虚拟变量"合作"与"无合作",给定的编码方式为,"合作"编码值为"1"、"无合作"编码值为"0"。

表10-6 表明二项逻辑回归模型的原始变量采集情况,样本总体数为70,没有缺失数据,有效变量数占全部变量数的100%。

表 10-6 观测量简表

观测量分类		样本数	占全部样本比重(%)
选择观测量	有效值	70	100
	缺失值	0	0
	合计	70	100
未选择观测量		0	0
合计		70	100

表 10-7 表明了最终模型的拟合情况,表中 -2 LL 的值为 32.125,说明模型对数据的拟合较为理想。Cox & Snell R^2 的值表明有 0.601% 的数据被模型概括,Nagelkerke R^2 的值表明有 0.804% 的数据被模型概括,二者值都较大,也说明模型对数据的拟合较理想。

表 10-7 最终模型的拟合度检测

分析结果	-2 LL 值	Cox & Snell R^2	Nagelkerke R^2
	32.125	0.601	0.804

表 10-8 为利用 Hosmer-Lemshow 进行检验的结果,Hosmer-Lemshow 检验的卡方统计量远大于 0.05,表明接受观测数据与预测数据之间没有显著差异的零假设,即认为模型对数据的拟合度较好。

表 10-8 Hosmer-Lemshow 检验

分析结果	卡方值	自由度	P 值
	2.030	8	0.980

表 10-9 的数据表明,引入 6 个变量之后的模型中,对实际的 32 个"失败"项目中有 29 个预测为"失败",有 3 个预测为"成功",正确率为 90.6%;对实际的 38 个"成功"项目中有 3 个预测为"失败",35 个预测为"成功",正确率为 92.1%;模型总体的预测正确率为 91.4%。说明该模型能够较好做出预测。

第十章 西部民族地区企业创新能力调查与评价

表 10-9 最终观测量分类

观测结果		预测结果	
		创新成败	正确率百分比(%)
		失败	成功	
结果	失败	29	3	90.6
	成功	3	35	92.1
总体正确率百分比(%)		—	—	91.4

表 10-10 显示了二项逻辑回归模型的最终相关数据。

表 10-10 最终模型统计量

统计量 变量名称	回归系数	标准误差	Wald 统计量
本企业技术能力	-0.006	0.578	0.000
合作伙伴的信息	0.148	0.532	0.077
研发人员待遇	-0.346	0.462	0.561
激励机制	2.651**	0.897	8.732
政府的支持	-0.683*	0.499	1.878
资金	-1.902*	0.847	5.039
是否合作	7.363***	2.115	12.117
常数项	4.868	4.868	0.001

注:*、**、***分别表示 p<10%、p<5%、p<1%。

在 Logistic 回归中,模型拟合系数仅反映变化的方向以及自变量变化对技术创新结果的影响趋势。从分析结果看:"是否合作"在 0.01 水平下显著;"激励机制"在 0.05 水平下显著;"政策支持"、"资金"在 0.1 水平下显著。

第三节 统计结果分析

虽然已有的研究中,已识别出影响企业技术创新的相关因素多达 13 个,但利用因子分析方法进行降维以后,发现主要的影响因素有:因子 1 中的"本企业技术能力"、"合作伙伴的信息",因子 2 中的"研发人员待遇"、"激励机制",因子 3 中的"政府的支持"、"资金"。根据各因子代替的变量特征,本书中可以将三类因子分别命名为技术类因子、机制类因子和支撑类因子。各因子的影响情况如图10-2所示。

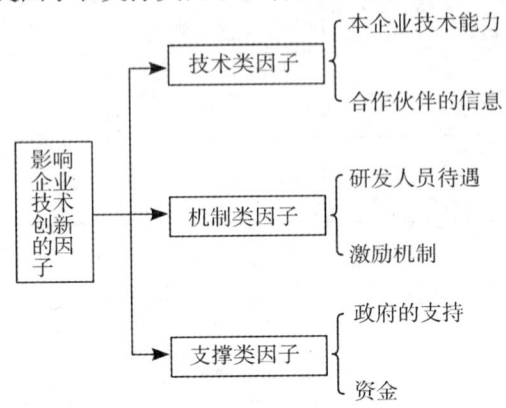

图10-2 影响企业技术创新的因子

一、技术类因子

技术类因子主要包括本企业技术能力、合作伙伴的信息、方式选择、经验等影响因素。此类因子占全部影响因素贡献的35.15%,说明甘肃省民族地区技术创新主要受技术创新本身因素的影响。

1. 本企业技术能力

该因素的因子载荷得分最高,为0.893分。说明企业的技术能力对技术创新最为重要,技术创新必须依托自身的技术能力。虽然技术创新可以通过合作等方式展开,但由于技术创新成果在一定时间具有垄断效应,而本企业技术越强,取得技术垄断的可能性和时间就会越长,这一因素在技术创新中具有不可替代性。

回归分析结果显示,本企业技术能力与技术创新的成败并不存在显著的线性关系,这也在一定程度上反映出影响技术创新结果的因素很多,本企业技术能力强并不一定能带来技术创新的成功。

2. 合作伙伴的信息

该因素的因子载荷得分次高,为0.827分。大量研究证明技术合作是取得创新成效的重要方式。而由于合作创新中双方的信息是不充分的,这会对合作造成大量的信息搜寻成本,还可能产生"败德"或"偷懒"行为,而增加监督成本。所以充分掌握合作伙伴的信息,有助于减少不必要的成本,增加合作信任,取得合作成效。

回归分析结果显示,合作伙伴信息与技术创新的成败不存在显著的线性关系。

这一结果可以解释为信息充分只是一种理想状态,实际上,合作双方可能通过有意隐瞒必要信息,从而取得创新成果的较大份额。

二、机制类因子

机制类因子主要包括研发人员待遇、激励机制和管理措施等因素。此类因子占到了全部影响因素贡献的 16.717%,是第二大类因子。

1. 研发人员待遇

该因素的因子载荷得分为 0.768 分。通常情况下,高技术企业通过为研发人员提供较高待遇来稳定研发队伍,激励研发人员取得创新成绩,这被看做是带来理想科研效果的经常性管理措施。

回归分析结果显示,研发人员待遇也与技术创新的成败不存在显著的线性关系。可以解释为:一是技术创新本身的不确定性决定了对研发人员的高投入不一定就可以取得好的创新绩效;二是待遇对思想素质较高研发人员不一定是最重要的因素。

2. 激励机制

该因素的因子载荷得分为 0.742 分。激励机制对企业技术创新的重要性也被大量的研究文献所证明。回归分析结果显示,激励机制与技术创新的成败有显著的正向线性关系。结合"研发人员待遇"一项的分析结果,进一步说明了对研发人员来说,企业文化、团队合作、成就感、自我实现等激励机制比单纯优厚的待遇更为重要。

三、支撑类因子

支撑类因子主要包括政府的支持、资金等因素。此类因子占到了全部影响因素贡献的 15.683%,是第三大类因子。

1. 政府的支持

该因素的因子载荷得分为 0.891 分。企业的技术创新活动实际上是国家技术创新体系的一个重要组成部分,所以国家在企业的技术创新活动中也应当扮演重要的角色。回归分析结果显示,政府支持与技术创新的成败有较显著的线性关系,但是略呈负相关,说明政府支持不一定能够带来好的创新绩效。如果政府在支持中管得过多、管得过死,反而可能出现适得其反的结果。

2. 资金

该因素的因子载荷得分为 0.848 分。充足的资金是企业技术创新中的一个必要条件,较大的投入增加了企业在创新中抵御风险的能力。回归分析结果显示,资金与技术创新的成败有较显著的线性关系,但是呈负相关。表明资金投入不是企业技术创新的一个充分条件,也进一步证明了影响企业技术创新结果的因素的复杂性。中小企业在经营活动中往往是以一项核心技术,而不是以资金为依托发展壮大就是实例。

在前期关于企业技术创新问题的大量研究中发现①,技术合作对技术创新的成败有重要影响。本书中的回归分析结果显示,甘肃省少数民族地区企业的技术合作对技术创新的成功有显著性的正向影响(相关系数为 7.363)。这一结果说明甘肃省少数民族地区企业与非民族地区企业相比,在技术合作对技术创新的影响方面有相似性。对于甘肃省少数民族地区的企业来说,技术合作对创新绩效的影响更为明显,而且远大于其他因素。这一结果表明,由于甘肃省少数民族地区企业本身的技术创新能力不强②,导致企业完全自主创新的成功率极低。所以企业在技术创新时,选择合作创新模式是必要的,其有利于企业间的资源优势互补,这一点对于少数民族地区的企业尤其突出。

第四节 结论与对策

通过上述研究,提出推进西部民族地区企业技术创新的对策如下:

一、建立多主体参与的少数民族区域创新体系

区域创新体系是国家创新体系的一个有机组成部分。企业、科研机构和高校以及致力于技术和知识转移的中介机构是创新体系的主要构成部分,其中企业是创新体系的核心。区域创新体系是在国家创新体系的框架内表现出的各地区在创新能力和创新体系方面的差异以及区域之间的关系,是国家创新体系的重要内容和组成部分。它是一个区域内有特色的、与地区资源相关联的、推进创新的制度组织网络,其目的是推动区域内新技术和新知识的产生、流动、更新和转化。区域创新体系体现国家创新体系的层次性特点,是国家创新体系在层次上的延伸,是区域创新能力提高的根本保证。区域创新体系将比国家创新体系具有更特定的制度性、更强的产业性、更专业化的技术性,企业的创新性也更明显。

西部民族区域创新体系应当是相互紧密联系又分工合作的有机整体,并需要社会法律、政策、科技价值观、舆论和文化氛围的保证和配合。少数民族区域创新

---

① 如之前完成的"兰州市企业科技竞争力评价"(2007 年)、"甘肃民营科技企业合作技术创新风险管理与防范体系研究"(2008 年)等相关课题的研究中,均有类似结论。

② 根据本章第一节"西部民族地区企业技术创新的基本情况"可以得出这一结论。

第十章 西部民族地区企业创新能力调查与评价

体系具体应由少数民族地区企业、包括大学在内的研发（R&D）机构、资金和经费、创新人员以及上述要素的组织方式和相关政策组成。

在西部民族区域创新体系内，区域各创新主体之间的互相作用对创新效果的影响与研发对创新的影响同样重要。其中，技术知识和信息在人与人之间、企业和机构之间的流动是技术创新过程的关键；教育体制、创新人才、信息网络和必要的科技投入是区域创新体系的资源基础；政府和市场将分别在资源配置、战略引导、政府调控、法制保证、文化舆论建设等方面发挥其作用。政府主要职能在于制定科技政策和长远的宏观发展战略，加强和引导社会对科技的投入，支持基础和战略性研究事业的发展，改善科学和教育基础设施，发展教育，培养人才，对科技活动进行宏观的监督和评估，在全社会营造尊重知识、尊重人才，鼓励创新的舆论和文化氛围，推动科学的普及，弘扬科学精神，提倡科学方法和高尚的科学道德。社会需要和市场将为科技发展起主导作用和基础作用，同时也是政府制定科技政策和规划的主要依据，而企业是技术创新和投入的主体。随着经济发展的现代化和信息化的到来，少数民族区域创新体系的建设，需要在上述方面有力配合与协调，各部门在研究与开发机构、资金使用、人员组成以及管理组织方式和政策上有效运作，才能完善和实现创新体系的功能。

二、广泛开展区域间、区域内的技术创新分工与合作

区域技术创新分工与合作是区域间经济、资源关系协调的一种必然要求与表现形式，是经济利益增长要求在空间上的具体体现，是突破单个区域创新资源与效率限制的一种有效途径。因此，完善区域分工合作是少数民族地区经济关系合理化的关键，也是单个创新主体区域社会经济发展的关键。

从理论上说，技术创新主体分工与经济主体追求地区比较利益必然导致区域经济合作，但现实中技术创新的区域分工与合作的发展需要一定的制度条件。纵观我国区域经济分工与合作的发展过程可以发现，体制改革对其发展起了关键性的推动作用，而区域分工合作反过来又促进了经济利益增进与区域制度创新。因此，在少数民族区域分工合作发展过程中，必须注意对其制度背景的分析。

三、调整和完善西部民族地区企业技术创新的激励机制

西部民族地区企业若想获得技术创新优势，必须在企业内部建立起员工技术创新的激励机制，最大限度地激发员工的技术创新热情和技术创新能力。

首先，要提高员工的技术创新能力。企业员工所具有的技术创新能力是直接影响其技术创新成败和创新成果大小的重要因素。根据调查情况，少数民族地区企业中很大一部分员工缺乏技术创新所必需的科学技术知识和创造性的思维模

式,企业员工技术创新能力普遍较低。因此,企业须帮助员工提高其技术创新能力,增加其技术创新成功的概率,进而提高整个企业的技术创新水平。提高员工的技术创新能力可以通过培训教育的方式进行,如为员工提供基本书化知识、传授给员工业务技能、传递给员工相关的行业信息、教授员工进行技术创新的方法、对员工进行创造性思维训练、培养员工创新意识等,使更多的员工有能力加入技术创新的行列中。也可以通过工作轮换、工作扩大化、工作丰富化等途径增加员工对企业各工作环节的了解,丰富员工的经验,开拓员工的思维,加强企业内部的理解和沟通,增加员工获取技术创新成果的可能性。企业还可以通过为员工提供挑战性的工作、设置更高的目标,迫使员工在实践中挖掘自己的潜能。

其次,创造有利于技术创新的企业内部环境。一定的物质条件是保证员工技术创新成功的基本条件,这些物质条件包括先进的实验仪器和设备、必要的信息处理工具和舒适的工作环境等基本工作设施。另外,还有一些像帮助员工释放工作压力、营造自由宽松氛围的休闲设施。供员工交流信息、碰撞思想的简单场所等一些似乎与工作无关的环境,也是促进员工技术创新的必要条件。虽然企业的文化各具特色,但它们都具有一些共同的文化特质,如以人为本,充分尊重、信任员工,鼓励员工不断超越自我;重视创新,并容忍创新过程中的失败;鼓励组织内部的沟通合作等,这些对企业员工的技术创新具有一定的促进作用。

最后,建立激励企业员工技术创新成果的收益机制。通过处理好员工的技术创新成果与企业奖励、企业奖励与员工技术创新目标之间的关系来激励员工进行技术创新。西部民族地区企业要激发员工的创造性不仅要建立对员工的创新成果进行奖励的奖励机制还需要建立对员工进行技术创新的压力机制。企业的收益机制,应当是包括创新成果—奖励和创新指标—压力两个部分的激励约束体系,两者结合起来,在实践中收到了很好的激励效果。无论企业采用何种方式,总的原则是要采用灵活恰当的手段,将物质奖励与精神奖励结合起来使用,在企业收益—成本关系合理的情况下尽量满足员工的预期收益。另外,西部民族地区企业必须注意运用"8:2原则"。虽然企业鼓励所有员工进行技术创新,但创造出80%创新成果的创新者只是企业员工中的20%,企业在奖励力度以及奖励方式上都要首先满足他们的预期收益。这既是对企业技术创新核心员工的激励,同时对其他员工进行技术创新也是一种鞭策和激励。

四、拓宽用于西部民族地区企业技术创新的投融资渠道

缺乏资金是西部民族地区经济发展的主要障碍,这一宏观背景在技术创新上也反映出来。由于存在创新风险高和回收期长的特点,资金在流向创新活动时受到限制,缺乏资金成为主要经济障碍。改善创新资金投入状况,需要拓宽创新资金

第十章 西部民族地区企业创新能力调查与评价

投入渠道,目前我国的技术创新资金来源除企业的研发投入外,主要还利用了风险投资与国家各类技术创新基金,等等。

由于技术创新活动的高风险、高收益性,在一些国家(如美国),人们常把与创新活动联系在一起的投资称为风险投资。从狭义上说,风险投资就是对高技术创新的投资。联合国经济合作和发展组织(OECD)24个工业发达国家在1983年召开的第二次投资方式研讨会上认为,凡是以高科技与知识为基础,生产与经营技术密集的创新产品或服务的投资,都可视为风险投资。风险投资不仅为高风险的技术创新提供了资金来源,而且分摊了技术创新的风险。按风险投资的来源与企业的关系划分,技术创新的风险投资有外部风险投资与内部风险投资。

外部风险投资广泛吸收银行、保险、企业、私人投资者和民间的资金,使得风险投资具有社会化特征。风险投资公司利用退股机制,可以不断支持新的风险企业以及新的风险项目。同时,风险投资可以通过各种风险分摊、分散机制来降低高风险的创新项目的风险或减少其风险损失。其中大企业风险投资成为快速发展的一类。寻求大企业参与风险投资是中小企业进行合作创新的有效形式之一。大企业通过与掌握高新技术的中小企业保持紧密接触,在动态的环境下把握未来的技术发展方向,不断增强产品的技术含量,保持竞争优势。中小企业可以利用大企业的技术、管理、行业网络等优势,达到降低内部研发风险和获得更高投资价值的目的。

内部风险投资是技术创新企业利用本身现有的技术和市场竞争力,对新技术和新市场所做的尝试性探索。企业与技术创新相关的资源主要有技术资源与人力资源。当一个企业的资源未得到充分利用时,企业面临两个选择:一是终止企业该部门的研究活动,采用其他方式获取技术;二是与外部机构进行合作研究,以充分利用企业内部的资源并通过合作实现内部资源增值。如果企业想保持在某个新领域的内部研发活动,并保持一定稳定的开发队伍,企业可以采用内部风险投资的方式建立风险投资实体,并可为外部相关企业提供技术服务,也可以共同承担研发活动。内部风险投资在形式上与传统的研发活动分别不大,但是内部风险投资的目的是学习和获取新的竞争力。一方面,内部风险投资是由企业不熟悉的新技术及能力所驱动;另一方面,通过风险投资开发过程,企业能够从中获取新的技术和能力。前者是与企业的渐近创新战略联系在一起的,即在企业的演化过程中逐步尝试多元化发展途径,后者是与企业的战略联系在一起的,这一过程开始于对新市场机会的识别。

企业技术创新资金的另一个重要来源是国家的各类创新基金的支持。企业合作创新是不同行为主体之间互动作用的结果,把这些行为主体看做一个整体就是国家创新体系。国家创新体系是以企业技术创新为基础、多方面行业为主体构成的综合性创新网络,企业技术创新是其中的关键环节。国家从整体战略出发,一方

经济增长与减贫的非均衡性

面实施了一系列推动创新的计划,诸如国家重点科技项目(攻关)计划、重点工业性试验项目技术、科技成果重点推广计划、国家高技术研究发展计划、"火炬"计划、国家级新产品试产计划等,各省、市还依据国家计划制订相应的区域性计划;另一方面,政府制定了一系列促进创新的科技政策和经济政策,包括国家中长期科学技术发展纲要、产业技术政策、国家关键技术、鼓励技术创新的税收信贷政策等。同时,国家除利用各类优惠政策外,还以提供科研项目经费的方式对企业的合作创新进行资金扶持。企业应当积极争取国家科研项目经费资助,降低由于资金投入不足引起的合作创新风险。

五、引导西部民族地区企业建立知识产权保护体系,加快技术创新成果的转化

　　总体而言,我国的企业尤其是西部民族地区企业对知识产权的保护意识薄弱,同先进国家的企业相比存在相当大的差距。技术创新活动是一种科学研究过程,该过程的主要任务是产生(创新)知识。广义地看,可以把科学研究的成果看做是一种"知识产品",所以技术创新成果具有知识性的特征。同时,技术创新成果还具有"创新"本身的特点,即具有"首创新"性或者是"二次创新"性。技术创新成果具有创造性和知识性的特征,而创新性和知识性的产品也是知识产权保护的对象。所以技术创新成果的知识产权保护也应当成为技术创新活动的重要组成部分。知识产权对技术创新的作用可以体现在以下几个方面:

　　第一,激励作用。知识产权赋予权利人一定期限内的垄断权。竞争者要避免侵权,赢得竞争优势,就必须进行新的发明创造,从而激励人们持续创新。

　　第二,推动作用。知识产权中的专利制度采用先发明或先申请原则,从而促使发明创造及早公开或使用,进而可以避免重复研究开发,节约创新成本。知识产权制度有助于传播创新技术,推动技术的发展。有效的知识产权制度能够吸引国外的投资,引进先进技术,推动本国的技术创新,促进国际的科技交流与合作。

　　第三,保障作用。知识产权保护制度提高了侵权人的侵权成本。知识产权制度延长了竞争者进入市场的时间,保障了创新者利益的回收。

　　第四,规制作用。由于技术创新在造福人类的同时还可能产生危害人类的结果,因此它具有双重性。为了保证技术创新可以更好地造福社会,必须通过法律对技术的发展或者应用给予必要的规制。

　　西部民族地区企业一方面应当注重对本企业技术创新知识产权的保护,另一方面还应当利用各种有利手段加快技术创新成果的转化,以期取得一定时期的技术优势,使技术特色转化为技术优势,最终带来企业利益的发展。

第十一章 西部民族地区农村金融结构与经济增长

银行业的发展有助于促进经济增长已被大量的研究所证实,但是关于银行业结构与经济增长之间的关系未能有一致性的结论。相关研究主要集中于讨论银行业规模或集中度的经济绩效问题。部分研究认为,银行的垄断性会导致贷款供给不足或成本过高;相反的观点则认为,具有垄断力的银行能够产生规模效应,并能够确保金融安全,从而有利于小规模信贷企业。上述相互冲突的研究结论,已被大量的样本数据分析证实。问题的关键在于如何对银行的规模进行测算与检测,以及对不同规模银行作用的界定。

本章将研究视角定位于西部民族地区金融改革的必要性。针对农村金融改革,2006年底,银监会发布了《关于调整放宽农村地区银行业金融机构准入政策,更好支持社会主义新农村建设的若干意见》,按照"低门槛、严监管"原则,引导各类资本到农村地区投资设立村镇银行、贷款公司和农村资金互助社等新型农村金融机构,鼓励银行业金融机构到农村地区设立分支机构。2007年初,新型农村金融机构试点从四川、青海、甘肃、内蒙古、吉林、湖北等6省(自治区)开始,到2007年10月已扩大到了全国31个省(自治区、直辖市)。截至2010年末,全国已组建新型农村金融机构509家,从地域分布看,西部地区设立152家、中部地区设立153家、东部地区设立204家,中西部地区占比60%。截至2010年末,新型农村金融机构发放的贷款超过80%用于"三农"和小企业。

为了探讨西部民族地区农村金融改革的必要性,本书借鉴了林毅夫等人(2008)提出的一种研究思路,即强调不同规模的银行业在银行体系中的相对重要性。其假说认为,"在现代的发展中国家,最优的银行业结构应当以区域性的中小银行为主体;而在现代的发达经济中,大银行和金融市场应当在金融体系中发挥主导作用"。本书据此提出的相似性假说为,在西部民族地区提高农村信用合作模式,进行更为灵活的农村金融改革与创新,将有利于经济增长。本书力图对这一假说进行实证检验。

第一节 相关研究文献回顾

一、关于银行结构与增长的关系

关于银行结构与增长的关系,现有的研究重点考察了银行业内竞争对其经济绩效的影响。一种观点认为,相对于竞争性银行,垄断性银行向储蓄者支付较低的利率,从而降低了储蓄率,更易导致信贷配给,或者将索取更高的市场利率,不利于资本积累和经济增长(Guzman,2000);而银行间的竞争性能够对企业形成更强的预算约束,从而有助于为风险较高的新兴企业提供借贷(Dewatripont 等,1995)。另一种观点认为,垄断性银行便于克服信贷交易中的逆向选择和道德风险问题,有利于长期银企关系的形成(Peterson 等,1995)。

关于银行业集中度的研究结论也存在较大的差异。部分实证研究发现,较低的银行业集中度有利于新企业的创建和小企业的成长(Black 等,2002;Beck 等,2004;Cetorelli 等,2006)。相反的观点认为,较高的银行业集中度有利于提高小企业的信贷可行性,有助于推动新兴企业的成长(Peterson,1995;Jackson 等,1995)。此外,Bonaccorsi 等人(2004)的研究认为,银行业集中度与新兴企业成长间的关系是非线性的,一旦超过了适应范围,垄断性银行业对新兴企业创建的正向效应将会由正向变为负向。

与以上研究不同,林毅夫等人(2008)认为银行业结构与经济增长之间的关系不仅需要考虑银行业本身,还需要分析实体经济的特性及其对金融服务需求的性质,由此提出了"最优金融结构"理论假说。该假说认为,在现代的低收入国家,劳动密集型产品具有比较优势,而从事此类生产的企业规模较小,相对信息不透明,融资规模小,区域性中小银行在为其提供融资服务方面具有比较优势。因此,区域性中小银行应当成为发展中国家金融体系的主要组成部分。而现代的发达经济中,在国民经济中居于主导地位的是资本密集型企业,大规模银行能够为其提供短期大规模融资服务。这一假说主要从专业化理论出发,认为从风险分散角度和克服不对称信息角度;大银行主要向大企业提供贷款,而小银行主要给小企业贷款。

二、关于农村金融改革

关于农村金融改革的效率问题,仍然没有一致性的结论。一部分学者的研究认为,农村新型金融机构有利于农业发展。其一是论证了农村正规金融系统缺乏效率,进而指出农村金融改革的必要性。代表性研究有:Stiglitz(1981)从信息经济学角度提出的信贷配给模型说明农村新型金融机构的产生是金融的诱致性引发的;Brandt 等人(2000)认为,国家金融系统作为一个再分配机制,使金融资源从农村向城市分配,贫穷的农民得不到贷款;Bell 等人(1997)从金融市场的"二元性"出发,分析了城市市场与农村市场的溢出效应,说明了正规金融要求担保会促使更多的贷款者转向民间借贷市场;汪三贵(2004)指出,在农村正规金融机构存在金融抑制问题,农业企业贷款困难,同时对农业提供全方位的金融服务的金融机构并不多;何广文(2007)指出,由于农业的内生性,必然导致正规金融服务缺位。其二是论证了新型金融机构对农业发展的正向效应。代表性研究有:Khandkerchief(2001)、Elizabeth(2003)认为,民间非政府组织宽松的小额信贷使贫困者更好地增加他们的收入;陈雪飞(2005)从满足农村金融需求、运行效率等方面比较了民间自由借贷与农村信用社的制度性优劣势,认为民间自由借贷灵活、及时,具有一定的效率;林毅夫等人(2005)从信息不对称的角度分析了正规金融机构难以克服信息不对称造成的逆向选择问题,而非正规金融机构在收集中小企业的"软信息"方面具有优势。

相反的观点则认为发展农村新型金融机构不仅会增加贫困者的负债而且会诱发资金风险。例如,Morduch(1999)提出乡村银行通过向穷困的农户提供贷款来减轻贫困的效果非常有限,减少贫困更依赖于资助和补贴;马勇等人(2010)认为,农村新型金融机构的出现虽然能弥补农村金融市场的空白,但即使放开利率管制也不能保证其实现可持续发展,有可能导致农村市场的高风险投资者聚集,加大金融机构的破产概率。

自改革开放以来,我国西部民族地区经济总量大幅度提高,人均收入水平也有了很大增长,但是总体上,产业结构仍然以劳动密集型为主。因此,本书从前述的"最优金融结构"假说中得出一个推论:西部民族地区的农村金融创新,特别是区域性小规模的农业信用合作银行建立,对于民族地区的经济发展应当具有正向效应。

第二节 模型设定与数据说明

一、基本模型设定

本书把表征农业金融的变量引入经济增长总体回归模型中,将基本的计量模型设定为:

$$g_{it} = \beta_1 \cdot BS_{it} + \beta_2 \cdot FD_{it} + \phi \cdot X_{it} + \alpha_t + \mu_j + \varepsilon_{it} \quad (11-1)$$

其中,g_{it}为被解释变量,在数据中用各地区的人均 GDP 的增长率 $Grjgdp_{it}$ 来表示。α_t 和 μ_j 分别用于控制时间效应和地区效应。FD_{it} 为各地区的银行体系相对于实体经济的规模,用于反映各地区的金融深化程度,具体度量指标为各地区全部金融机构贷款余额与 GDP 的比例 $Floan_{it}$。x_{it} 为其他控制变量,包括文献已经识别出的影响地区经济增长绩效的主要因素:$Rsoe_{it}$ 为国有工业总产值占 GDP 的比重;$Gfdi_{it}$ 为外商直接投资与 GDP 的比重;$Glab_{it}$ 为劳动力增长率;$Finvr_{it}$ 为固定资本形成总额占 GDP 的比重;$Fogdp_{it}$ 为政府支出占 GDP 的比重;$Grjedu_{it}$ 为人均教育经费的增长率;$grijtec_{it}$ 为人均技术交易额的增长率;$lnrjgdp\_l_{it}$ 为上期末人均 GDP 的对数值,用于控制经济增长中的收敛效应。

在模型 1 中,BS_{it} 表示地区 i 在时间 t 的农业信用合作银行情况,在数据处理中用各地区农村信用合作社的市场份额 $Coll_{it}$ 来表示,具体变量指标为农村信用合作社贷款余额占各地区全部金融机构贷款余额的比重。本书认为在目前的农村金融机构中,农村信用合作社的服务功能更加接近于未来农业金融改革的方向,在数据取得上具备完整性和权威性,所以由该项指标能够判断农业金融改革的必要性。

按照前述假设,β_1 是本书重点测算的系数。如果假设成立则意味着 $\beta_1 > 0$。此外,本书还需要重点解决银行业结构的内生性问题。因此,寻找合适的工具变量识别银行业结构与经济增长率之间的因果关系将是检验前述假设的关键。

二、数据说明

本书采用的数据来自内蒙古、广西、云南、贵州、甘肃、青海、宁夏和新疆 8 个西部民族地区[①]。考虑到统计指标的一致性问题,选取了 1997~2009 年各地区关于

---

① 西部民族地区一般包括:内蒙古、广西、云南、贵州、西藏、青海、宁夏和新疆 8 个省(区)。由于西藏历年的农村信用合作社存款余额缺失,而甘肃的发展水平与青海接近,而少数民族人口比重很高,所以在测算时以甘肃替代了西藏。

前述各个变量的数据。具体而言,相关的各省(区)金融数据来自各年度的《中国金融年鉴》,各省(区)经济增长相关数据来自各年度的《中国统计年鉴》、《中国工业经济统计年鉴》和《中国人口统计年鉴》等。表11-1为主要变量的描述性统计结果。

表11-1 主要变量的描述性统计结果

Variable	Obs.	Mean	Std. Dev.	Min	Max
Grjgdp	104	0.132	0.068	0.010	0.320
Coll	104	0.127	0.150	0.010	1.050
Floan	104	1.079	0.241	0.540	1.680
Rsoe	104	0.699	0.137	0.360	0.900
Gfdi	104	0.185	0.134	0.000	0.720
Glab	104	0.016	0.016	-0.040	0.080
Finvr	104	0.491	0.139	0.240	0.800
Fcgdp	104	0.221	0.071	0.090	0.450
Grjedu	104	0.155	0.094	-0.020	0.580
Grjtce	104	0.692	2.515	-12.400	15.610

第三节 模型的识别与估计结果

在表11-1中,α_t和μ_i分别表示时间效应和地区效应。考虑到用于实证的数据来自上述指定8个民族地区而非随机抽样,应当运用固定效应模型而不是随机效应模型。对表11-1进行Hauaman检验得到的P-value为0.0000,显示采用固定效应模型更为合适。对表11-1进行双向固定效应估计,检验时间变量的联合显著性,P-value结果为0.0000,说明采用双向固定效应模型较为适宜。

对表11-1的双向固定效应估计结果如表11-2所示。估计结果1显示只包括农村金融合作$Coll_{it}$的估计结果;估计结果2加入了文献已经识别出的主要控制变量;估计结果3加入了反映银行业规模的变量$Floan_{it}$。

表 11-2　基本的双向固定效应模型回归结果

Variable	Reg. 1	Reg. 2	Reg. 3	Reg. 4
		Dependent Variable: grjgdp		
$Coll_{it}$	0.117***	0.067*	0.058*	0.057*
	(0.043)	(0.037)	(0.035)	(0.033)
$Floan_{it}$			-0.138***	-0.150***
			(0.044)	(0.042)
$Rsoe_{it}$				-0.344***
				(0.100)
$Gfdi_{it}$		-0.011	-0.009	0.028
		(0.058)	(0.055)	(0.053)
$Glab_{it}$		-0.260	-0.186	-0.398
		(0.376)	(0.360)	(0.345)
$Finvr_{it}$		0.038	0.158	0.033
		(0.091)	(0.096)	(0.097)
$Fcgdp_{it}$		-0.225	-0.173	0.046
		(0.170)	(0.164)	(0.167)
$Grjedu_{it}$		-0.164**	-0.182***	-0.163***
		(0.066)	(0.064)	(0.060)
$Grjtce_{it}$		0.004*	0.006**	0.005**
		(0.003)	(0.002)	(0.002)
$Lnrjgdp\_1_{it}$		0.089***	0.046	-0.001
		(0.025)	(0.027)	(0.029)
Cons	0.117***	-0.454***	-0.067	0.532**
	(0.008)	(0.131)	(0.178)	(0.242)
R_squared	0.073	0.420	0.476	0.539
Time FE			Yes	
Pro FE			Yes	
Obs.			104	

注：*、**、*** 分别表示在10%、5%和1%水平下显著。

在前 3 列的估计结果中,农村金融合作变量 $Coll_{it}$ 的系数都显著为正。如果农村金融合作与经济增长之间的关系可以解释为因果关系,则该系统意味着,农村金融合作的市场份额上升有利于经济增长,从而与本书的理论假说一致。其他解释变量的显著性与文献的基本书结论一致:人均教育经费增长率 $grjedu_{it}$ 的系数显著为负,说明西部民族地区的教育投入占 GDP 比重呈下降趋势;人均技术交易额增长率 $Grjtce_{it}$ 的系数显著为正,说明西部民族地区由产业承接和技术溢出,使其增长中的技术含量提高;此外,不存在经济增长的条件收敛效应。

第 4 列用于排除国有银行产权性质对农村金融合作估计结果的干扰。由于四大国有银行的贷款行为受到较多的政府干预,其大部分贷款流向了效率较低的国有企业,因此,四大国有银行的市场份额的下降和其他金融机构的市场份额的上升,可能使得更多的非国有企业得到信贷支持。为了剔除银行的产权性质对估计结果的干扰,本书引入反映国有企业在经济增长中的重要性的变量:国有工业总产值占 GDP 的比重 $Rsoe_{it}$。如果银行的低效率主要是由于国有银行对国有企业的贷款偏向和国有企业的低效率引起,则包括了国有工业总产值占 GDP 的比重 $Rose_{it}$ 后,农村金融合作指标应该不再显著;同时,银行业规模的指标 $Floan_{it}$ 应该为正或者至少不显著。第 4 列是引入了国有工业总产值占 GDP 的比重 $Rose_{it}$ 的估计结果,该变量的估计结果显著为负,与相关文献的结论一致。

第四节 模型的稳健性检验

对上述估计结果做进一步的稳健性检验,主要考虑变量可能存在的内生性问题。在表 11-2 的估计结果中,农村金融合作变量 $Coll_{it}$ 与经济增长率高度正相关,但是这种正向相关性不一定反映了农村金融合作对于经济增长的影响,二者之间可能存在另一个方向的因果关系。本书尝试利用构造工具变量的方法,来消除可能由农村金融合作变量 $Coll_{it}$ 带来的内生性问题。

以农村信用合作社的市场份额的一阶滞后变量为工具变量,对上述经济增长模型重新进行双向固定效应表 11-1 的估计。比较表 11-2 和表 11-3 的估计结果,农村金融合作变量 $Coll_{it}$ 系数仍然显著为正。这一结果与基本模型的回归结果是一致的。其他变量人均教育经费增长率 $Grjedu_{it}$、从业人员人均技术交易额增长率 $Grjtce_{it}$ 的一阶滞后变量,国有工业企业总产值占 GDP 的比重 $Rsoe_{it}$、外商直接投资与 GDP 的比例 $Gfdi_{it}$、政府支出占 GDP 的比重 $Fcgdp_{it}$ 都与经济增长呈显著负相关。

经济增长与减贫的非均衡性

表11-3 工具变量与动态面板数据模型的估计结果

Variable	Iv.1	Iv.2	Xta.1	Xta.2
		Dependent Variable:Grjgdp		
$Coll_{it}$	0.111*** (0.043)	0.067** (0.033)	0.038** (0.016)	0.053* (0.041)
$Floan_{it}$		-0.165*** (0.045)		-0.236*** (0.047)
$Rsoe_{it}$		-0.528*** (0.119)		-0.477*** (0.132)
$Gfdi_{it}$		-0.079 (0.064)		-0.033 (0.037)
$Glab_{it}$		-0.311 (0.356)		-0.056 (0.290)
$Finvr_{it}$		-0.026 (0.100)		0.040 (0.103)
$Fcgdp_{it}$		0.041 (0.170)		-0.284 (0.215)
$Grjedu_{it}$		-0.204*** (0.067)		-0.178** (0.070)
$Grjtce_{it}$		0.006** (0.002)		0.006* (0.004)
$Lnrjgdp\_1_{it}$		-0.034 (0.033)		-0.160 (0.106)
Cons	0.108*** (0.010)	0.974*** (0.294)	0.057*** (0.005)	0.813*** (0.153)
R_squared	0.122	0.420		
Ward Test (P-value)			0.000	0.000
Obs.	96	96	70	70

注:*、**、***分别表示在10%、5%和1%水平下显著。

接下来考虑其他解释变量可能存在的内生性问题,利用 Arellano 和 Bond(1991)、Arellano 和 Bover(1995)发展起来的动态面板数据模型做进一步分析。在增长方程中,解释变量国有工业企业总产值占 GDP 的比重 $Rsoe_{it}$、外商直接投资与 GDP 的比例 $Gfdi_{it}$、固定资产形成总额占 GDP 的比重 $Finvr_{it}$ 和政府支出占 GDP 的比重 $Fcgdp_{it}$,都可能依赖当期或以前的经济增长率和经济发展水平,因而可能存在内生性。

利用上述解释变量的一阶滞后值进行 GMM 估计,估计结果(如表 11 - 3 所示)显示:农村金融合作变量 $Coll_{it}$ 系数仍然显著为正。同时,对工具变量进行检验的 Sargan Test 的结果显示,在所有回归中,工具变量的选择都是有效的。

第五节 研究结论

本书利用 8 个西部民族省(区)在 1997~2009 年的样本数据,考察了农村金融合作与经济增长的关系。在以上所有估计结果中,反映农村金融合作状况的变量系数都显著为正,说明农村金融合作市场份额的上升对于西部民族地区经济增长具有显著的正向影响,从而与前面提出的理论假说一致。

本书的结论是:西部民族省(区)在现阶段应考虑到最优银行业结构,在农村地区应当发展区域性中小银行,进行农村金融创新,从而有利于提高信贷资金的配置效率,促进经济增长。此外,本书的实证研究还表明,反映银行业规模的变量与经济增长率之间显著负相关。这一结果与关于中国金融体系分析的其他实证研究的结论一致。本书同意相关研究(林毅夫,2008)对这一现象的说明,造成银行体系低效率的原因,一方面在于国有银行的所有制偏向;另一方面在于不合理的银行业规模结构,即国有银行在为符合地区比较优势的劳动密集型中小企业提供融资服务方面缺乏优势。

第十二章 西部民族地区扶贫政策取向分析

本章结合以上章节的研究结论,提出对西部民族地区扶贫开发工作的政策取向建议。

第一节 扶贫政策取向重点

西部民族地区扶贫政策取向的重点体现在以下几个方面:

一、产业扶贫

西部民族地区根据自身特点,已形成多种特色产业,而这些产业在贫困地区多有涉及,有些还是当地的主导产业。这在一定程度上反映出,在贫困地区这些特色产业尚未转化成为优势产业,并以此带动扶贫工作。产业扶贫应当围绕种植业建片(带)、养殖业建小区,突出"一乡一业"、"一村一品"的特色产业发展思路,坚持以"特色共同培育、资源共同开发、产业互建互利、市场互补互通"为导向来进行。通过区域集中连片开发,推进特色种植业和设施农业,在结构调整、规模布局、连片发展上山川互补;草食畜牧产业,在品种、牧区繁育、农区育肥上互补;种养加、产供销,在品种引进、技术指导、营销加工、中介服务上互补;生态移民和劳动力转移,在开辟输转就业渠道上互补,从而将特色产业真正做强做大,使当地贫困群众脱贫致富。进一步依靠区域自身自然、文化等特点,大力发展以旅游业为主的第三产业,提高综合服务配套能力。

二、以工代赈

贫困地区农业基础条件是影响农村经济发展的瓶颈。要以国家级贫困县、省级贫困县为主体,继续突出县乡道路、小型水利及农田基础设施、农村电网、农村改水、河道堤岸等基础设施建设。集中资金,每年为贫困县解决几个基础设施建设的问题,通过以工代赈一方面有助于改善农业基础设施,另一方面可以增加贫困人口收入。应当继续开展每年对县(区)以工代赈资金到位和使用管理情况进行的一次专项检查或抽查,通过加大检查力度,以确保以工代赈资金的到位率,要使资金的管理使用进一步趋向规范合理。对于以工代赈项目,应当组织各方面专家展开论证,将以工代赈项目列入省级投资计划,从项目设计是否达到规定深度、投资概算是否准确和批复文件是否规范等方面进行一次核查,确保项目质量。

三、劳务输转

为了消除金融危机对劳务经济带来的不利影响,以返乡农民工技能培训和劳务输转为突破口。通过技能培训、劳务输转、多方资源整合,切实提高返乡农民工职业技能,全方位拓宽劳务输转渠道,进行促进劳务经济的良好发展。从引导性培训、转移就业培训和创业培训三个层次上,全力推进农村人力资源开发。继续实施"雨露计划",重点抓好"两后生"培训输转工作,加大资金投入力度,逐步实现由普通技能培训向以职业技术教育为主转变,并且做到定点培训,定单培养,整体转移,稳定就业,达到培训一人、输出一人、脱贫一户的目的。进一步开拓就业渠道,引导农民工稳定就业,促进具有一定劳动技能的农民实现城镇市民化。进一步改善农民工的户籍制度、城镇社会保障制度及其他福利待遇,使其真正成为城市中的一员。

四、智力扶贫

从长期来看,甘肃农村贫困人口要想脱贫致富,还要依靠开发人力资本,实施人才战略。贫困地区要彻底摆脱贫困,必须挖掘内部潜在动力,那就要提高贫困地区劳动者的素质。一是集中投入。拿出扶贫资金的一定份额与地方财政预算配套资金捆绑使用,集中用于扫盲培训班,各项适用新技术、新品种的引进与消化等。二是抓好贫困地区子女基础教育。对边远山区民族地区的学生实行扶贫补贴、社会帮助、集体救助、干部包扶的办法,着重解决贫困农民子女上不起学,出现贫困上不起学、上不起学更加贫困的恶性怪圈。三是抓技术培训,提高劳动者的文化素质。以成人学校、党校为阵地,通过技术讲座、巡回报告和现场示范等形式,对农民进行各项实用技术培训,彻底扭转扶贫只培训干部、不培训农民的现象。

五、易地移民搬迁

继续解决生态极度恶劣地区的贫困人口的基本劳动生产和生活问题。重点解决"一方水土养活不了一方人"的问题。基本原则是"就近县内",彻底改变贫困群众的基本生活条件,让群众享有信息、交通、贸易等方便条件,增强自我发展的动力。抓好灾后重建、省外移民摸底和转移工作。同时,加强协调,解决好境外移民的遗留问题,并对移民效果展开长期监测。

第二节 扶贫工作方式

西部民族地区扶贫工作方式应主要体现在以下几个方面:

一、政府扶贫

政府扶贫的不可替代作用至少体现在提供公共服务和行政指导两点上。

1. 强化政府在扶贫工作中的作用

目前,西部民族地区贫困农村公用基础设施建设滞后,这不但严重地制约着扶贫工作的开展和扶贫效率的提高,更为关键的是,它无法适应农村经济发展和农民生活水平提高的需要,成为制约农业和农村经济发展的一个瓶颈。农村公用基础设施建设必须依靠政府。一方面,政府作为公共产品的主要供给者,理应承担起农村公用基础设施建设的主要责任;另一方面,农村水利、公路等基础设施建设需要的资金数额庞大,仅靠农民和村集体投入是不现实的。国家财政应该在这方面通过直接补助资金、补助原材料或"以奖代补"等方式给予扶持,这是政府的职责。而在农村事务、农业生产上,政府要予以行政指导。行政指导具有助成性、诱导性和柔和性之特征,它相对于传统的"命令—服从"式的刚性政府行为,更能体现对贫困农民的引导和尊重,更符合新农村建设"调动农民的积极性,核心是保障农民的物质利益,尊重农民的民主权利"①的基本目标。

2. 建立社会保障体系

2007年中央决定在全国农村建立最低生活保障制度,使农村贫困人口与城市贫困人口都享受到了基本生活保障。但是从目前的情况来看,最低生活保障制度本身还存在许多缺陷:一是与其他社会保障项目缺乏制度性联系,由于分属于不同

---

① 中共中央国务院. 关于推进社会主义新农村建设的若干意见. 新华网, http://news.xinhuanet.com/politics/2006/02/21/content - 4207811. htm,2006 - 02 - 21.

的政府部门,在操作上缺乏衔接,很难协同发挥作用;二是保障标准偏低,缺乏科学性;三是不能提供医疗健康保障,即使是重大疾病也不予考虑,难以解决许多家庭因病致贫、因贫致病的问题;四是不提供教育保障,许多贫困户子女被迫辍学,难以通过良好教育提升自己的社会阶层;五是资金渠道单一,保障能力不足。总的来看,西部民族地区扶贫和"低保"工作总体情况是好的,共同促进了城乡的减贫事业。但要确保农村绝对贫困人口都能享受到"低保"政策扶持,有关部门应进一步加强协作,相互配合,加大力度,切实做好两项制度的衔接。通过积极寻求建立扶贫部门、民政部门和当地政府部门的协同工作机制,定期协商、信息沟通、协同推进,形成减贫工作的合力。做好扶贫开发和农村"低保"制度的衔接,工作基础和工作平台都放在县、乡一级的基层。各级扶贫部门,特别是县级扶贫办,在贫困人口的认定和识别方面,在针对不同群体采取不同帮扶措施方面,要主动加强与民政部门的沟通与协调,共同推进减贫事业。

3. 做好灾后重建工作

强化民族地区灾后重建工作,经过8~10年的努力,使灾区贫困村群众生产生活和发展水平达到或者接近平均水平是当前在灾后重建的一个重点。在继续做好地震灾区恢复重建工作的同时,必须加强扶贫与灾害应对措施的研究。要建立应对自然灾害的工作机制;要加强避灾、减灾设施及产业发展的研究,提高贫困地区抗灾能力;要积极探索建立扶贫系统灾后恢复重建工作机制。

灾后重建工作是一个系统性工程,包括振作精神和恢复生产双重任务。灾后恢复重建要与整村推进相结合、与产业调整相结合、与移民扶贫相结合、与劳动力转移相结合。

二、社会扶贫

社会扶贫主要体现在扶贫主体的多元化上,即除政府以外,NGO(Non-Governmental Organizations)、企业和个人均是扶贫的主体。

1. NGO 参与扶贫

NGO,即非政府组织,是公共管理学中的一个具有特定含义的概念。它属于公共组织范畴,又与政府组织相对应,在第三部门之内指除了第一部门政府组织、第二部门市场之外的其他所有的公共组织。在国内又称为"社会中介组织"、"社会团体"、"民间组织"、"非政府公共组织"等。目前,NGO 可以通过以下几种途径参与反贫困。

第一,有偿还贷扶贫。主要方式是提供小额贷款,主要瞄准的是那些无法从正规金融机构获得贷款的贫困人口。主要以"为真正的贫困人口提供资金支持"、"提高贫困人口的自立和自我发展能力"、"实现项目操作机构的可持续发展"为目标。

第二，援助型扶贫。主要方式是由政府或者社会提供的捐赠，以这些捐赠作为扶贫资金，无偿提供给贫困群体。

第三，培训就业型扶贫。通过对城市贫困群体进行专业技能培训，提高城市贫困人群的生存技能和职业技能。

第四，倡导型扶贫。尝试通过游说、印刷品和激进分子的活动唤醒人们的扶贫意识，让人们了解贫困人群进而对这些群体进行帮助。

利用NGO参与扶贫，能够很好地利用民间经济资源和社会资源，扩大贫困者的经济机会；能够整合社会保障服务，促进社会保障的供给效率；能够通过扩充资金来源推进服务的可持续性，从而有利于满足多元化的保障要求。此外，利用NGO的扶贫模式，能够形成广泛的反贫困合作模式。如以甘肃定西市安定区民富鑫荣等小额信贷机构为代表的P2P信贷助农平台的运作模式，得到了联合国发展计划署(UNDP)、国际计划(Plan-International)、中国社会科学院、北京市农发扶贫基金会等机构的认可和关注。

2.企业参与扶贫

2005年开始启动的、由财政部和国务院扶贫办联合发起的扶贫模式创新试点项目——"非政府组织与政府合作实施村级扶贫规划试点项目"，是国内首次由政府部门、NGO和企业三方合作开展扶贫政策研究和模式创新试点的项目，也是政府扶贫资源首次向NGO开放的一项举措。这标志着我国的扶贫模式从政府"包办"开始向"政府—非政府组织"携手合作转变。长期以来，我国参与扶贫的企业大多是发达地区的国有企业或有实力的民营企业，以异地扶贫为主要特征，企业扶贫的主要模式是单向捐赠或援助。由于西部民族贫困地区的产业结构中第二、第三产业比重较低，本地企业，特别是有竞争力的企业不多，所以本地企业捐赠或援助式扶贫还提不上日程。外来投资企业的目的是单纯的投资开发，对于当地的扶贫开发的贡献是间接的，通过扩大就业和增加税收是其主要方式。也就是说，目前的企业扶贫，不论是直接扶贫还是间接扶贫，对于扶贫对象而言都是外在的。如何使企业扶贫内在化，让扶贫对象成为扶贫事业的真正参与者，成为减困脱贫的真正力量，成为企业经营成果的真正受益者，是企业扶贫需要思考的一个重要课题，也是企业履行社会责任的基本出发点和着力方向。

在这方面，目前较有代表性的有中国社会科学院"企业扶贫创新模式"课题组与甘肃永靖县美利亚奥共同研究设计的、试图使企业扶贫内在化的"贫困农户—企业"融合共赢的命运共同体试点项目。该项目旨在通过充分发挥美利亚奥作为扶贫龙头企业对当地贫困农户的扶持、辐射和带动等作用，切实提高当地贫困农民的组织化程度，引导贫困农户有序进入市场，有效增加贫困农户收入，促进当地调整产业结构，实现区域化布局、规模化生产、集约化经营，从而成为企业扶贫模式创新的示范项目①。

3. 贫困人口自主脱贫

要真正使贫困人口脱贫致富,还必须要发挥贫困人口本身的主观能动性。部分贫困人口长期存在"等、靠、要"的错误思想,缺乏寻求脱贫方法、创造致富条件的自觉性、主动性和积极性,这部分人口即使解决了基本生活问题,也将会是返贫的高发人群。要想使贫困人口自主脱贫,必须解决两方面的问题:一是解放思想,二是创造条件。解放思想就是要积极引导贫困人口树立自强不息的精神气概与贫困作斗争,树立能够脱贫致富的信心。创造条件就是要求政府和各级管理部门应当为主动创业脱贫人口创造条件,包括劳动技术培训和提供必要的资金支持。

随着社会的进步,关爱贫困家庭,提倡仁爱,帮助每一个受贫困威胁的家庭摆脱贫困,是成功人士的重要选择。通过倡导社会各界关爱,让不经意的一些关爱,为贫困家庭脱贫带来更多的社会效用。合理引导资金、物资、志愿者等帮助,使各类社会资源走向最贫困的、最具生活价值的地区。

三、整村推进

整村推进综合扶贫是以扶贫开发重点村为单位,以加强基层组织建设和农业社会化服务体系建设为基础,以提高贫困人口的综合素质为主线,以增加农民收入为核心,以完善基础设施、发展社会公益事业、改善人全面发展为目标,捆绑各类农村发展资金,集中投入,分批次实现整村脱贫发展的一种扶贫模式。从其操作运行来看,它要求重点村编制村级发展规划、确定村级发展项目和匹配项目以及投入相关的资金人力等,有效地将政府扶贫行动社区组织建设和农户发展结合起来。该模式是可持续发展思想和"以人为本"的发展观、科学发展观在农村扶贫领域的具体体现。相关的理论研究表明,整村推进综合扶贫,至少具有四个方面的理论支撑,即赋权理论、可持续发展理论、内源式发展理论和参与式发展理论。

整村推进是扶贫实践中群众创造的。它以贫困村为单元,瞄准贫困户,由贫困户群众自己直接参与的一项行之有效的扶贫实践。但随着扶贫工作的深入,整体上也表现出一些局限性。主要是投入少、项目碎、"链条"短,推进中点、线与面不易互动,形不成发展氛围,影响点上成果的巩固、扩大。因此,在实践中,各级干部和群众普遍对以县为单位、整合资源、连片施治、推动区域扶持发展方式呼声较高。实施"连片开发",其实质是对"整村推进"形式的延伸、深入和扩大,这对于营造扶贫发展大格局,形成扶贫良好"生态",实现高层次、宽领域推动扶贫开发有着重要

---

① 中国社会科学院社会发展研究中心"企业扶贫创新模式"课题组. 命运共同体:一种可持续的企业扶贫创新模式[J]. 中国经贸导刊,2008(9):6 – 7.

的意义。

西部民族地区整村推进扶贫应以改善贫困人口的生活需要、生产发展环境和社会服务为重点来开展。第一,利用新农村建设的契机,从重点扶贫村入手,以村为单位,让农民广泛参与,充分调动贫困人口的积极性。第二,因村制宜地确定扶持项目、开发规划,紧紧围绕改善贫困村生产条件和贫困人口生活环境,着力兴建水、电、路等基础设施,解决人畜饮水和住房困难问题。有条件的村,应当建设基本农田,完善水利设施,确保粮食自给;应当培育支柱产业,确保农民增收;完善学校、医疗、文化等社会公益设施,提高生活质量。第三,实行一次规划,分批实施。第四,政府统筹、资金捆绑、整合各类资源,集中有限财力,逐村扶持,整体推进,提高整村推进的实效。

第三节　西部民族地区扶贫对策与建议

西部民族地区在扶贫开发工作中取得的巨大成绩是有目共睹的,但是在汲取经验的基础上还必须做好扶贫开发的观念与思路的转变,以适应新的社会经济发展时期的客观要求。

一、转变扶贫开发的观念与思路

转变扶贫开发的观念与思路体现在以下几个方面:

1. 克服扶贫开发只靠政府的思想

政府在扶贫开发中应当起主导作用,但扶贫开发不能只靠政府。要使贫困人口真正脱贫,必须克服"等、靠、要"的拿来主义和平均主义的思想观念。要积极采取思想工作、典型引路、培训提高等办法,使贫困人口认识到自主脱贫的能动作用。同时,政府和各组织机构要为困难群众创造自主脱贫的条件,加大群众投劳、投资力度,努力使自力更生方针转化为地方和广大群众的实际行动,转化为现实的生产力。

2. 克服救济式扶贫思路,树立开发式扶贫理念

要使贫困人口自主脱贫,必须由救济式扶贫思路转变为开发式扶贫理念。只有如此,才能从根本上改善贫困的依存条件,达到自主脱贫的目标。在实际工作中,要求各级政府、扶贫干部树立信心、选准目标、扎实工作、同心帮扶,把工作重心放在加强贫困地区、贫困人口的自我发展能力上来,在项目的选择上优先发展能够提高地区发展能力的项目,优先选择与当地产业链"关联效应"较大、带动作用明显的产业。

3. 克服行政化思维,建立市场化扶贫机制

传统行政化的思维,只能使扶贫工作主体单一、模式简单。在商品经济条件下的扶贫工作,必须大力发展市场化的扶贫机制。应当使扶贫工作内容(如产业结构调整、资源开发、劳动力输转等)立足于市场需求,使扶贫开发与市场机制相结合,鼓励贫困人口立足市场需求,依靠政府扶持,不断提高自我发展能力。

4. 克服重立项、轻落实的思想,做好项目的前期论证、中期管理和后期监测工作

西部民族地区作为全国扶贫工作的重点地区,贫困市州(县)的数量较多,贫困程度相对较高,而扶贫工作投入的资金、资源严重不足。所以在扶贫工作中,往往只强调取得了多少扶贫项目,而在项目的实际落实上管理不足,致使扶贫资金的使用效率较低、扶贫成效不高。因此,今后的扶贫工作,一方面还是应当积极争取项目立项;另一方面还应当注重项目的预期规划能够落实,做好资金的使用审计,控制项目的施工进度,完善项目建成后的长期监测工作。

二、动态化调整贫困划定标准和扶贫范围

社会经济在不断发展,而贫困划定的标准和范围的修订明显滞后。目前西部民族地区通常认定的贫困地区,已经历时多年,而现实的情况是,一些未受到国家及省内认定的县(区),由于多种原因的影响,其贫困人口减少速度并不显著,因此需要进一步扩大扶贫的范围。

同时,如有可能应当根据核算各地区的实际生活成本,以此确定贫困线。如西部民族地区的一些少数民族贫困人口应提高贫困线标准。由于自然条件的限制,这些地区的生产生活成本相对较高,生活过程中的食物、取暖、御寒等开支明显高于其他地区。与其他地区执行同一贫困标准,对民族地区有失公平。

重新调整贫困线和贫困地区范围的工作,需要进行系统性论证。不排除一些地区"争当"贫困县,以取得国家补贴的嫌疑。所以关于动态化地调整贫困人口认定标准和贫困地区范围确定,还要综合各种潜在的利益关系。

三、扩展引资渠道

西部民族地区自然环境恶劣,经济基础薄弱,市场化进程相对缓慢,已经成为我国经济社会最不发达的地区之一,扶贫的难度相应较大。一方面,西部民族地区贫困人口较多,贫困人口分布的区域较广,并且贫困人口的贫困程度较高,这就导致西部民族地区扶贫任务较重,扶贫资金、资源的需求较多;另一方面,西部民族地区多为全国经济落后省(区),财政收入较少,无法支撑本省经济社会发展的需要,也很难拿出更多的资金进行扶贫。扶贫的资金投入主要来自中央扶贫、国家发改委、财政部门的资金。总体来说,西部民族地区在扶贫过程中扶持的力度较小,资

金瓶颈是其主要原因。因此，西部民族地区在扶贫过程中就必须要积极利用各种资金，以增加下一阶段扶贫工作的扶持力度。

1. 要积极争取中央政府的资金支持

长期以来，西部民族地区扶贫工作的资金主要来源于中央财政的支持，这一情况还会长期存在。西部民族地区本身的贫困人口基数大，而地区的经济发达程度又远逊于东、中部地区。加之本身所处的自然环境的制约，如果强行开发，势必会对生态环境造成不可挽回的损失，这一点从国家的"退耕还林、还草"等政策中就可以得到验证。所以从这两个角度来说，中央政府需要将西部民族地区作为全国扶贫工作的重心，加大对西部民族地区扶贫资金的投入力度，以加快甘肃省贫困人口的脱贫速度。

2. 积极利用金融市场融通资金

在市场经济条件下，金融市场已经成为非政府性扶贫资金的另一个重要来源。利用金融市场融通资金的好处在于，可以不受政府财政预算的约束。但是，要利用金融市场融通资金是有成本的，必须要有好的扶贫开发项目的收益作为保证。否则，盲目利用这一融资渠道只能加重政府的还款负担。同时，应积极筹措、完善有效地利用金融市场融资的机制：一方面，依靠政府信用，在全国发行西部民族地区扶贫开发特种债券，利用债券市场聚集社会闲置资金，投入收益率较高的扶贫项目中；另一方面，加强与商业银行的合作，提供优惠利率、信用贷款、信用担保等优惠政策，以扩大利用银行信贷资金的力度，拓展甘肃扶贫资金的来源。

3. 制定优惠政策，吸引外部资金投入

贫困地区都会遇到资本缺乏而导致的"贫困陷阱"，即越是贫困越是缺乏资金，越缺乏资金越是贫困，形成了恶性循环。所以，甘肃省的扶贫开发还需要引进外部资金。外部资金投入西部民族地区同样要取得收益，甚至要求更高的收益。收益来源于哪里？只能是对其给予优惠的政策。西部民族贫困地区的劳动力成本低，适合建设一些劳动密集型产业项目，特别是在"东业西移"的背景下，更有可能通过优惠政策吸引到外部的投资项目，通过这些项目的带动与辐射作用促进当地经济社会的发展。

四、做好资金用途的监管

扶贫本身是一个公平的范畴，但不能因此就不讲效率。必须要做好扶贫资金的使用监管，使每一分钱都能真正为扶贫做出贡献。因此，必须要做到以下几点：

1. 在扶贫开发项目审批过程中遵守"公平、公开、公正"的原则

扶贫开发项目本身的经济利益的有限性，容易诱发出各种权力"寻租"行为。"公平"能够在扶贫开发中创造一种"机会均等"的机制，给予每个贫困地区、每个

第十二章 西部民族地区扶贫政策取向分析

贫困人口以平等的参与机会。在项目的审批中可以引入"匿名评审"的方法,避免各种人情、利益以及权力等问题的干扰,以保证每个参与者的机会均等。"公开"意味着在审批的各个环节、各个细节都要向社会及时公布、披露,做到审批过程透明化,以接受全社会的监督,避免项目审批过程中出现"内幕交易"、"钱权交易"等方面的问题。"公正"则意味着审批的标准和依据要公正。在标准的设立过程中要充分考虑每个贫困地区的具体情况,兼顾最广大贫困人口的利益,以保证扶贫项目的审批在公正的基础上进行,避免因为标准的设立不当而导致的项目审批不公正。

2. 加强项目资金投放与使用过程中的监督与管理

首先,转变资金投入渠道,由经各级政府、财政部门的投放转变为由银行直接投放到农户手中,减少投放的中间环节,避免扶贫开发资金被各级政府挪用、截留。其次,要加强对农户扶贫开发资金使用过程中的监督与管理,避免扶贫开发资金被挪作他用。要求各级扶贫部门要充分发挥各自职能,对于当地扶贫开发资金的使用情况开展定期或不定期的检查,确保扶贫开发资金被真正、全额用到扶贫开发项目上。最后,要加强监管各地政府所承诺的配套资金的投放与使用,防止配套资金不到位而出现资金缺口,从而影响扶贫开发项目的实际效果。

3. 加强项目的运行管理以及项目建成后的跟踪监测

扶贫项目是系统性工程,效果是长期的。因此,判断扶贫开发的成效主要依据建成后的跟踪监测情况。必须保证建成的项目能够基本符合设计之初的预期,运行过程中无重大偏差。长期监测建成项目的扶贫成效,对评估不合格的项目要追究相关人员的责任。

五、因地制宜地选择扶贫开发方式

西部民族地区幅员辽阔,地域差异性较大,生态环境的类型多样,社会文化具有多样性和复杂性,经济的发展水平和发展状况的差异性也相对较大,这就导致西部民族地区贫困状况、贫困类型和贫困成因都各不相同,因此,在扶贫工作中就要因地制宜,根据各地具体情况选择适合当地经济社会以及自然条件特征的扶贫开发方式。主要思路可以概括为以下几点:

第一,在市场条件、生产条件较好,有一定发展潜力的贫困地区,要坚定不移地实行整村推进的扶贫策略。以政府为主导,整合资源,在村党组织和村委会的领导下,组织和依靠村落社区力量,强化村落社区功能,发展生产,推动社会进步,深化村民自治,维护农村稳定,促进村落社区各项事业的协调、健康发展,不断提高村落社区成员物质文化生活水平。首先,推行整村推进的扶贫开发,有利于整合资源、提高扶贫资金的使用效率。在整村推进中,利用贫困村的自然资源,合理动员利用和科学有效配置社会资本、人力资源、信息资源、技术资源等生产要素,提高资源的使用效率,增大扶贫效果。其次,整村推进可以充分发挥扶贫开发过程中的外部经济。一方面,通过整村推进开发中的统一规划、合理组织,可以使得全村共同使用发展经济的基础设施,共同利用原材料市场和产品市场;另一方面,整村推进还有利于发挥"学习效应",通过模仿、学习全村带头人的生产经验、经营经验,从而提高全村的生产和经营能力。最后,整村推进还有利于提高农户的市场力量,缓解小农经济与大市场之间的矛盾。众所周知,我国"三农"问题中较为突出的矛盾就是"小生产"与大市场的矛盾。由于农户的生产规模较小、市场知识缺乏、谈判能力较弱,因而在市场经济中总是处于不利的弱势地位。而通过整村推进的开发模式,农户通过村集体参与市场,可以有效地提高农户的经济实力和市场谈判能力,缓解小农经济与大市场的矛盾,提高农户的自我发展能力。

第二,在生态环境较差、生产生活条件较差以及发展潜力较弱的地区,要采取生态移民、扶贫移民的方式,结合新农村建设和生态涵养进行扶贫开发。西部民族地区的干旱地区、干旱戈壁地区以及高海拔山区,自然环境较为恶劣、交通不便、生态环境薄弱,对于这些地区的扶贫开发应结合新农村建设以及退耕还林(草)等生态涵养进行移民式扶贫。首先,结合新农村建设,把一些交通不便的贫困村落通过整体搬迁的形式,实行易地搬迁,使其聚集在公路两侧等交通相对发达的地区。一方面,这可以降低这些村落的生产成本和生活成本,从而降低扶贫开发的整体成本、提高扶贫的效果;另一方面,通过村落以及人口的聚集,可以形成人口相对集中的微型城镇,从而演化出一些非农产业。这不仅有利于促进当地农村剩余劳动力的就地转移,而且还可以促进农村市场的建设和繁荣。其次,结合退耕还林、退耕还草等生态建设,把一些生态薄弱地区的贫困人口通过移民的方式,搬迁到生产条件、生活条件相对优越的地区。这不仅可以减少人类生活、生产对于这些生态环境薄弱地区的影响,从而逐渐改善这些地区的生态环境;通过生态移民还可以改善移民的生产、生活条件,降低生产、生活成本,从而提高扶贫开发的效果。最后,结合新农村建设,把严重缺水干旱的、生活条件较为恶劣地区的贫困人口搬迁到生活条件相对优越的地区,降低这些地区的生活成本、提高他们的生活水平,并通过财政补贴,在生产地和生活地分离的基础上,让搬迁的移民在原来的居住地上种树、种草。这不仅短期内可以解决这些移民的基本生活问题,而且在长期上还可以通过改善原居住地的生态环境,发展林业、草业以及有计划地发展畜牧业,真正实现这些地区的自我"造血"、自我发展。

第三,对于经济整体发展状况较好地区的贫困人口,可以采取"信贷扶贫"、"智力扶贫"、"技术扶贫"等重点扶持措施的扶贫开发模式。整体发展状况较好的地区,已经具备经济发展的基本条件,对于这些地区的贫困人口的扶贫,采取引导、扶持的手段,有效地提高这些贫困人口的发展能力,实现脱贫。这些贫困人口贫困的原因是缺乏资本、缺乏技术、缺乏市场经济知识,而采取"信贷扶贫"、"技术扶贫"等扶持措施,可以有效地解决这些贫困人口的资本、技术瓶颈,提高他们的自我发展能力。

六、以特色农业发展为扶贫主导产业

西部民族地区地域广阔、气候多样,因而形成了各地极具特色的农业生产条件,也就形成了一些享誉全国的特色农产品。此外,对于贫困人口在能力和知识上,从事第一生产比从事第二、第三产业更具有相对比较优势。因此,西部民族地区在扶贫开发过程中,仍然要以大力发展各地的特色农业作为扶贫主导产业。为此,应当坚持的思路有以下几点:

1. 因地制宜地发展各地的特色农业

因地制宜发展特色农业,能够有效利用当地的独特自然条件,从而形成独特的产品和产业优势。例如,在以甘肃甘南、临夏为代表的民族地区,可以形成山羊、藏羊、牦牛、蕨麻猪、中药材、虫草、蕨菜等特色农产品,以及藏药、蕨菜等特色产业。

2. 重视农产品的深加工,提高附加值

农业产业链较短、农产品深加工工业的发展不力,已经成为西部民族地区农村经济发展滞后、农民收入水平较低的重要原因。因此,大力发展农产品的深加工、延长农业产业链,也就成为西部民族地区繁荣农村经济、进行农村扶贫开发的重要途径。首先,通过发展农产品的深加工工业,延长产业链条,可以大大提高特色农产品的商品率及经济附加值,增加农民的收入。其次,发展农产品深加工,延长产业链,增加当地人口的就业量,实现农村剩余劳动力的就地转移,提高收入水平。最后,发展特色农产品的深加工工业,能够有效地繁荣当地市场进而促进当地市场体系的建设。发展当地特色农业的深加工工业,可以大大增加当地上下游企业之间的商品交换,还可以有效地促进当地分工的发展,从而有利于繁荣当地市场交换,促进当地市场体系的培育和建设。

3. 引导农户发展各种新型农村经济组织

目前,制约西部民族地区特色农业产业发展的一个重要因素是农业生产未能上规模,即主要是以个体家庭生产方式为主。所以要使甘肃的特色农业产业形成规模,必须要引导农业寻求建立新型农村经济组织形式。这一方面可以借鉴的成功经验有以下几种:

第一,山东、重庆等地提出的"股份合作制"模式。山东、重庆等地引导农户建立以资本联合与劳动相结合的新型农村合作组织——股份合作制。这种模式不仅可以通过农户之间的资本联合来解决单个农户资本金较少、生产规模较小的问题,提高农户的生产能力以及增强其市场谈判力量,还可以通过农户之间的劳动联合,实现劳动力之间的合理分工,以及通过相互之间的"学习效应"提高整体的生产技术水平与劳动生产率。

第二,甘肃省定西市提出的"协会+农户"模式。定西市鼓励各地举办各种专业技术协会,推广"协会+农户"的新型组织形式,实行统一经营和分散生产相结合的生产组织新模式。"协会+农户"的模式,不仅可以通过协会的作用,加速先进生产技术与生产经验的推广,提高当地农户整体的生产技术和生产效率,而且可以通过协会的统一定价、统一营销,提高农户的市场谈判地位,从而增加当地种植户的经济收益。而甘肃省定西市的土豆产业协会,经过多年的发展与摸索,已经形成了比较成熟的"协会+农户"的生产经营模式,带动了当地以及相邻地区的扶贫开发。因此,甘肃省在扶贫开发中鼓励各地学习定西土豆产业协会的经验,广泛建立各种专业技术协会。

第三,甘肃省陇西县的"互助贷款"模式。陇西县贫困村互助贷款的经验是,让有技术、有能力的人带领贫困村群众发展生产及商贸,使其起模范带头作用。同时整合县上各渠道资金,按照"统一规划、项目整合,资金不变、渠道不乱,各负其责、各记其功"的原则,让各职能部门"各炒一盘菜、同坐一桌席",各司其职、各尽所能,优势互补,集约投放,集中使用,发挥资金的最大效益,以达到"1+1>2"的聚合效应。

第四,由企业提出的"公司+农户"模式。"公司+农户"模式主要是指公司的经营与农户的生产相结合。这种模式不仅可以通过公司企业相对专业的经营,有利于解决小农经济与大市场之间的矛盾、克服农户生产的盲目性、降低农户的市场风险,而且通过农户的分散生产,还可以大大降低公司企业的生产成本、提高企业的市场竞争力。因此,发展"公司+农户"的生产经营组织模式可以使得农户和企业实现合作中的"双赢",提高当地经济自我发展能力。

七、加大智力扶贫的力度,增加科技投入与教育投入

大量的研究证实,人力资本存量与结构是影响经济增长的重要因素。贫困地区人均受教育年限普遍偏低,对产业结构优化与调整仍为不利。所以,在一定程度上,提高贫困地区的人口能力和素质,就成为扶贫开发中的一项重要内容。正如舒尔茨所说:"改善穷人福利的决定性生产要素不是空间、能源和耕地,而是人口质量的改进和知识的增进。"因此,提高西部民族地区扶贫开发成效,必须要大力提高贫困人口的基本能力和素质。其主要的思路有以下几点:

1. 增加贫困地区的基础教育投入

必须加强政府基础教育投入的力度,提高贫困地区办学条件,为偏远村庄适龄儿童提供必要的寄宿条件以及生活补贴,提高受教育程度,特别是初中以上学习经历。提高贫困地区教师的工资待遇,吸引和留住优秀人才,提高教育质量。强化教学基础设施投入,让贫困地区教育成为长期扶贫的战略性行业。

2. 加强贫困地区劳动力的职业培训

西部民族地区许多贫困地区的生产条件较差,剩余劳动力较多。农村劳动力输转业已成为扶贫的一项重要措施。要对剩余劳动力进行输转,必须使之具备一定的技能,所以必须做好贫困地区劳动力的职业培训。

(1) 提高对贫困人口参加职业培训的扶持力度。贫困人口由于收入水平低、家庭负担重,不仅很难支付参加职业技能培训的包括学费、生活费在内的各项费用,而且会由于参加职业技能培训承担较大的机会成本、增加家庭的短期困难。因而,保持短期经济视野的贫困人口,考虑到较大的显性实际成本以及较大的隐形机会成本,往往参加职业培训的冲动不强。所以,只有加大对贫困人口的扶持力度,增加其参加职业培训的补贴力度,才能有效地增加当地贫困人口参加职业培训的热情。

(2) 根据市场需求的变动,灵活调整职业培训的专业。职业培训主要是为劳动者进入劳动领域所做的前期准备,因而职业培训能不能满足劳动力市场的需要,则决定着这部分劳动力能否顺利转移出去。因此,甘肃省在扶贫开发中对农村剩余劳动力开展的职业培训,就必须要以市场需求为基础,使培养出的职业技能能够满足劳动力市场的需要:一方面,要求相关部门要加强对劳动力市场的研究,特别是要加强对农民工市场需求的预测,从而降低职业培训与职业需求之间的结构性失衡;另一方面,加强与用工企业的合作,开展"订单培训",直接根据企业的用工需求培训剩余劳动力的技能,从而加快贫困地区剩余劳动力转移的速度。

(3) 重点加强"两后生"的职业技能培训。贫困地区"两后生"是进入劳动力领域的新生力量,本身有一定的受教育基础,学习新知识、新技术的能力较强,对脱贫致富有着强烈的愿望,能够主动要求提高自身的劳动技能。

(4) 创新职业培训方式。要根据具体情况开展形式多样的技能培训:对于那些要求相对简单的职业培训,可以采取"请进来"的方式,把掌握熟练技能的培训老师请进来,开展利用晚上等空闲时间的就地培训,从而大大降低培训的费用支出和参加者的机会成本;对于技能要求相对较高的职业培训,可以采取"送出去"的方式,通过与兰州等中心城市的职业学校以及发达地区的职业培训学校的合作,以保证培训的质量。

3. 大力引进人才和技术

大力引进人才和技术,是西部民族地区在短期内解决人力资源问题的一种有效手段。要想吸引人才和技术,关键是要提供优惠政策,这样才能吸引一批具有市场经济知识、管理知识的高素质人才到贫困地区去创业,才可以鼓励更多的经济学专业、管理学专业的应届毕业生到贫困地区的农村去做村官,以带动当地经济社会的整体进步。同时,还应当积极推进技术下乡,提高贫困地区生产技术水平。积极组织各种形式的技术服务团下乡,定期或者不定期地对贫困地区的农民进行技术指导,以提高当地农业以及相关产业的生产技术水平。积极开拓农业技术部门、科研院所以及各个高校与贫困地区农民之间合作的新模式,通过联合既有利于这些研究部门、技术部门的科学研究以及科研成果的市场转化,又有利于贫困地区提高自身的生产技术水平与产品的科技含量。最后,还应当积极推进西部民族地区的信息化建设,拓宽当地居民信息来源的途径以及降低当地信息成本,从而有利于贫困地区更方便、更快捷地接触和模仿发达地区的先进生产技术和经营理念。

八、促进贫困地区农村剩余劳动力的转移和城市化发展

农村剩余劳动力输转和城市化是解决城乡二元经济结构的一条重要途径。西部民族地区存在较大的农村剩余劳动力,农村隐性失业严重,这也成为贫困的主要根源之一。做好农村剩余劳动力的转移,对提高西部民族地区农业劳动生产率、提高农民收入、活跃农村经济进而解决贫困问题都具有重大的战略意义。

1. 加强劳动力市场的建设

加强劳动力市场的建设,是解决劳动力流动不畅的主要手段,而市场的建设往往需要政府有意识地引导。贫困地区当地政府要积极培育当地的劳动力市场。首先,通过税收、信贷等手段,积极鼓励各种市场中介组织的发展,以扩大市场的功能、提高劳动力转移的效率以及降低劳动力流转的成本。其次,要积极与区域性以及全国性劳动力市场对接,使之成为全国性市场的一个有机组成部分,这不仅有利于市场信息的收集,还有利于市场效率的提高。最后,政府不仅要做市场的缔造者,还要作为市场上一个重要的主体出现在市场上,直接参与农村剩余劳动力的转移。通过政府的市场行为,可以获取转移过程中的规模效应,大大降低转移的成本,减少转移中的盲目性。

2. 深化体制改革,清除农村剩余劳动力向城镇转移的障碍

首先,改革户籍制度。转移到城镇的农民,如果仍然是农业户籍,就不能与非农户籍居民享有平等的社会地位和就业机会,农民就失去了转移的积极性。要使城镇真正能吸引和稳住农村剩余劳动力,就必须改革户籍制度。其次,改革土地制度。一方面,完善农民承包土地流转制度,允许农民对承包土地在承包期内进行转包、出租、入股、抵押等流转活动,从土地流转中获得合理的收益,从而促使农村剩余劳动力向城镇转移;另一方面,加快城镇征用土地制度的改革,让农民分享工业

化、城镇化带来的利益。这里的关键性措施是改变传统的土地征用方式,缩小国家征用土地范围,突破征地仅限于土地所有权的思维定势,实行土地所有权与使用权分离,仅征用土地使用权。最后,将进城经商务工的农民纳入社会保障体系之内。建立农村社会保障制度可行的方案,有以农产品换低保模式、以耕地换低保模式和以土地承包经营权换保障模式等选择。

3. 加大城镇基础设施的投资力度

基础设施的改善,对于降低生产、生活成本进而增加城镇对区域内生产要素的聚集作用意义重大。因此,城镇功能的发挥、市场的活跃以及产业的发展,都离不开当地基础设施的改善。但是,甘肃贫困地区由于相对落后、财政资金不足,因而缺乏改善基础设施的能力,这就需要包括中央政府在内的各级政府的财政支持。

九、推进农村土地使用权的流转和社会保障体系建设

西部民族地区农村土地分散、经营规模较小,影响农业生产成本、农业科技推广以及农业机械化水平的提高,同时,众多劳动力进城务工,部分土地荒芜致使土地利用效益不高、生产结构单一、难以有效发挥资源优势。为此,在解决西部民族地区贫困问题时,就必须建立顺畅的农用土地使用权流转市场,采取多种灵活多变的流转模式。具体来说,有以下几种模式可供参考:

1. 反租倒包

在农业结构调整中,为了发展农业和农村集体经济,实现土地规模经营,由乡或村集体将农民承包的土地"反租"回来,再承包给个人或单位,由接包方向村集体缴纳承包费,同时给转出土地使用权者年度性经济补偿。

2. 土地股份合作制

土地股份合作制,是指把农户的承包地以村组为单位集中起来,并按其数量和质量折股量化到户,承包权化为股权。农村土地承包使用权与其他物权一样,是可以独立存在的,在市场经济条件下,体现出一种具有交换价值的资本,可以转让、出卖或入股。通过土地股份合作制,可以使经营者获得较为充分的自然资源,进一步调动农户的积极性,有力推进农村土地的适度规模经营,调整优化农业结构,促进农业主导产品生产和农业支柱产业发展。

3. 土地互换

土地互换,主要有两种形式:一是由集体出面组织。乡或村基于连片种植的需要,统筹规划产业带,宜农则农,宜林则林,宜牧则牧,宜渔则渔,农户则按自身实际选择种植、养殖对象。二是农户间互换,这种现象在农村土地流转中日渐增多,主要是由于零碎的土地不能满足种植、养殖大户大规模经营的需要,而部分农户劳力不足等,双方互换土地,各得其所。

4. 土地转包

土地转包，是指原承包方将自己从发包方所承包的土地，以一定条件再发包给第三方，这两者之间形成新关系，而原承包合同中所规定的权利与义务不变。需要指出的是，签订转包合同须经发包方同意，以促使转包在农业生产中发挥积极作用。当农户由于种种原因无力或不愿耕种土地时，就可以这种二次承包方式将土地流转出去，从而避免了土地的半荒半种、广种薄收甚至"休田"的发生。

5. 土地转让

土地转让，是指原承包方与第三方签订合同，将自己与发包方业已形成的权利与义务关系由第三方向发包方履行。这种现象主要集中在经济较为发达的农村、近城郊区或厂矿工业区附近。当地农民不必再依赖土地，而有相对稳定的收入来维持生活。农民将土地使用权转让后，可以安心地从事非农产业。

6. 委托经营

委托经营，是指农户因短暂外出而又不能耕种土地时，可以委托他人对土地暂时代行经营，对于经营利益的分配，由双方协商解决。

此外，在加强西部民族地区农村土地使用权流转的过程中，必须解决好失地农民的社会保障问题。首先，西部民族地区长期都是以农牧业为主，形成了比较突出的"恋土"情结，再加上相对恶劣的环境以及相对封闭的地域、文化，就使这种"恋土"情结要比其他地区突出得多。因此，在加快这些地区农村土地使用权流转问题时，就应该注意这种传统思想，加强思想说服工作。其次，这些区域的收入水平较低，经济社会发展落后，导致农民抗风险的能力较差，再加上社会保障体系的缺失，就导致农户不愿放弃土地使用权。所以，保证农村土地使用权流转的首要任务，就要建立多种社会保障体系，从而剥离这些地区农村土地的保障功能。最后，还要充分考虑西部民族地区宗教信仰和文化传统的作用，在流转土地使用权中要本着自愿的原则，宗教信仰和文化传统相近的地区划为流转范围。否则，会引起当地居民的强烈反对，认为是在变相剥夺他们的土地资源。

参考文献

[1] Dollar D. and Kraay A.. Growth is Good for the Poor[J]. Journal of Economic Gowth, 2002,7(3),195 - 225.

[2] Ferreira G. H., Leite P. G. and Ravallion M.. Poverty Reduction without Economic Growth? Explaining Brazil's Poverty Dynamics,1985 - 2004. Journal of Development Economics[J]. 2010 (93),20 - 36.

[3] Ravallion M. and Datt G.. Why Has Economic Growth been More Pro - poor in Some States of India than Others [J]. Journal of Development Economics,2002(68):381 - 400.

[4] Suryahad A.,Suryadarma D. and Sumarto S. The Effects of Location and Sectoral Components of Economic Growth on Poverty:Evidence from Indonesia[J]. Journal of Development Economics,2009,89(1):109 - 117.

[5] Montalvo J. G. and Ravallion M.. The Pattern of Growth and Poverty Reduction in China Original Research Article[J]. Journal of Comparative Economics,2010,38(1):2 - 16.

[6] Loayza N. and Raddatz C.. The Composition of Growth Matters for Poverty Alleviation[R]. World Bank Policy Research Working Paper 4077. World Bank, Washington D. C.,2006.

[7] Christiansen L. and Demery L.. Down to Earth:Agriculture and Poverty Reduction in Africa[R]. The World Bank,Washington D. C.,2007.

[8] Datt G. and Ravallion M.. Why Have Some Indian States Done Better Than Others at Reducing Rural Poverty[J]. Economica,1998,257(65):17 - 38.

[9] Dercon S. Economic Reform,Growth and the Poor:Evidence from Rural Ethio-

pia[J]. Journal of Development Economics,2006,81(1):1 -24.

[10]Thorbecke E. and Hong - Sang J.. A Multiplier Decomposition Method to Analyze Poverty Alleviation [J]. Journal of Development Economics, 1996, 48 (2): 279 - 300.

[11]Quizon J. and Binswanger H.. Modeling the Impact of Agricultural Growth and Government Policy on Income Distribution in India[J]. World Bank Economic Review, 1986(1):103 -148.

[12]Foster A. D. and Rosenzweig M. R.. Agricultural Development, Industrialization and Rural Inequality[M]. Mimeo:Brown University and Harvard University,2005.

[13]Warr P. G.. Poverty and Growth in Southeast Asia [J]. Asean Economic Bulletin, 2006(23):279 - 302.

[14] Aghion P., Caroli E. and Garcia - Pnalosa C.. Inequality and Economic Growth:the Perspectives of the New Growth Theories [J]. Journal of Economic Literature,1999,37(4):1615 -1660.

[15]Timmer P.. How Well do the Poor Connect to the Growth Process[M]. San Diego:University of California Mimeo,1997.

[16]World Bank. World Development Report:Attacking Poverty [M]. New York: Oxford Univ. Press,2000.

[17]Dre'ze J. and Sen A.. India:Economic Development and Social Opportunity [M]. Delhi:Oxford Univ. Press,1995.

[18]World Bank. World Development Report: Poverty [M]. New York:Oxford Univ. Press,1900.

[19]Bourguignon F. and Morrison C.. Inequality and Development:the Role of Dualism [J]. Journal of Development Economics,1998,57(2):233 -257.

[20]Ravallion M. and Datt G. When is Growth Pro-poor? Evidence from the Diverse Experience of India's States[R]. Policy Research Working Paper WPS 2263. World Bank,Washington,D. C. ,1999.

[21]Harris J. R. and Todaro M. P.. Migration, Unemployment and Development:A Two - sector Analysis [J]. American Economic Review,1970,60(1):126 -142.

[22]Anand S. and Kanbur R.. The Kuznets Process and the Inequality - Development relationship [J]. Journal of Development Economics,1993,40(1):25 - 52.

[23]Lanjouw J. O. and Lanjouw P.. The Rural Nonfarm Sector:An Update World

Bank[R]. Washington, D. C. ,1997.

[24] Kakwani N. and Pernia E. . What is Pro - poor Growth [J]. Asian Development Review,2000,18(1): 1 - 16.

[25] Grosse M. , Harttgen K. and Klasen S. . Measuring Pro - poor Growth in Non - income Dimensions[J]. World Development,2008,36(6):1021 - 1047.

[26] Machiko N. and Erik T. . Channels and Policy Debate in the Globalization - Inequality - Poverty Nexus[J]. World Development, 2006, 34(8):1338 - 1360.

[27] Edward P. . Examining Inequality: Who Really Benefits from Global Growth [J]. World Development,2006,34(10):1667 - 1695.

[28] Ravallion M. Growth, Inequality and Poverty: Looking Beyond Averages [J]. World Development,2001,29(11):1803 - 1815.

[29] Ravallion M. and Chen S. H. . What Can New Survey Data Tell Us about Recent Changes in Distribution and Poverty [J]. World Bank Economic Review,1997,11 (2),357 - 382.

[30] Richard H. and Adams J. . Economic Growth, Inequality and Poverty: Estimating the Growth Elasticity of Poverty [J]. World Development, 2004, 32 (12): 1989 - 2014.

[31] World Bank. World Development Report: Equity and Development[M]. New York: Oxford Univ. Press,2005.

[32] Kraay A. . When is Growth Pro - poor? Evidence from a Panel of Countries [J]. Journal of Development Economics,2006(80):198 - 227.

[33] Lind D. , Marchal W. , Mason R. . Statistical Techniques in Business and Economic[M]. Irwin: MaGraw - Hill,2002.

[34] Allyn Young. Increasing Returns and Economic Progress[J]. The Economic Journal,1928(38):527 - 542.

[35] Xiaokai Yang, Jeff Borland. A Microeconomic Mechanism for Economic Growth[J]. Journal of Political Economy,1991(99):460 - 482.

[36] Gary S. Becker, Kevin M. Murphy. Social Economics: Market Behavior in a Social Environment[M]. Harvard University Press,2000.

[37] Guzman M. G. . Bank Structure, Capital Accumulation and Growth: A Simple Macroeconomic Model [J]. Economic Theory,2000(16):421 - 455.

[38] Dewatripont M. , Maskin E. . Credit Efficiency in Centralized and Decentral-

ized Economies [J]. Review of Economic Studies,1995(62):541 -555.

[39] Petersen M. A. ,Rajan R. G. . The Effect of Credit Market Competition on Lending Relationships[J]. Quarterly Journal of Economics,1995(110):407 -443.

[40] Black S. E. ,Strahan P. E. . Entrepreneurship and Bank Credit Availability [J]. Journal of Finance,2002(57):2807 -2833.

[41] Beck T. ,Levine R. . Stock Markets,Banks and Growth:Panel Evidence[J]. Journal of Banking and Finance,2004(28):423 -442.

[42] Cetorelli N. ,Strahan P. E. . Finance as a Barrier to Entry:Bank Competition and Industry Structure in Local U. S. Markets[J]. Journal of Finance,2006,LXI,(1): 437 -461.

[43] Jackson J. ,Thomas A. . Back Structure and New Business Creation:Lessons from an Earlier Time [J]. Regional Science and Urban Economics, 1995 (25): 323 -353.

[44] Bonaccorsi di Patti A. ,Dell'Arriccia G. Bank Competition and Firm Creation [J]. Journal of Money,Credit,and Banking,2004,36(2):225 -251.

[45] Hoff K. ,Stiglitz J. E. . Introduction:Imperfect Information and Rural Credit Markets:Puzzles and Policy Perspectives [J]. World Bank Economic Review,1990,4 (3):235 -250.

[46] Brandt L. ,Zhu X. D. . Redistribution in a Decentralized Economy:Growth and Inflation in China under Reform [J]. Journal of Political Economy,2000,108 (2): 422 -439.

[47] Bell C. ,Srinivasan T. N. ,Udry C. . Rationing,Spill - over,and Interlinking in Credit Markets,The Case Of Rural Punjab[J]. Oxford Economic Paper,1997(49): 557 -585.

[48] Khandkerchief R. S. . Microfinance and Poverty:Evidence Using Panel Data from Bangladesh[R]. World Bank Policy Research Working Paper No. 2945,2003(1).

[49] Elizabeth L. ,Jonathan M. ,Syed H. Is Microfinance an Effective Strategy to Reach the Millennium Development Goals[J]. CGAP 2003(24):21 -24.

[50] Morduch J. . The Microfinance Promise[J]. Journal of Economic Literature, 1999(37):1569 -1614.

[51] 曹洪民. 甘肃贫困地区区域特征分析[J]. 甘肃社会科学,1997(1):79 -81.

[52] 杨军,张春勋. 甘肃农村贫困成因与反贫困模式的再认识[J]. 重庆工商

大学学报(西部经济论坛),2004(3):31-35.

[53]西奥多·舒尔茨.人力资本投资[M].北京:商务印书馆,1990.

[54]滕星.西部开发与民族地区教育发展战略[J].民族教育研究,2000(2):5-32.

[55]胡鞍钢.以人为本的发展观[J].中国民族,2001(2):20-23.

[56]张利洁.试论西部民族地区的反贫困与人力资本积累[J].宁夏大学学报(人文社会科学版),2006(2):84-87.

[57]妥进容.东乡族经济社会发展研究[M].兰州:甘肃人民出版社,2008.

[58]张利洁.东乡族贫困与反贫困问题研究[M].北京:民族出版社,2007.

[59]林毅夫.消除贫困也要发挥比较优势[J].瞭望,2002(15):43.

[60]包智明.关于生态移民的定义、分类及若干问题[J].中央民族大学学报,2006,33(1):27-31.

[61]吴天临等.中国甘肃河西走廊(疏勒河)农业灌溉暨移民安置综合开发项目世行竣工报告[R].甘肃:疏勒河项目管理局,2007(12).

[62]郭志仪等.疏勒河生态移民项目监测报告[R].甘肃:兰州大学人口研究所,2001-2006.

[63]王美强,李永军.模糊非径向DEA模型的可信度求解[J].模糊系统与数字,2010,24(12):114-120.

[64]张平,祁永安.经济增长与西部少数民族贫困——基于甘肃省的实证研究[J].人口与经济,2009(4):53-58.

[65]王伟同.公共服务绩效优化与民生改善机制研究——模型构建与经验分析[M].大连:东北财经大学出版社,2011.

[66]马海涛,等.中国基本公共服务均等化问题研究[M].北京:经济科学出版社,2011.

[67]刘斌,等.西部地区基本公共服务省际差异研究——基于因子分析与聚类分析模型的初探[J].贵州财经学院学报,2010(3):87-91.

[68]张平.甘肃省可持续发展能力的比较研究[J].西北民族大学学报(哲学社会科学版),2008(1):83-86.

[69]任强.中国省际公共服务水平差异的变化:运用基尼系数的测度方法[J].中央财经大学学报,2009(11):5-9.

[70]安体富,任强.中国公共服务均等化水平指标体系的构建——基于地区差别视角的量化分析[J].财贸经济,2008(6):79-82.

[71]闫莉莎.基于 DEA 的基本公共服务财政支出绩效评价研究[J].河北经贸大学学报(综合版),2011(1):80-82.

[72]庞力.我国基本公共服务均等化研究综述[J].湖南社会科学,2010(3):131.

[73]陈凤兰,徐延辉.社会排斥与农业从业人员女性化——以福建省东宅村为个案[J].河海大学学报(哲学社会科学版),2008(1):44-48,96-97.

[74]罗忆源,定红.半流动家庭中留守妇女的家庭和婚姻状况探析[J].探索与争鸣,2004(3):105-106.

[75]周福林.我国留守家庭研究[M].北京:中国农业大学出版社,2006.

[76]邱红,许明.从社会性别视角探析农村妇女向非农产业转移[J].人口学刊,2009(5):56-59.

[77]钱忠好.非农就业是否必然导致农地流转——基于家庭内部分工的理论分析及其对中国农户兼业化的解释[J].中国农村经济,2008(10):15-23.

[78]李楠.农村留守妇女家庭联合决策模型及政策含义[J].人口与经济,2009(1):48-52,92.

[79]何军,李庆,张姝弛.家庭性别分工与农业女性化——基于江苏 408 份样本家庭的实证分析[J].南京农业大学学报(社会科学版),2010(1):55-61.

[80]郭剑雄,李志俊.人口偏好逆转、家庭分工演进与农民收入增长——基于中国农户经验的分析[J].南开大学学报(哲学社会科学版),2010(6):109-118.

[81]亚当·斯密.国富论[M].上海:上海三联书店,2007.

[82]杨小凯.经济学原理[M].北京:中国社会科学出版社,1998.

[83]杨小凯,张永生.新兴古典经济学与超边际分析[M].北京:社会科学文献出版社,2003.

[84]加里·斯坦利·贝克尔.家庭论[M].北京:商务印书馆,1998.

[85]弗兰克·艾利思.农民经济学——农民家庭农业和农业发展[M].上海:上海人民出版社,2006.

[86]钱静.超越与创新——关于民族地区经济发展战略的再思考[J].青海民族研究(社会科学版),1996(1).

[87]李莉.民族地区实施技术创新刍议[J].贵州民族研究,2000(2):21-24.

[88]王康,庄万禄.试论建立民族地区科技创新体系的紧迫性[J].西南民族学院学报(哲学社会科学版),2000(1).

[89]王恒玉,张学鹏.甘肃少数民族地区技术创新与政府职能分析[J].甘肃

省经济管理干部学院学报,2003(4).

[90]孔斌,李学斌.民族地区高校科技创新体系建设的实践与思考[J].宁夏大学学报(自然科学版),2006(12).

[91]曾海鹰.我国欠发达地区外向型经济的外溢效益分析——贵州少数民族地区企业可持续创新能力的调研分析[J].贵州民族研究,2006(3).

[92]张平,李秀芬.企业合作技术创新中激励问题的模型研究[J].工业技术经济,2007(1).

[93]张平,李秀芬.甘肃民族地区经济增长的因素分析[J].工业技术经济,2008(3).

[94]张平,樊胜利,李秀芬.合作创新风险的综合测评方法研究[J].科技管理研究,2009(2).

[95]李秀芬,张平.人力资本价值的测评方法研究——以高技术企业个体人力资本为例[J].统计与决策,2009(12).

[96]林毅夫,孙希芳.银行业结构与经济增长[J].经济研究,2008(9):31-45.

[97]汪三贵.农村信用社改革[J].科学决策,2004(8):18-21.

[98]何广文,冯兴元.中国农村金融发展与制度变迁[M].北京:中国财政经济出版社,2005.

[99]陈雪飞.农村信用社制度:理论与实践[M].北京:中国经济出版社,2005.

[100]林毅夫,孙希芳.信息、非正规金融与中小企业融资[J].经济研究,2005(7):35-44.

[101]马勇,陈雨露.作为"边际增量"的农村新型金融机构:几个基本问题[J].经济体制改革,2010(1):117-121.